H. LEBRUN,
LIBRAIRE-ÉDITEUR, RUE DES PETITS-AUGUSTINS, 6.

STATISTIQUE GÉNÉRALE,

RAISONNÉE ET COMPARÉE

DE

LA FRANCE,

DISPOSÉE D'APRÈS UN PLAN NOUVEAU

ET FONDÉE POUR LA PREMIÈRE FOIS SUR UN ENSEMBLE DE DOCUMENTS OFFICIELS,

PAR J.-H. SCHNITZLER,

Membre honoraire de la Société française de Statistique universelle;

Membre correspondant de l'Académie impériale des Sciences de Saint-Pétersbourg et de la Société courlandaise pour la littérature et les arts;
*Directeur de l'*Encyclopédie des Gens du monde.

En deux Parties formant 4 vol. in-8°.

PROSPECTUS.

Si la Statistique, exposé complet des éléments qui font la prospérité, la force, la grandeur d'une nation, est, de l'aveu de tous, une base nécessaire de la politique, d'où vient que la France, où la politique prend une si large place dans la vie, dans les idées de chacun, n'a pas sa Statistique, comme presque tous les pays ont la leur? Dans une société dont tous les membres peuvent être appelés à prendre aux affaires publiques une part plus ou moins directe, n'est-il pas de la plus haute importance de dresser regulièrement l'inventaire des grands intérêts nationaux et des res-

1842

sources qui sont à la disposition du pays pour les satisfaire? Ce soin ne devient-il pas plus urgent encore lorsque enfin l'infructueuse discussion des formes du gouvernement est abandonnée pour les questions d'amélioration matérielle qui sont du ressort des finances, de l'industrie, du commerce, de la navigation, et pour les questions de perfectionnement moral qui regardent la religion et l'instruction publique?

De quelque manière qu'on l'explique, la lacune est évidente. Depuis l'ouvrage publié par Herbin, de concert avec une société de gens de lettres et de savants, au commencement de ce siècle[1], c'est-à-dire dans l'enfance de la Statistique, il n'en a paru aucun, embrassant le pays tout entier, qui soit digne d'être mentionné. Y eût-il même une restriction à faire à ce jugement dont nous regrettons de ne pouvoir adoucir la sévérité, ce n'est pas aux écrivains nationaux, c'est aux étrangers qu'elle profiterait. Certes, nous ne parlons pas de la *Statistique de la France* par Lewis Goldsmith, où l'incohérence étonne encore plus que l'extrême pénurie des données; mais celle de M. Schubert, dans son Manuel général de Statistique, nous paraîtrait fort recommandable sans les limites étroites dans lesquelles elle se renferme, et si elle n'avait pas devancé la publication de tous les matériaux officiels dont nous sommes maintenant en possession. En France, outre la statistique départementale, qui a produit plusieurs bons ouvrages, tout se réduit à quelques monographies, souvent excellentes aussi, mais où l'on ne donne, au lieu d'un tableau d'ensemble, que certains points de vue, en traitant exclusivement de la population, de l'instruction et de la moralité publiques, des forces industrielles, de l'état militaire, ou enfin de toute autre partie isolée d'une statistique générale.

Nous le voulons bien, la gestion des affaires publiques et particulières n'a pas eu peut-être trop à souffrir de cet abandon. Néanmoins, ce n'est pas avec des maximes générales, avec des théories stériles, qu'on gouverne un grand peuple; et si c'est, au contraire, avec la connaissance la plus complète possible des faits authentiquement constatés, où, demanderons-nous, nos administrateurs, nos économistes, nos législateurs, nos critiques, tous les hommes enfin mêlés, à un titre quelconque, à la gestion des intérêts de l'État, puisaient-ils cette connaissance? où trou-

(1) *Statistique générale et particulière de la France et de ses colonies*, Paris, 1803, 7 vol. in-8° avec atlas.

vaient-ils réunies les notions qui leur devenaient indispensables quand l'élection populaire, quand la faveur ministérielle les enlevait à la vie privée?

Ce n'est pas que les moyens d'instruction aient manqué. Après le gouvernement britannique, c'est certainement le nôtre qui a recueilli et publié le plus de faits appartenant à la Statistique. Depuis les *Documents* mis au jour, en 1835, par M. Duchâtel, alors ministre du commerce, des publications abondantes ont été faites, non-seulement par les ministères, mais encore par les directions générales, et elles se résument toutes dans une *Statistique* officielle *de la France*, commencée en 1837, et qui se compose déjà de plusieurs volumes in-fol. Cependant on peut rendre hommage aux soins éclairés qui président à ce travail, sans dissimuler l'aridité désespérante de ces registres, énormes amas de chiffres devant lesquels reculent même ceux qui, par devoir, s'occupent de questions sociales, et où le commun des lecteurs ne voit que des énigmes dont ils n'ont pas le mot.

Il s'agissait donc de les rendre abordables, de les grouper, de les discuter, en un mot de les utiliser pour la science sous une forme plus propre à éveiller l'intérêt; il s'agissait d'établir un triage parmi ces précieux matériaux, et de les faire servir enfin à la construction d'un édifice à la fois nouveau et complet.

Tel est le but de l'ouvrage que nous annonçons. L'auteur, connu par des travaux approfondis sur la Statistique de la Russie, applique maintenant à la France sa méthode rigoureuse et ses vastes recherches. Son livre, fondé uniquement sur des documents officiels, mais pour lequel du reste il a consulté tout ce qui a été écrit sur le même sujet soit en France soit dans les pays étrangers, fera connaître notre patrie sous toutes ses faces et en éclaircira toutes les situations jusqu'en 1840. Pour mieux les apprécier, l'auteur se reporte souvent aux temps qui ont précédé la Révolution de 1789, et il les compare aussi habituellement avec les situations analogues des autres grandes puissances.

C'est dans des vues d'utilité publique qu'il a entrepris ce grand et difficile travail, destiné à seconder les tendances du pays dans l'ère d'organisation où nous entrons; aussi, nous en sommes sûrs, les encouragements ne lui manqueront pas.

La *Statistique générale de la France* formera 4 vol. in-8º divisés en deux parties.

La deuxième partie, qui paraîtra la première, sera publiée le 1er avril prochain.

Sous le titre de CRÉATION DE LA RICHESSE, elle forme un ouvrage complet, dont le premier volume est consacré à la *production*, c'est à-dire à l'industrie dans son acception la plus générale (agriculture, exploitation des mines, industrie manufacturière, etc.). Le second volume traite de la *circulation* ou du commerce (des importations et des exportations de la France, de ses relations mercantiles avec tous les pays du monde, des transports par terre et par mer, de l'état de tous les ports du royaume, etc.).

Ces deux volumes embrassent ainsi les *intérêts matériels* dans tout leur vaste ensemble, et les examinent sous toutes leurs faces.

Les *intérêts moraux* feront l'objet des deux premiers volumes qui paraîtront dans le courant de 1842. Là, après avoir traité avec détail du territoire, de la population et de la consommation, chapitres qui servent de base à l'ouvrage entier et auxquels tous les quatre volumes se rapportent, on exposera, d'une manière complète et dans un ordre méthodique, tous les faits qui se rapportent à l'État (constitution, gouvernement, administration, force publique, etc.), à l'Église et aux Écoles. Tout l'ensemble du sujet se trouvera ainsi épuisé.

Prix de la livraison de 2 volumes 15 francs.

Cet ouvrage, qui dispense le lecteur de recourir aux publications officielles, fort difficiles à réunir, s'adresse à toutes les classes de la société; il servira de guide dans la direction des affaires privées, aussi bien que dans l'étude des affaires publiques. La partie même qui concerne plus spécialement l'homme d'état et l'administrateur pourra devenir le Manuel de tous les citoyens jaloux de bien connaître leur patrie, ses forces, ses lois, les rouages de son gouvernement et les éléments dont l'ensemble forme la nation française; et la partie qui traite de l'industrie et du commerce, matières qu'il examine dans le plus grand détail, tant sous le rapport des opérations que sous celui des débouchés, s'adresse encore plus directement aux intérêts particuliers, aux négociants, aux industriels, etc.

Imprimerie de E. Duverger, rue de Verneuil, n. 4.

STATISTIQUE GÉNÉRALE

RAISONNÉE ET COMPARÉE

DE LA FRANCE.

PRODUCTION.

OUVRAGES DU MÊME AUTEUR.

ESSAI D'UNE STATISTIQUE GÉNÉRALE DE L'EMPIRE DE RUSSIE, ACCOMPAGNÉE D'APERÇUS HISTORIQUES, 494 pag. in-12, avec plusieurs tableaux.

LA RUSSIE, LA POLOGNE ET LA FINLANDE, Tableau statistique, géographique et historique de toutes les parties de la monarchie russe, en Europe, prises isolément, 744 pag. in-8°, avec 3 plans lithographiés. (*La seconde édition de cette Statistique* SPÉCIALE *est sous presse.*)

OUVRAGE COLLECTIF

publié sous la direction de l'Auteur.

ENCYCLOPÉDIE DES GENS DU MONDE, Répertoire universel des sciences, des lettres et des arts; avec des notices sur les principales familles historiques et sur les personnages célèbres, morts et vivants; Paris, chez Treuttel et Würtz, t. I—XVI. (L'ouvrage sera complet dans deux ans.)

Imprimerie d'E. DUVERGER, rue de Verneuil, n° 4.

DE LA

CRÉATION DE LA RICHESSE

OU DES

INTÉRÊTS MATÉRIELS

EN FRANCE,

PAR

J.-H. SCHNITZLER,

*Membre honoraire de la Société française de Statistique universelle; Membre correspondant de l'Académie impériale des Sciences de Saint-Pétersbourg et de la Société courlandaise pour la littérature et les arts; Rédacteur en chef de l'*Encyclopédie des Gens du Monde.

TOME PREMIER.

PARIS

H. LEBRUN, LIBRAIRE-ÉDITEUR,

RUE DES PETITS-AUGUSTINS, N. 6.

1842

PRÉFACE.

Quoique les deux volumes que je soumets aujourd'hui, non sans de vives appréhensions, au jugement des lecteurs forment par eux-mêmes un ouvrage complet dont l'objet est, je crois, nettement exprimé par le titre spécial qu'il porte, il est de mon devoir de déclarer qu'à cela ne doit pas se borner ma tâche : c'est une Statistique générale de la France que j'ai en vue. Ces deux volumes n'en sont que la moitié, et je les fais paraître séparément dès aujourd'hui, malgré leur imperfection trop réelle, afin de mieux débrouiller l'énorme amas de matériaux qu'il a fallu mettre en œuvre, et afin de puiser dans les indulgents suffrages du public l'encouragement dont j'ai besoin pour mener à bien une entreprise qui (je l'ai reconnu trop tard) passe la mesure de mes forces.

Il est inutile d'entrer dès à présent dans de longues explications sur le plan nouveau d'après lequel cette Statistique sera composée; ce plan peut d'ailleurs se résumer en deux mots : *Le peuple français et ses intérêts*. Tel est le programme de tout l'ouvrage : il suffit pour faire voir clairement à chacun quelles sont les matières réservées pour une seconde livraison de deux volumes.

La partie que je publie traite *des intérêts matériels*; elle n'aurait pas reçu d'autre nom, si je n'avais craint, en le lui donnant, d'abord de paraître entrer en lice avec le savant auteur d'un livre justement recherché avec qui il serait hardi de vouloir se mesurer, et ensuite d'induire en erreur le public en lui présentant sous un même titre des matières absolument différentes.

On s'étonnera peut-être que cette publication

commence par la deuxième partie plutôt que par la première, par les intérêts secondaires plutôt que par les intérêts dominants, l'État, l'Église, l'École. Il m'a paru plus courageux de me mettre aux prises tout de suite avec les principales difficultés de mon sujet, d'aborder résolument le dédale immense des affaires particulières, de porter avant tout la lumière dans ce chaos de chiffres auquel il faut arriver avec des forces encore fraîches, avec toute l'ardeur du début. Débarrassé de ce fardeau, je pouvais espérer de me mouvoir ensuite plus librement dans la carrière moins pénible qu'il me resterait à parcourir en m'occupant des intérêts essentiels de l'humanité. A cette considération est venue s'en joindre une autre. Une ère nouvelle d'organisation semble s'ouvrir pour la France; la démocratie victorieuse est occupée à se faire une situation proportionnée à son importance, à mettre ses ressources au niveau de ses besoins par le moyen d'une circulation plus libre, plus active, plus prompte, et en demandant à l'industrie tout ce qu'elle est capable de donner, au sol tout ce qu'il cache de richesse dans ses recoins les plus obscurs et les plus reculés. Qu'on ne se trompe pas sur la portée de ce mouvement! Il ne s'agit pas là d'intérêts matériels seulement, ou plutôt ces intérêts sont le moyen et non le but. Avant tout, il faut à chacun sa place au soleil : cette place trouvée, l'homme peut-il ne pas se souvenir de sa destination, et les idées ne reprendront-elles pas tout leur empire sur lui? Plus ami des idées que des préoccupations matérielles (mais des idées pacifiques et en n'excluant pas celles qui s'élèvent au-dessus de la sphère des intérêts politiques), j'ai cru les servir encore en essayant de seconder, dans la mesure de mes faibles moyens, ce mouvement universel, cette recherche du bien-être qui donne lieu souvent à des agitations si fébriles. L'industrie et le commerce sont à l'ordre du jour : il m'a semblé utile d'examiner quelles lumières la connaissance des faits, malheureusement trop négligée, peut jeter dans le débat, et d'offrir en temps opportun à ceux qu'il intéresse le résultat de cet examen.

L'initiative avait été prise par le gouvernement. A l'exemple de M. le comte Duchatel, dont les *Documents statistiques* ont donné l'impulsion au système de publicité adopté maintenant dans la plupart des branches d'administration, presque tous les ministres ont depuis attaché de l'importance à réunir les faits et à les fixer par l'impression. Aux excellents tableaux que faisait déjà paraître annuellement la Direction générale des douanes, confiée à des mains si habiles, aux Rapports au Roi par lesquels le ministre des finances mettait par intervalles le public dans la confidence de ses opérations, sont venus se joindre les Comptes-Rendus de l'Administration des mines, de celle des ponts et chaussées, de celles de la justice, de l'instruction publique, de la guerre, relativement à l'Algérie, de la marine, en ce qui concerne les colonies; et, en 1837, a été commencée, sous les auspices du Roi et par ordre de M. Martin (du Nord), alors ministre des travaux publics, de l'agriculture et du commerce, une

Statistique de la France, vaste monument dont un gouvernement pouvait seul entreprendre l'érection, et auquel MM. Gouin et Cunin-Gridaine, successeurs de M. Martin (du Nord) au département de l'agriculture et du commerce, ont associé leurs noms. Cette œuvre s'exécute lentement et solidement sous l'habile direction de M. Moreau de Jonnès.

Depuis l'ouvrage volumineux entrepris, en 1802, par Herbin avec de nombreux collaborateurs, ouvrage estimable mais suranné, la statistique de la France n'avait guère produit que des monographies départementales, dont quelques-unes, il est vrai, du plus haut mérite. Le pays avait bien aussi été envisagé dans son ensemble, et par des économistes très distingués; mais seulement sous certains rapports spéciaux, nommément sous celui de l'industrie, par le comte Chaptal et par M. le baron Ch. Dupin (dont les ouvrages, le premier surtout, m'ont servi de guides et de modèles); sous celui des voies de communication, par MM. Dutens et Michel Chevalier; sous celui du commerce, par

MM. Rodet et Chemin-Dupontès; sous celui de la population, par MM. d'Angeville et Dufau; sous celui de l'instruction dans ses rapports avec les crimes et délits, par MM. Balbi et Guerry, etc., etc. Au reste eût-il existé même un tableau d'ensemble, réunissant tout ce qu'une statistique générale doit contenir, il n'aurait plus de valeur après des publications officielles entreprises sur une si vaste échelle et auxquelles on ne trouverait rien d'analogue antérieurement à 1834, si ce n'est en Angleterre. C'est ainsi qu'il faut regretter que l'estimable travail sur la France par M. Schubert, un des meilleurs que nous connaissions, quoique fait à près de quatre cents lieues de Paris, ait devancé ces publications, dont le Tableau du commerce, par exemple, une des parties les plus complètes, change totalement tout ce qu'a pu dire sur cette branche le statisticien de Kœnigsberg.

En présence d'une pareille richesse de matériaux, dont personne jusqu'ici n'a fait le dépouillement, ce n'était pas une tâche facile que celle de composer une Statistique générale de la France : j'ose le rappeler, non pas pour tirer vanité d'un travail qui est encore bien loin de ce qu'il pourra devenir un jour, mais pour désarmer la sévérité des juges et pour faire appel à leur équité. On se perdait dans la masse des détails; on voyait se multiplier les chances d'erreur par les mille matières différentes auxquelles il fallait toucher et avec lesquelles le statisticien n'est pas toujours familiarisé. Pour celui en particulier que son zèle, sans doute téméraire, avait poussé dans cette voie, c'était d'ailleurs une tentative à laquelle ses travaux antérieurs, principalement consacrés aux États et peuples du Nord, objet constant de ses méditations, ne l'avaient préparé qu'indirectement; et quelque ardue que fût la tâche, il ne pouvait s'y livrer que dans les rares moments de loisir que lui laissait, depuis dix ans, la direction du grand ouvrage collectif, répertoire universel des connaissances humaines, qui lui est confiée. Aussi fallait-il le sentiment le plus vif et le plus profond du besoin d'un pareil livre et de l'utilité immédiate, positive, de tous les moments, dont il pouvait être, pour surmonter d'une part ces difficultés, et de l'autre sa juste défiance de lui-même.

Tout cela se rapporte à l'ensemble du livre qu'il publie; mais pour divers détails d'exécution même, l'auteur a besoin de compter sur l'indulgence de ses lecteurs. Ainsi, chacun pourra remarquer que le tome premier arrive quelquefois plus près du moment actuel que le tome deuxième : en effet, celui-ci a été mis le premier sous presse, parce qu'on pouvait regarder comme complets les documents officiels publiés sur le commerce, au lieu qu'on en attendait, au contraire, de fort importants sur l'agriculture et l'industrie. Souvent, dans cette première partie, on a trouvé l'occasion de compléter encore la seconde; et, malgré l'anachronisme qui en résultait, on n'a pas hésité à le faire. Quant à cette dernière, commencée il y a près de trois ans sur la base du Tableau décennal dressé avec tant de soin par l'Administration des douanes, elle a d'abord été mise à jour jusqu'en 1839, et une nouvelle refonte devint nécessaire quand parut encore, les premières feuilles du volume étant déjà imprimées, le *Tableau général du Commerce de la France pendant l'année* 1840. De là sont résultées, dans la chronologie du mouvement commercial, quelques inégalités qui nuisent peut-être à l'unité du plan, d'ailleurs rigoureusement maintenu; on les remarquera surtout dans la section des *marchandises*, car dans celle des *provenances et destinations*, dans les résumés et les tableaux récapitulatifs, les lacunes ont été comblées. Ainsi une de ces sections peut heureusement servir de correctif à l'autre.

Enfin, des difficultés non moins grandes, et qu'il n'a pas dépendu de l'auteur d'écarter entièrement, naissaient de la tâche qu'il s'était imposée de comparer les principales situations de la France avec la situation analogue des pays étrangers; non pas absolument, d'une manière constante et uniforme, mais toutes les fois que cette comparaison était praticable et qu'elle pouvait donner lieu à des résultats dignes d'intérêt. Les explications placées en tête des notes additionnelles du tome premier (p. 338) me dispensent d'insister sur ce point; et j'ose me flatter que le lecteur attentif me tiendra compte d'efforts sans doute encore insuffisants, mais qui, soutenus et redoublés, pourront un jour assigner à la statistique une importance nouvelle et marquer sa place parmi les sciences les plus utiles au développement de nos sociétés politiques.

Paris, le 16 mai 1842.

TABLE ANALYTIQUE
DES MATIÈRES.

TOME PREMIER.

Production ou Industrie en général.

TOME DEUXIÈME.

Circulation ou Commerce.

FIN DE LA TABLE.

CRÉATION
DE LA RICHESSE
OU
INTÉRÊTS MATÉRIELS.

I.

PRODUCTION OU INDUSTRIE EN GÉNÉRAL.

INTRODUCTION.

Ce n'est pas de la productivité naturelle et spontanée du sol de la France que nous voulons nous occuper ici (il en sera traité dans une autre partie de cet ouvrage) : c'est du travail de l'homme, source intarissable de richesse, c'est de l'activité intelligente qui crée des intérêts, c'est de la part de chacun dans les trésors que la nature prodigue à tous. Comment cette part s'obtient-elle ? On peut l'exprimer en deux mots : Arracher à la terre ses biens, les transformer, les répandre, et, s'ils ne suffisent pas aux besoins, en augmenter la somme par des emprunts faits à des terres étrangères. Féconder le sol de ses sueurs et multiplier les récoltes afin de faire vivre de nombreux animaux domestiques, voilà quel a été pour l'homme le point de départ, voilà sa première richesse. La seconde, c'est à l'industrie qu'il en est redevable. Faisant d'une idée heureuse, d'une utile invention, un objet d'échange contre des biens matériels, positifs ; ou intervenant pour augmenter la valeur de ces biens, pour les mobiliser, les faire servir à s'en procurer d'autres, l'industrie entre en partage avec la propriété et en rend la répartition plus égale.

Production et circulation, à cela se réduit l'activité de l'homme dans l'ordre des intérêts matériels. Il n'y a pas d'autre agent de la richesse. Mais ce champ est assez vaste pour exercer et développer toutes nos forces, pour mettre en jeu même ces facultés intellectuelles qui nous sont données afin d'atteindre un but beaucoup plus élevé que n'est le bien-être physique. Et plus la pensée prendra part à l'action de nos forces, plus le résultat sera notable; car le poids qu'elle met dans la balance la fait pencher plus sûrement que celui du métal le plus précieux, qui, sans elle, n'est qu'une masse brute et inerte. Dirigée par la pensée, la force vient à bout de tout; dire qu'elle est centuplée par elle ne serait pas encore assez : la pensée élève la force à sa plus haute puissance et rend ainsi la nature entière tributaire de l'homme.

Encourager la production, rendre prompte et facile la circulation, ce n'est donc pas seulement favoriser les intérêts matériels, c'est pousser l'homme dans la voie du progrès, c'est travailler à son développement intellectuel, en lui offrant l'appât des biens terrestres qui le touchent plus immédiatement et sont ainsi plus propres à triompher de sa paresse qu'un but lointain et idéal dont souvent il ose méconnaître la réalité. Or, la culture intellectuelle doit le conduire à la valeur morale. Le matérialisme de la vie, dont on se plaint tant de nos jours, et non sans raison, ne tient pas au soin que l'homme apporte à la gestion des affaires matérielles : ce soin est légitime autant que nécessaire ; il tient à ce que ces affaires trop souvent s'emparent de tout l'homme qui confond l'instrument avec l'effet à obtenir, et prend la route pour la destination même. Aimer la richesse à cause de l'indépendance qu'elle procure en brisant autour de nous les entraves extérieures, rien n'est plus raisonnable ; faire d'elle son idole à laquelle on rapporte tout, on sacrifie tout, c'est perdre de vue la dignité d'homme qui n'admet d'empire que celui des idées, qui n'a de soumission que pour les lois éternelles de la vérité, de la justice, de la sainteté.

Nous tenions à faire ces réserves au moment de descendre sur le terrain des intérêts matériels, afin qu'on sache bien sous quel point de vue nous les envisageons, comme un moyen de bien-être sans doute, mais aussi de civilisation et de perfectionnement moral ; afin qu'on ne nous croie pas entraîné par le torrent, et qu'un censeur morose ne vienne pas nous reprocher d'avoir flatté la passion du siècle, qui, se détournant de l'idéal, source du vrai bonheur, court après la richesse, bien chimérique précisément parce qu'il est tout actuel, ne s'enquiert que du plus court chemin qui y mène, et veut y arriver coûte que coûte, *per fas et nefas.*

Maintenant, puisque c'est par la production et par la circulation que se crée la richesse, par elles uniquement, examinons successivement quel est l'état de l'une et de l'autre en France.

C'est à la production que nous avons consacré ce premier volume, réservant le second à la circulation.

La production est le fruit de l'industrie, en prenant ce mot dans son acception la plus vaste qui est celle du travail intelligent de l'homme. C'est donc de l'industrie sous toutes ses formes que nous allons nous occuper, en commençant par l'agriculture, le premier des arts et la base de tous les autres.

Mais avant d'aborder la statistique agricole de la France, nous devons jeter un coup d'œil sur la distribution du sol relativement à la population, en d'autres termes, sur la propriété, ce plus puissant des intérêts.

CHAPITRE Ier.

DE LA PROPRIÉTÉ FONCIÈRE.

La propriété foncière attache au sol et donne une plus haute valeur au doux nom de patrie : aussi c'est sur elle, principalement, que s'appuie notre système politique, la possession de la terre ayant paru offrir une garantie qu'on ne trouvait pas au même degré dans les autres espèces de propriétés.

A cet égard, la France diffère essentiellement de beaucoup d'autres pays européens : dissemblable surtout à l'Angleterre, le pays des grandes propriétés, la contrée aristocratique par excellence, elle est morcelée à l'infini. Les champs n'y sont pas l'apanage d'un petit nombre de familles ; ils ne sont pas arrosés seulement par des sueurs mercenaires : chacun est admis au partage, chacun peut en prendre son petit lot. En effet, au moment de la première grande publication officielle sur la statistique de la France[1], le pays se divisait en 123 ou 124 millions de parcelles appartenant à 10,896,682 propriétaires, qui formaient, comme on voit, le tiers de la population totale, femmes et enfants compris. Un jour, lorsque le *cadastre*[2], monument ad-

(1) *Documents statistiques sur la France*, publiés par le ministre du Commerce (M. le comte Duchâtel), Paris, 1835, p. 16.

(2) Voir ce mot dans l'*Encyclopédie des Gens du Monde*. En 1839, le cadastre n'était encore terminé que dans 18 départements, quoique, sur près de 37,000 communes, 33,870 eussent déjà leurs rôles cadastraux.

ministratif plus utile que pompeux, sera terminé dans toute l'étendue du pays, on connaîtra la nature de toutes ces innombrables propriétés; aujourd'hui, ces chiffres paraissent encore un peu énigmatiques, et cela d'autant plus qu'on sait que le nombre des propriétaires chefs de famille ne s'élève guère au-delà de 5 millions. Mais ce dernier chiffre même, en le multipliant par 4 qui est à peu près la moyenne des familles, nous fait voir 20 millions de Français intéressés à la propriété immobiliaire et foncière; et par conséquent les *prolétaires*, même en comprenant sous cette dénomination ceux que des richesses de portefeuille élèvent souvent bien au-dessus du commun des propriétaires, ne seraient qu'un peu plus d'un tiers du total de la population.

C'est là ce qui constitue la France en démocratie et ce qui lui imprime aujourd'hui son cachet particulier. Que ce soit un bien ou un désavantage, elle le doit moins à l'ancienneté de sa civilisation et à l'importance que de bonne heure les communes y ont prise, qu'à la révolution de 1789. Après avoir retiré l'agriculteur de son état d'infériorité et d'assujettissement vis-à-vis des autres classes de la société; après avoir supprimé les usages flétrissants ou onéreux dont il se plaignait à bon droit, celle-ci mit à l'encan, par lots, les châteaux et les terres seigneuriales, et prépara l'œuvre du nivellement social auquel aspire, en France, l'esprit d'égalité qui domine la grande majorité de la nation. Le morcellement, ainsi commencé, va tous les ans en croissant, grâce à la législation existante sur les héritages.

On sait que la superficie totale de la France est de

52,768,618 hectares; mais il faut en déduire 2,905,008 hectares non imposables et qui comprennent les routes, chemins, places publiques, rues, etc., les rivières, lacs et ruisseaux; il faut en retrancher, de plus, les forêts de l'État et des communes, et les domaines non productifs; enfin, les cimetières, églises, presbytères et bâtiments publics[1].

Reste une superficie imposable, ou formant propriété particulière, de 49,863,610 hectares.

Cette superficie imposable comprenait le nombre suivant de cotes foncières :

en 1815.	10,083,751
en 1826.	10,296,693
en 1836.	10,893,528

Pour se faire une idée des valeurs que ces cotes représentent, il suffira de savoir que la transmission des biens immeubles, dans la seule année 1835, a été de 2 milliards et demi, ainsi spécifiés :

Immeubles transmis par héritage, valeur de	989,953,683 fr.
— par donation	235,333,999
— par vente ou cession . .	1,248,889,910
Total.	2,474,177,592

Cette vente énorme d'immeubles, qui a été à peu près toujours la même dans la période de dix ans, de 1826 à 1835[2], fait voir quelle est la mobilité de la fortune territoriale en France, et dans quelle progression rapide elle doit se morceler.

(1) *Statistique* officielle *de la France*, t. Ier, Population, p. 108.
(2) *Ibid.*, p. 146.

Ajoutons tout de suite la valeur des biens meubles transmis dans la même année 1835 :

par héritage.	559,572,591 fr.
par donation.	283,755,053
par vente ou cession. . .	407,159,763
Total.	1,250,487,407

Sur cette somme, 5,552,512 fr. ont été donnés à des établissements publics.

Ainsi chaque année les mutations de propriété déplacent ou emploient plus de 3 milliards et demi de fr.

Plus de 4 millions de cotes représentent la propriété rurale. En effet, les propriétés bâties cadastrées donnaient, à la fin de 1834, 5,121,584 cotes, et les propriétés bâties non cadastrées, 1,653,652[1] ; total 6,775,236. En déduisant ce chiffre des 10,893,528 cotes générales, il restait 4,118,292 cotes pour la propriété purement territoriale.

Le terrain occupé par les propriétés bâties est de 241,842 hect., lesquels, déduits du total de 49,863,610 hect., laissent à la surface territoriale 49,621,768 hect., qui, divisés par le nombre de cotes, 4,118,292, donnent en moyenne 12 hectares par cote.

Les petites cotes sont incomparablement les plus nombreuses, ainsi qu'on peut le voir par le tableau suivant relatif à 1835, mais où toute la propriété foncière imposable est comprise. Beaucoup de contribuables réunissent, il est vrai, plusieurs cotes, et sont comptés comme propriétaires pour chacune des parcelles qu'ils

(1) *Ibid.* p. 131.

possèdent souvent en différentes localités ; mais ces cotes réunies ne sont pas de préférence les petites [1].

Cotes de 1,000 fr. et au-dessus. .	13,361
de 500 fr. à 1,000 fr. . . .	33,196
de 300 fr. à 500 fr.. . . .	57,555
de 100 fr. à 300 fr.. . . .	341,159
de 50 fr. à 100 fr.	553,230
de 30 fr. à 50 fr.	684,165
de 20 fr. à 30 fr.	739,206
de 10 fr. à 20 fr.	1,514,251
de 5 fr. à 10 fr.. . . .	1,751,994
au-dessous de 5 fr.	5,205,411

Tout cela prouve à quel point la propriété est divisée en France. Nous constatons le fait sans prétendre le juger. Cependant, nous ne savons si c'est un bien de multiplier à l'infini les petits propriétaires hors d'état de se suffire à eux-mêmes, sans se mettre à la solde d'autres propriétaires plus riches, et que chaque année de mauvaise récolte ruine nécessairement; nous n'examinerons pas si la dissémination des capitaux, la déperdition d'efforts et de dépenses qui en résultent ne s'opposent pas essentiellement à une culture bien entendue, qui, pour prendre tout son développement, a besoin d'engrais abondants, par conséquent de nombreux bestiaux, et ensuite d'un ensemble de moyens d'exploitation qui permette d'agir sur une large échelle; nous n'avons pas non plus à rechercher jusqu'à quel point serait désirable l'association entre eux des petits propriétaires : toutes ces questions, fort importantes pour

(1) Voir Macarel et Boulatignier, *De la Fortune publique en France*, t. III, p. 117.

l'économiste, ne concernent pas véritablement le statisticien, dont la mission se borne à constater les faits. Mais puisque nous avons signalé les inconvénients d'un fait qui existe, disons encore qu'il n'est pas non plus sans avantages; car des cultivateurs, en grande partie propriétaires eux-mêmes [1], cultivent mieux à coup sûr que des mains mercenaires le modeste héritage qui occupe leurs femmes et leurs enfants; et, lorsqu'ils sont obligés d'ajouter à leurs ressources en travaillant à la journée dans les propriétés d'autrui, ils offrent à ceux qui les emploient des garanties d'ordre et de conduite que ne pourraient donner de simples journaliers [2].

Le plus petit nombre de propriétaires se trouve naturellement dans le département le moins étendu, la Seine. M. d'Angeville[3] a calculé, d'après les Documents de M. Duchâtel, que sur 100 propriétaires il y avait 1,595 habitants qui ne le sont pas. Puis vient le département des Landes où il n'y a plus que 702 habitants pour 100 propriétaires; puis ensuite la Haute-Vienne, avec 570 pour 100, le Finistère avec 551, la Seine-Inférieure

(1) Porter, *Progrès de la Grande-Bretagne*, p. 63 et suivantes.

(2) Qu'on nous passe encore une seule objection. De trop minces parcelles qui ne donnent pas le moyen de vivre, ne procurent pas non plus l'avantage essentiel de la propriété, celui d'attacher l'homme au sol et d'empêcher l'encombrement des villes; et l'on a dit d'ailleurs avec raison: « La charrue a été la première machine pour abréger le travail de l'homme: or quel avantage peut-on trouver dans une culture qui exclut l'emploi des machines, et parmi celles-ci la charrue? N'est-ce pas remonter à l'enfance de l'art? »

(3) *Essai sur la Statistique de la population française*, p. 342.

avec 517 et le Rhône avec 516. Le plus grand morcellement se rencontre dans l'Aube, où pour 100 propriétaires il n'y a pas plus de 133 habitants; dans l'Yonne où il y en a 182; dans Seine-et-Marne avec 186, dans l'Oise avec 190, dans la Marne avec 191, dans Eure-et-Loir avec 193, dans la Charente-Inférieure avec 194, dans Seine-et-Oise avec 195, dans la Meuse avec 198, enfin dans la Vienne avec 216. La moyenne, qui se trouve dans le département de l'Orne, est de 294 habitants pour 100 propriétaires ou plutôt individus intéressés à la propriété. C'est dans la France du nord que le sol le plus morcelé appartient au plus grand nombre de propriétaires; et, dans la France du midi, la Charente, la Charente-Inférieure, la Vienne, les Deux-Sèvres, la Vendée, Lot-et-Garonne, le Lot, le Puy-de-Dôme et Vaucluse comptent tous plus de propriétaires que le département moyen.

Voici un autre calcul fait par M. Schœn[1]. On compte en France 4,300,000 propriétés agricoles, dont 8,000 de 1,200 arpents, 90,000 de 283, 200,000 de 160, 600,000 de 83, et 3,400,000 de 15.

M. Lullin de Chateauvieux, qui estime à 4 millions le nombre des propriétaires terriers chefs de famille, les divise en trois classes, chacune subdivisée en deux, comme suit :

1° GRANDS PROPRIÉTAIRES.

				Hectares.
La 1re classe en comprend		42,409,	possédant ensemble	8,481,800
2e	—	51,622	—	4,516,925

La moyenne est de 138 hectares pour chacun.

(1) *Statistique européenne*, trad. en franç. par Dumont, 1834.

2° MOYENS PROPRIÉTAIRES.

				Hectares.
La 1re classe en comprend	86,069	possédant ensemble		4,819,864
2e	—	258,000	—	7,388,003

La moyenne est de 35 ½ hectares pour chacun.

3° PETITS PROPRIÉTAIRES.

				Hectares.
La 1re classe en comprend	774,621	possédant ensemble		7,843,494
2e	—	2,787,112	—	12,650,914

La moyenne est de 5 ⅛ hectares pour chacun.

M. de Chateauvieux évalue à 1,243,000 les petits propriétaires terriens ne possédant pas plus de 2 hectares, propriété évidemment insuffisante pour faire vivre une famille, qu'elle soit de 4 ou de 5 personnes, puisque, dans l'état actuel de l'agriculture en France, il ne faut pas moins de 1.25 hect. de terre pour assurer l'existence d'un seul individu.

En comparant ces calculs avec le tableau, donné plus haut, des cotes comprises aux rôles de la contribution foncière, terres ou maisons, pour l'année 1835, nous trouvons les résultats suivants, relatifs au total de 10,893,528 cotes.

1° GRANDS PROPRIÉTAIRES.

		Cotes.
1re classe, payant plus de 1,000 fr. d'impôt foncier	13,361	104,112
2e classe, payant plus de 500 fr. d'impôt foncier	33,196	
3e classe, payant plus de 300 fr. d'impôt foncier	57,555	

2° MOYENS PROPRIÉTAIRES.

	Cotes.
Classe unique payant 100 à 300 fr. d'impôt foncier.	341,159

3° PETITS PROPRIÉTAIRES.

1re classe, payant de 50 à 100 fr. d'impôt foncier.	553,230
2e classe, payant de 20 à 50 fr. d'impôt.	1,423,371
3e classe, payant moins de 20 fr.	8,471,656

Avant de passer maintenant à la production elle-même, nous ferons connaître, d'après les données officielles, la division de toute la propriété imposable, en hectares et en lieues carrées de poste.

	Hect.	Ares.	Cent.	L. carr	Mill.
Terres labourables.	25,559,151	75	24	12,939	378
Prés.	4,834,621	01	42	2,447	538
Vignes.	2,134,822	37	08	1,080	759
Bois.	7,422,314	28	25	3,757	564
Vergers, pépinières et jardins . .	643,699	13	31	325	875
Oseraies, aulnaies, saussaies . . .	64,490	13	12	32	649
Étangs, abreuvoirs, mares et canaux d'irrigation.	209,431	61	16	106	026
Landes, pâtis, bruyères, etc.. . .	7,799,672	49	80	3,948	602
Canaux de navigation.	1,631	41	00	0	826
Cultures diverses.	951,934	25	64	481	911
Superficie des propriétés bâties . .	241,841	92	29	122	434
Totaux.	49,863,610	38	31	25,243	562

CHAPITRE II.

DE L'ÉCONOMIE RURALE EN GÉNÉRAL.

Nous rangeons dans cette division, à laquelle se rapportent les deux tiers de la population totale, d'abord l'agriculture proprement dite, avec la viticulture et l'horticulture qui en dépendent immédiatement, ainsi que l'élève des bestiaux; puis la sylviculture, l'apiculture et la sériculture qui s'y rattachent directement; enfin la chasse et la pêche, qui nous ont paru pouvoir être compris sous cette rubrique. L'exploitation des mines, à laquelle l'agriculture est au moins associée, fera la matière d'un chapitre particulier.

Nous disons que les deux tiers de la population totale, ou environ 22 millions d'individus, se rapportent à cette division. Le comte Chaptal [1], comptant pour 1818 seulement 3 millions de maisons d'exploitation rurale, dit que cela suppose 12 millions de propriétaires, femmes et enfants compris. Aujourd'hui on peut, avec M. de Chateauvieux, porter ce nombre à 20 millions, dans lesquels ne seront pas compris les garçons agriculteurs et les journaliers qui, avec leurs familles, forment au moins 4 millions d'individus, ce qui porterait la population agricole à 24 millions. Il n'y a donc rien d'exagéré dans cette assertion de M. Chemin-Dupontès [2], que les calculs les plus exacts évaluent à 22 millions la population agricole de la France.

(1) *De l'Industrie française*, t. I, p. 239.

(2) *Progrès de la Grande-Bretagne*, par Porter, p. 100.

M. le baron Charles Dupin a voulu calculer les forces effectives que cette population prêtait à l'économie rurale [1]. En faisant usage des tables de population, malheureusement très imparfaites, publiées dans l'Annuaire du Bureau des Longitudes, il s'est posé les règles suivantes : Négliger les enfants au-dessous de 12 ans et les vieillards au-dessus de 60 ; ne compter pour une force d'homme véritable et complète (mais en ne faisant pas de distinction pour les femmes) que les individus de 17 à 54 ans; et ceux de 12 à 17, comme ceux de 54 à 60, pour la moitié d'une force d'homme. Il a ainsi trouvé pour dix millions d'individus des deux sexes les chiffres suivants :

de 12 à 17 ans.	923,297 × ½ =	461,648
de 17 à 54 ans.	5,236,258 × 1 =	5,236,258
de 54 à 60 ans.	510,566 × ½ =	255,283
Total		5,953,189

Or la population étant alors de 31,600,000 individus, il a multiplié le total par 3.16 et a trouvé 18,812,077 travailleurs effectifs, qu'il a réduits ensuite à 12,609,057, en faisant la part des femmes et d'après différentes autres considérations qu'il est inutile de reproduire. Supposant enfin que, sur ce nombre, ⅓ revient à l'industrie et au commerce et qu'il reste les ⅔ pour l'agriculture, il estime que la France possède une force humaine agricole équivalente à celle de 8,406,038 travailleurs.

(1) *Forces productives et commerciales de la France*, Paris, 1827, in-4°, t. I, p. 19.

A ces forces de l'espèce humaine il ajoute ensuite celles des animaux. « Pour l'agriculture, dit-il, on évalue la force moyenne du cheval adulte à celle de 7 hommes réunis. La force du bœuf serait, d'après ce calcul, presque égale à celle de 4 hommes; mais la force des vaches est beaucoup moindre, et dans la plupart des provinces de la France un grand nombre de vaches ne sont occupées qu'à perpétuer l'espèce et à fournir du lait. Enfin il y a toujours un certain nombre de bœufs à l'engrais et dont par conséquent la force ne doit pas être comptée. Pour ces motifs, nous n'évaluerons la force d'un individu de l'espèce bovine qu'à celle de 2 ½ hommes. Le travail continu qu'un âne peut exécuter, soit en portant soit en tirant, est de beaucoup supérieur à celui qu'un homme peut exécuter; mais comme on n'a pas distingué dans le nombre des ânes ceux qui n'ont pas encore atteint l'âge du travail, nous supposerons que la force moyenne des ânes est égale à celle des hommes faits. »

D'après ces données approximatives, M. le baron Ch. Dupin dresse le tableau suivant :

FORCES AGRICOLES VIVANTES DE LA FRANCE.

Espèce humaine.	21,056,667	équival. à	8,406,037	travailleurs
Chevaux	1,600,000	—	11,200,000	effectifs.
Bœufs et vaches.	6,973,000	—	17,432,500	—
Anes.	240,000	—	240,000	—
Total.			37,278,537	

Une question extrêmement difficile à résoudre, c'est celle du revenu agricole; beaucoup d'économistes s'en sont occupés, afin de déterminer la quotité possible de l'impôt. Car ce n'est pas la valeur présumable des biens-fonds, c'est le revenu foncier réel, qui, en bonne administration, doit servir de base à l'assiette de la contribution foncière.

Nous réunirons ici quelques chiffres propres à intéresser le lecteur, mais dont nous ne prendrons pas sur nous la responsabilité.

Sous Louis XIV, en 1698, le revenu annuel des citoyens était évalué à	1,020,090,000 liv.

D'après M. Charles Dupin, il était comme suit:

Sous Louis XVI, en 1780, de.	4,011,000,000 liv.
— en 1790, de.	4,655,000,000
Sous le consulat, en 1800, de.	5,402,000,000 fr.
Sous l'empire, en 1810, de	6,270,000,000
Sous Louis XVIII, en 1820, de.	7,862,000,000
Sous Louis-Philippe, en 1830, de.	8,800,000,000

Ces sommes représentent le revenu brut, et quant à la dernière, l'économie rurale peut en réclamer pour elle environ les deux tiers. M. Balbi fixe la somme à 5,250,000,000 fr.[1]. Ce chiffre tient à peu près le milieu entre plusieurs autres évaluations assez contradictoires. Le plus élevé est celui que nous trouvons dans la grande *Encyclopædia Britannica* et où le revenu de la Grande-Bretagne est mis en re-

(1) *Abrégé de Géographie*, p. 123.

gard de celui de la France[1]. Nous réduisons les livres sterling en francs.

	France.	Gr.-Bretagne et Irlande.
Production brute de l'agriculture	6,750,000,000	4,675,000,000
Manufactures, métaux et minéraux compris	1,900,000,000	2,400,000,000
Commerce intérieur et extérieur	1,000,000,000	1,750,000,000

Voici quel serait le produit net :

Rapport de la terre et bénéfice du fermier	1,870,000,000	1,500,000,000
Rapport des maisons	450,000.000	400,000,000
Revenu imposable du commerce, des manufactures, des métiers, etc.	500,000,000	750,000,000

Le chiffre le moins élevé est 4 milliards 500 millions[2] qui ne nous paraît être qu'une simplification de celui de 4,678,708,000 fr. donné par le comte Chaptal et auquel nous arriverons tout à l'heure. En admettant cette somme, Chaptal a réduit le produit net à 1,344,703,000 fr. Il serait de 1,902,000,000 fr. d'après l'évaluation, pour 1831, de M. Ch. Dupin qui a fait ce rapprochement :

(1) On estime que 100 liv. sterl. en France ont la valeur de 130 à 140 dans le sud de l'Angleterre, et 120 à 130 dans le nord.

(2) D'après la *Statistique européenne* de M. Jean Schœn, de Breslau, le revenu de la France provenant de l'économie rurale ne serait même que de 4,262,000,000 de fr. L'Angleterre aurait un revenu de 5,425,000,000 de fr. ; l'Autriche, de 3,080,000,000 de fr. ; la Prusse, de 1,350,000,000 de fr.

1790, population 25,760,000;	revenu territorial	1,200,000,000 fr.
1815 —	29,236,000	—	1,573,000,000
1831 —	32,140,000	—	1,902,000,000 [1]

« Suivant des agronomes, dit M. Costaz[2], le revenu foncier net n'est que de 1,323,138,877 fr.; d'autres le portent à 1,486,244,653 fr. Des commissaires nommés en 1815 par le ministre des finances, en partant des opérations cadastrales terminées pour 10,000 communes, l'ont évalué à 1,626 millions. Suivant les journaux, il était, en 1825, de 1,582,351,355 fr. Enfin, dans un discours prononcé en 1831, à la Chambre des députés, M. Thiers, qui a été quelque temps sous-secrétaire d'État au département des finances, l'a estimé à deux milliards. Ces différentes évaluations ayant été faites d'après des données incertaines, on ne doit les considérer que comme des aperçus qui ne sauraient servir de règle pour asseoir un jugement. »

On peut voir dans l'ouvrage de MM. Macarel et Boulatignier[3] d'après quelles règles le revenu net imposable est calculé par l'administration. Ce revenu net, c'est, pour les terres, ce qui reste au propriétaire, déduction faite, sur le produit brut, des frais de culture, semence, récolte et entretien. Ajoutons que l'impôt foncier a rapporté, en 1837, en principal, 155,200,083 fr., dont 123,005,340 fr. se rapportaient aux propriétés non bâties. Il revenait, en principal à 2 fr. 46 cent. par

(1) Séance de la Chambre des Députés, 14 avril 1831.

(2) *Histoire de l'administration en France de l'Agriculture, des Arts utiles, du Commerce, des Manufactures*, t. I, p. 160.

(3) *De la Fortune publique en France*, t. II, p. 583.

hectare, et à 4 fr. 76 cent. par maison ou usine.

Le comte Chaptal[1] a évalué la part que l'agriculture, dans son acception la plus vaste, prend à l'ensemble de la richesse publique. Voici ce qu'il a trouvé.

On estimait, en 1789, l'ensemble du capital engagé dans l'agriculture à la somme de 42,202,023,333 fr. Les documents que le célèbre économiste et homme d'État avait trouvés au ministère de l'intérieur lui permirent d'entreprendre la révision du calcul qu'on avait fait à ce sujet et de donner des sommes correspondantes à l'année 1818. D'après ses calculs, le capital agricole, dans son ensemble, se composait comme suit :

Valeur des propriétés agricoles	32,940,000,000 fr.
— des chevaux, bestiaux, volailles, etc.	1,581,000,000
— des instruments aratoires des fermes, calculés l'un dans l'autre à 1,000 fr. pour une ferme	3,000,000,000
Total.	37,521,000,000

Ce capital, suivant le même auteur (t. I. p. 238) donnerait, au moyen du travail de l'homme, un produit brut de 4,678,708,885 fr., et un produit net imposable de 1,344,703,370 fr. [2]. La différence qui est de 3,334,005,515 fr. constituerait les frais d'exploitation.

(1) *De l'Industrie française*, t. I, p. 222.

(2) Chaptal donne ailleurs d'autres chiffres : d'après le produit moyen de l'hect. (qui, selon lui, est de 28 à 30 fr.) 1,486,244,653 f.; et d'après le calcul du cadastre, 1,323,138,877 fr. (t. I, p. 209). La moyenne entre les deux systèmes est 1,478,461,176 fr., p. 216.

Voici de quelle manière, suivant le même savant économiste, se forme le total du revenu brut :

	Fr.
Moyennes des récoltes des champs de toute espèce	1,929,331,818
(En comptant le froment à 18 fr. par hectol., le seigle et le méteil à 12 fr., le maïs à 12 fr., le sarrazin à 6 fr., l'orge à 10 fr., les légumes secs à 18 fr., les pommes de terre à 3 fr., l'avoine à 9 fr., les menus grains à 6 fr.)	
Bestiaux vendus pour la boucherie, dans une année.	447,105,000
Savoir : 375,000 bœufs à 350 fr.	
482,000 vaches à 100	
2,082,000 veaux à 15	
5,575,000 moutons à 7	
3,525,000 porcs à 56	
Vente de la volaille et des œufs.	64,700,000
Vente du lait.	78,199,180
Agneaux vendus à la boucherie.	7,333,332
Lait de brebis	7,125,000
Bénéfice du croît des poulains	17,372,900
— des taureaux.	12,500,000
— des génisses	9,640,000
Laine des agneaux.	8,250,000
Produit des rivières, marais, en poissons, etc.	20,000,000
— des abeilles.	6,000,000
Fruits.	64,620,000
Légumes frais.	198,800,000
Fourrages consommés sur place.	30,250,000
Fourrages secs.	680,805,965
Vins.	718,941,675
Laines.	81,339,317
A reporter.	4,380,314,217

	Fr.
Report.	4,380,314,217
Cocons	15,442,827
Chanvre	30,941,840
Lins	19,000,000
Garance.	4,000,000
Bois et forêts.	141,000,000
Huiles de toute espèce.	70,000,000
Tabacs.	7,000,000
Petites cultures, telles que pastel, gaude, houblon, réglisse, safran, etc	1,700,000
Châtaigneraies.	8,120,000
Peaux de chevaux qui périssent	770,000
Total.	4,678,288,884

Voici maintenant comment Chaptal a calculé les frais.

	Fr.
Les semences en céréales et pommes de terre forment une depense de.	381,252,536
1,500,000 ouvriers agriculteurs, à raison de 120 fr.	180,000,000
Salaires de journaliers pour les céréales. . . .	160,777,654
— — pour les prés.	56,733,830
— — pour la vendange . . .	179,735,418
Réparations des bâtiments, entretien du mobilier, etc	300,000,000
Perte par la mortalité des chevaux.	27,500,000
— par le dépérissement graduel	29,305,646
Mortalité des bœufs, vaches, taureaux, génisses.	13,912,507
— des moutons	11,007,676
— des porcs, ânes et volailles.	6,000,000
Nourriture de 3 millions de familles, à 375 fr. par individu	1,125,000,000
Consommation des animaux attachés à la ferme.	862,780,248
Total.	3,334,005,515

M. le baron Charles Dupin [1] a donné, pour 1825 ou 1826, une évaluation plus forte, mais sans faire connaître encore les bases de son calcul.

Suivant lui, le produit brut serait de.	5,313,163,735 fr.
— le produit net de	1,626,000,000
Et par conséquent la différence revenant aux frais d'exploitation de	3,687,163,735

Voici quelques-uns des chiffres qu'il fait entrer dans ses calculs.

Animaux travailleurs et matériel agricole . .	600,833,800 fr.
Semences.	321,604,241
Dépenses faites par l'homme.	2,764,725,694

Il ajoute que la part de chaque habitant dans le revenu territorial est de 53 fr. 39 cent.; et le rapport de chaque hectare de 30 fr. 38 cent.

Tous ces chiffres divers attestent combien il est difficile d'établir la statistique agricole d'un pays; en France, c'est depuis 1838 seulement qu'on s'occupe d'en réunir les matériaux dans un ordre et suivant une direction capables d'inspirer la confiance. « Pendant tout le XVIIIe siècle, est-il dit dans le Rapport au Roi placé en tête de la *Statistique* officielle *de l'Agriculture*, t. Ier, la statistique agricole a tiré exclusivement ses termes numériques d'un système d'induction si large que de l'observation d'un territoire d'une lieue carrée, on (Vauban par exemple) concluait la détermination de toute la surface de la France; que du nombre des charrues, on (Lavoisier) inférait l'étendue des cultures; et qu'en comparant le poids et la superficie de la carte du royaume,

(1) *Forces productives et commerciales de la France*, t. II, p. 263.

on (Arthur Young) en déduisait la division physique et agricole du pays.

« Dans des temps moins éloignés (sous l'empire), on a substitué à ce système d'induction celui d'évaluations arbitraires, qui donnent d'emblée les totaux de toutes choses, en laissant tout-à-fait inconnus les nombres partiels dont ils doivent être essentiellement formés. D'où il suit que tandis qu'il ne manquait pas, en apparence, une seule donnée à la statistique agricole d'un département, il n'en existait aucune sur les différentes parties dont se compose son territoire. »

La *Statistique de l'Agriculture*[1] mettra fin, il faut l'espérer, à toutes ces incertitudes, et voici ce qu'elle nous apprend déjà sur la production agricole dans les régions publiées.

Dans la France orientale, le revenu brut de la production agricole annuelle s'élève, dans la région du nord, à 1,300 millions, et dans celle du sud à 945 millions. La différence est de 355 millions, ou de plus de $\frac{1}{6}$ de la valeur totale, qui monte à 2,241,000,000 fr[2].

(1) Elle paraît depuis 1840; mais on ne peut trop dire à quelle année elle se rapporte, sinon à une année ordinaire (Rapport au Roi, t. I, p. XXXVI).

(2) Dans un autre passage du même Rapport au Roi nous lisons: Dans cette moitié du territoire qui gît à l'est du méridien de Paris, la richesse publique reçoit annuellement de l'agriculture *un revenu brut*, composé:

1° De produits ruraux valant *au maximum*.	2,500,000,000 fr.
2° De produits animaux évalués à.	610,000,000
Total *du revenu brut* de l'agriculture. .	3,110,000,000

Il est vraisemblable que les articles omis rapprocheraient cette

Ce terme donnée par 45 départements réunis devrait être augmenté : 1° du produit des pépinières, oseraies, aulnaies, et de celui des vergers qui ne fournissent pas à la fabrication du cidre ; 2° de la valeur de différents produits de l'industrie agricole, mentionnés ailleurs ; 3° de la plus-value des céréales dans les années où les prix sont moins bas que lorsqu'on a réuni les matériaux de ce travail.

En ne tenant point compte des deux premiers articles qui exigent des recherches spéciales, on peut au moins estimer la plus-value des grains à 3 ou 400 millions ; ce qui porte le minimum le plus bas de la valeur brute des produits agricoles, dans la partie orientale de la France, à la somme de plus de 2 ½ milliards de fr.

§ 1. AGRICULTURE PROPREMENT DITE. Sans tirer encore de son sol toutes les ressources qu'il est susceptible d'offrir, la France peut être appelée un pays riche. Nul autre ne l'emporte sur elle à cet égard [1], quoique elle-même soit encore bien loin du point de prospérité où il lui est permis d'aspirer. La fertilité naturelle de la France, la variété des productions de son sol, assurent son indépendance du dehors, en même temps qu'elles lui fournissent des objets d'échange nombreux et recherchés, pour entretenir en temps de paix (et tel sera désormais, il faut l'espérer, l'état normal des sociétés modernes) des relations avec les autres pays.

somme de 3 milliards et demi; mais cet accroissement ne peut être que conjecturé.

(1) Nous donnerons à la fin du volume un état comparatif des récoltes et du nombre des bestiaux dans différents pays.

Cette indépendance dont nous parlons, les registres des douanes l'attestent. On verra, en effet, dans le volume suivant (p. 88, 105, etc.) que les objets de consommation ne figurent que pour deux cinquièmes dans l'importation totale, et qu'ils se réduisent même à deux septièmes quand on ne considère que les objets de consommation naturelle (sucre, café, thé, huile, bétail). Nous exportons d'ailleurs (*ibid.* p. 123 et suiv.) une grande quantité de produits naturels, et notre abondance reflue sur toutes les parties du monde [1].

L'agriculture, à laquelle la France doit une population robuste, est, comme nous l'avons dit, la principale base de sa richesse : c'est des entrailles de la terre que lui vient cette dernière. Aussi l'agriculture est-elle généralement en honneur parmi nous.

Cependant, dans toutes ses parties, elle attend d'importantes améliorations, urgentes surtout dans quelques départements de l'ouest et du midi. Ainsi, dans celui du Finistère, sur une superficie totale de 666,705 hectares, dont 626,936 forment le domaine agricole, près de 260,000 sont encore sous landes, bruyères et pâtis [2], quand les terres labourables, dit *l'Armoricain* (du 4 janvier dernier), s'élèvent à peine à 273,210 hectares,

(1) Dans le commerce étranger, la France vend habituellement deux septièmes de produits naturels et cinq septièmes d'objets fabriqués, et cela semblerait donner à l'agriculture une importance moindre qu'à l'industrie; mais, d'abord il ne s'agit ici que du commerce étranger, et ensuite il faut déduire du chiffre de l'industrie la valeur des matières premières qu'il a préalablement fallu importer.

(2) *Statistique* officielle *de la France*, Agriculture, t. III, p. 22.

auxquels on peut ajouter 40,910 hectares de prés et 31,117 hectares de bois[1]. Mais que l'on défalque du chiffre des terres labourables, ajoute-t-il, un tiers environ de leur contenance, qui chôme chaque année et reste conséquemment improductif, on trouvera que, sur la totalité des terres disponibles, ou 515,810 hectares, sans y comprendre les jardins et les pépinières, il s'en trouve effectivement 359,643, c'est-à-dire plus de la moitié, qui restent sans produire.

On peut en dire à peu près autant du Morbihan et des autres départements de l'ancienne Bretagne. Les trois départements de la Gironde, des Landes et des Basses-Pyrénées présentent cette proportion de terres incultes :

	Superficie.	Landes.	
Gironde.	975,100	433,021	hect.
Landes.	915,139	390,235	
Basses-Pyrénées	749,490	340,732	

Un septième environ de la totalité du territoire forme encore des friches que l'industrie de l'homme peut rendre productives.

Des pas immenses ont toutefois été faits depuis le milieu du siècle dernier dans la voie du progrès. Louis XVI abolit les corvées et fit disparaître dans le Jura les dernières traces du servage de la glèbe ; la révolution française supprima les dîmes, brisa les barrières intérieures, abolit les lois et usages féodaux et appela à la propriété la masse de la nation. L'instruction du peuple, le développement de son intelligence, la connaissance des bonnes méthodes et le besoin d'une

(1) Les chiffres officiels diffèrent un peu de ceux-ci, mais sans affaiblir le raisonnement.

aisance toujours croissante, feront le reste. C'est dans les départements du Nord, du Pas-de-Calais et dans la Franche-Comté qu'on trouve l'agriculture dans l'état le plus florissant, et les bonnes méthodes de culture s'appliquent aussi dans la Normandie et en Alsace. La Beauce est célèbre par ses champs de blé, généralement bien tenus sur les bords de la Loire. C'est dans ces contrées, ainsi que dans la Bretagne, qu'on exerce encore la culture en grand, avec des ressources qui permettent d'employer tous les moyens indiqués par l'expérience et tous les procédés nouveaux que la science met en usage.

On évalue à près de 13 millions d'hect. les terres réputées bonnes. Voici, au reste, la division qu'on fait relativement à la nature du sol. On compte 4,268,750 hect. en pays de montagnes; 5,676,088, en pays de landes et de bruyères; 7,276,368, en sol de riche terreau; 9,788,197, en sol de craie ou calcaire; 3,417,893, en sol de gravier; 6,612,348, en sol pierreux; 5,921,377, en sol sablonneux; 2,232,885, en sol argileux; 284,454, en sol limoneux, et 7,290,237, en sol de diverses sortes.

La Statistique agricole de la France, quand elle sera entièrement terminée, nous fera connaître, au moins approximativement, l'état des cultures dans tout le royaume; mais en attendant on lira avec intérêt l'aperçu partiel suivant tiré du Rapport au Roi qui se trouve en tête du premier volume.

« Dans la partie orientale de la France, qui forme un peu moins de la moitié du royaume, 9,600,000 hectares sur 26,000,000, ou beaucoup plus d'un tiers, sont occupés par les cultures. Cette proportion s'élève à la moitié, si l'on ajoute aux terres actuellement cultivées les jachères et les plantations diverses comprises sous les noms de vergers, pépinières, oseraies, aulnaies, etc. Mais si l'on se borne à énumérer les cultures proprement dites, en rejetant même les prairies artificielles parmi les pâturages, il y a seulement 8,863,000 hect. cultivés, ou 1 sur 5. En divisant cette moitié de la France en deux autres moitiés ou régions, on trouve que, dans la région septentrionale, on compte à peu près 10 hect. cultivés sur 25; dans celle du midi, 10 sur 34.

« La surface totale de ces cultures est distribuée en trois parties principales :

Céréales	6,538,193 hect.	(les $\frac{3}{4}$)
Vignes	897,423 —	($\frac{1}{10}$)
Cultures diverses	1,428,081 —	($\frac{1}{6}$)
Total.	8,863,702	

« C'est plus d'un hectare en culture pour chaque couple d'habitants.

« Le choix et la diversité des cultures sont déterminés non-seulement par les exigences du climat et du sol, mais encore par les besoins et surtout les habitudes des populations.

« Dans la région du nord, le froment et le méteil couvrent une surface presque double de celle qu'ont leurs cultures dans la région du midi; l'orge et l'avoine y ont une étendue pour ainsi dire quadruple. Mais le seigle et le maïs y sont réduits à moitié. Les jardins, les champs destinés aux légumes secs, y sont deux fois aussi grands, et la culture du colza et de la betterave y est d'une étendue quintuple. Celle du chanvre est d'un tiers en sus, et les lins occupent 25 fois autant d'espace.

« Il est vrai que l'influence du climat favorise dans le midi plusieurs cultures repoussées par elle dans la région du nord. Ainsi, les mûriers couvrent 41,000 hectares, les oliviers 117,000, la garance 15,000, les chardons cardières 1,100, etc. La vigne trouve également dans les départements méridionaux une protection qui lui est refusée parfois dans ceux de la région septentrionale, et les terrains qu'elle y occupe sont moitié plus étendus. »

Le produit brut d'un hectare en culture a été estimé par le comte Chaptal, en moyenne, à 28-30 fr. ; mais on l'élève maintenant jusqu'à 34 fr. Ce produit varie suivant les départements, et surtout suivant diverses conditions de terrain et de climat ; d'autres circonstances encore y influent, comme la proximité de grandes villes. Ainsi, près de Paris, le produit brut moyen d'un hectare est de 216 fr., tandis que, dans les Landes et les Alpes, il est seulement de 6 fr. Dans le nord, il est en général de 69 fr., et il est limité dans le midi à 26 fr. 50 cent.

Nous passerons successivement en revue les différentes cultures, en commençant par celle qui procure à l'homme le pain, son aliment quotidien. Le blé, le vin, le lin, la laine et la soie, telles sont nos principales richesses agricoles.

CÉRÉALES. Sur les 25 millions et demi d'hectares de terres labourables, près de 15 millions (14,888,385)[1]

(1) *Archives statistiques* officielles, p. 78.

furent ensemencés, dans l'année 1835, en céréales. Ce nombre s'était constamment accru depuis 1815, où il n'avait été que de 13,279,301 hectares. En 1825, il avait déjà dépassé 14 millions.

Voici quelle est actuellement (vers 1840), d'après la Statistique officielle (Agriculture), l'état de cette culture dans les trois régions déjà comprises dans les publications. Nous mettons la quantité de semences en regard de l'étendue en hectares.

	Hectares.	Hectolitres.
Départements du nord oriental. .	4,047,607	9,013,298
— du midi oriental. .	2,490,591	5,202,494
— du nord occidental.	3,925,488	8,993,220
Totaux.	10,463,686	23,209,012

Le total pour toute la France restera ainsi au-dessous de 15 millions d'hectares quant à l'étendue, et ne dépassera guère 25 millions d'hectolitres pour la quantité des semences.

En ce qui concerne les récoltes de céréales, elles se sont élevées, dans le même intervalle que ci-dessus, de 132,094,470 hectolitres, chiffre de 1815, à 204,165,194 hectolitres, chiffre de 1835. En 1825, le chiffre était déjà arrivé à 164,784,373 hectolitres (voir p. 36).

Voici ce que nous fournit la Statistique officielle, plus récente, dans ses trois parties déjà publiées :

	Hectolitres.	Valeur en fr.
Départements du nord oriental. .	56,406,554	556,950,975
— du midi oriental. .	28,189,219	388,914,022
— du nord occidental.	62,433,901	663,598,104
Totaux.	147,029,674	1,609,463,101

Le total pour toute la France restera ainsi au-dessous

de 200 millions d'hectolitres et peut-être de 180 millions pour la quantité, et sera environ de 2 milliards pour la valeur.

La moyenne du rendement des céréales par hectare est de 12 à 13 hectol., et non pas de 16, comme le dit M. Schœn [1]. Or en multipliant par 12 hectol. les 15 millions d'hectares cultivés en céréales, on a précisément le même total, 180 millions d'hectolitres, chiffre qui est un peu au-dessous de la moyenne [2].

« Dans les 45 départements de la France orientale, dit le Ministre de l'agriculture et du commerce en 1840[3], la masse entière des céréales produite, année moyenne, forme 84 millions et demi d'hectolitres, que le prélèvement des semences réduit à 70 millions. La région septentrionale fournit les deux tiers de cette vaste production ; celle du midi produit l'autre tiers.

« Les céréales appropriées plus particulièrement à la nourriture de l'homme, savoir le froment, l'épeautre, le méteil et le seigle rapportent 52 millions d'hectol., et les autres, l'orge, l'avoine et le maïs, environ 31 millions.

« Les 70 millions d'hectol. disponibles donnent à chaque habitant 4 hectol. et demi pour sa nourriture et celle de ses animaux domestiques. Les espèces destinées spécialement à sa subsistance lui fournissent beaucoup au-delà de 2 hectol. et demi, dont le froment

(1) On assure qu'il est en Angleterre de 23 hectolitres.

(2) Nous donnerons à la fin du volume un tableau comparatif des récoltes dans différents pays d'Europe.

(3) *Statistique* officielle *de la France*, Agriculture, Rapport au Roi, p. XXIV.

forme les deux tiers, et le méteil et le seigle le surplus. Dans les années abondantes, cette subsistance n'excède pas une valeur de 786 millions de fr.; dans les temps moins favorables, elle en vaut 1,200. C'est pour la dépense de chaque individu une différence de 50 à 75 fr.»

La Flandre, la Picardie, la Beauce et le Berri sont les parties de la France qui fournissent le plus de céréales; mais les plus beaux blés sont ceux du Dauphiné, du Languedoc et de la Provence. La meilleure terre se trouve dans le département du Nord, où la moyenne du rendement s'élève jusqu'à 20 hectol. par hectare, ce qui est le maximum; et c'est dans la Dordogne que cette moyenne atteint son minimum, qui est de 4 hectol. par hectare.

Voici, d'après la Statistique officielle de 1840, l'état des départements qui donnent le produit le plus considérable en céréales. Nous mettons les semences en regard des récoltes (quantités en hectol.).

	Récoltes.	Semences.
Pas-de-Calais . . .	5,391,021	503,942
Somme.	5,263,985	637,463
Nord.	5,045,477	411,766
Eure-et-Loir . . .	4,823,875	566,612
Aisne.	4,757,853	638,878
Oise.	4,748,080	552,762
Seine-et-Oise . . .	4,649,785	550,660
Seine-Inférieure. .	4,476,618	609,664
Seine-et-Marne . .	4,077,591	497,178

En général, l'ensemencement enlève au moins un huitième, et le plus souvent un sixième, de la récolte

(M. Schœn dit 16 p. %). Celle-ci varie d'année en année : sur 10 récoltes, on en compte une bonne, trois mauvaises, et six médiocres.

Voici ce que rend un hectare dans chaque espèce de grains et aux trois différents degrés de la récolte[1].

Bonnes récoltes, et par exemple 1826, 1832, 1833.

ANNÉES.	Froment.	Méteil.	Seigle.	Orge.	Sarrazin.	Millet et maïs.	Avoine.	Légumes secs.	Autres menus grains.
	h. l.	h. l.	h. l.	h. l.	h. l.	h. l.	h. l.	h. l.	h. l.
1826.	12.18	12.55	10.95	12.50	11.70	12.35	14.30	9.40	13.72
1832.	15.52	15.62	14.23	14.41	9.03	6.74	16.94	9.50	20.00
1833.	12.60	13.14	12.87	12.58	8.61	9.81	15.30	10.69	14.18

Mauvaises récoltes, et par exemple 1815 et 1816.

ANNÉES.	Froment.	Méteil.	Seigle.	Orge.	Sarrazin.	Millet et maïs.	Avoine.	Légumes secs.	Autres menus grains.
	h. l.	h. l.	h. l.	h. l.	h. l.	h. l.	h. l.	h. l.	h. l.
1815.	8.59	9.52	7.64	12.41	8.11	10.39	14.58	8.18	9.79
1816.	9.73	10.69	8.24	12.55	5.53	7.41	15.58	6.97	7.79

Récolte médiocre, et par exemple 1830.

ANNÉES.	Froment.	Méteil.	Seigle.	Orge.	Sarrazin.	Millet et maïs.	Avoine.	Légumes secs.	Autres menus grains.
	h. l.	h. l.	h. l.	h. l.	h. l.	h. l.	h. l.	h. l.	h. l.
1830.	10.53	11.39	9.96	15.36	11.32	12.61	19.01	11.64	14.41

(1) *Archives statistiques*, p. 78. Voir aussi le tableau de l'*Encyclopédie des Gens du Monde*, art. *Grains*.

L'hectolitre de grains pèse en moyenne 75 kilogr[1]. Le poids de la récolte d'une année, prise à la moyenne de 180 millions d'hectolitres, est de 13,500 millions de kilogr. Lavoisier[2] ne l'estimait encore qu'à 14 milliards de *livres* ou à 56 millions de setiers, sur 28 millions d'arpents. En ne considérant que le poids, c'est un peu plus de la moitié du produit moyen ci-dessus, aujourd'hui dépassé, ainsi qu'on le verra par le tableau de la page 40.

Il y a soixante ans, Turgot écrivait à l'abbé Terray : « La France, dans les temps ordinaires, rapporte du blé pour 13 mois, ou un mois de plus que l'année (exactement pour 380 jours); et pour 10 mois seulement (exactement 304 jours) dans les années faibles. Les bonnes assurent la subsistance de 450 jours ou 3 mois plus que l'année ; mais je sais combien dans ce cas l'abondance amène promptement le gaspillage qu'elle permet et la négligence qu'elle entraîne. »

Aujourd'hui, l'excédant des récoltes ne peut alimenter la France au-delà de 15 jours dans les années ordinaires, au-delà de 27 jours dans les bonnes années, et au-delà de 56 jours à 2 mois dans les années très abondantes. Voici, d'après des données officielles[3], l'état de la consommation et de la production pendant les 21 années qui se sont écoulées de 1815 à 1835.

(1) Voir au volume suivant, p. 32.

(2) *De la récolte des blés en France, autrefois et aujourd'hui*, mémoire.

(3) *Archives statistiques*, p. 133.

ANNÉES.	CONSOMMATION.	RÉCOLTE.	EXCÉDANT DES BESOINS.	EXCÉDANT DE LA PRODUCTION.
	Hect.	Hect.	Hect.	Hect.
1815 . . .	152,480,597	132,094,470	20,386,127	»
1816 . . .	151,038,321	136,648,363	14,389,958	»
1817 . . .	154,569,949	154,284,224	285,725	»
1818 . . .	151,802,765	143,512,948	8,289,817	»
1819 . . .	158,669,772	180,408,667	»	21,738,895
1820 . . .	162,800,544	158,181,942	4,618,602	»
1821 . . .	168,772,368	180,083,500	»	11,311,132
1822 . . .	168,343,185	157,349,187	10,993,998	»
1823 . . .	172,204,446	181,216,332	»	9,011,886
1824 . . .	172,860,442	185,476,113	»	12,615,671
1825 . . .	170,632,953	164,784,373	5,848,580	»
1826 . . .	173,887,938	174,305,196	»	417,258
1827 . . .	175,416,210	172,203,037	3,213,173	»
1828 . . .	176,744,010	181,770,696	»	5,026,686
1829 . . .	175,466,008	187,480,842	»	12,014,834
1830 . . .	176,281,774	183,990,592	»	7,708,818
1831 . . .	179,120,868	192,840,097	»	13,719,229
1832 . . .	179,362,931	216,144,354	»	36,781,423
1833 . . .	178,164,442	190,688,246	»	12,523,804
1834 . . .	182,370,187	191,830,564	»	9,460,377
1835 . . .	182,080,752	204,165,194	»	22,084,442
Totaux. .	3,563,070,462	3,669,458,937		
Moyenne.	169,670,022	174,736,139		

Nous avons dit que toute la récolte en céréales d'une année présentait un poids de 13 milliards et demi de kilogr. En divisant ce chiffre par celui de la population, 33 millions, on a pour chaque individu 409 kilogr. par an, et 1.120 par jour[1].

(1) D'après certains calculs, il resterait à l'homme, pour sa consommation personnelle et annuelle, 238.63 kilogr. en blé ou froment, et 44.17 en autres grains; total, 282.80 kilogr. De cette quantité il faudrait retrancher encore un déchet de 33 à 36 p. % causé par les animaux rongeurs au grenier, par la

D'après M. Schœn[1], la consommation en céréales des hommes exige 60 p. % de la récolte; celle des animaux, 19 p. %; il faut pour les semailles 16 p. %, et pour la consommation en boissons 2 p. %. Cela fait un total de 97 centièmes. Il resterait donc, dans les années ordinaires, un excédant de 3 p. %. Pendant les années les plus productives, on assure que cet excédant s'élève jusqu'à 15 p. %.

Voici un autre calcul. La consommation des hommes est de 107,277,801 hectol.; celle des animaux domestiques et de basse-cour, de 42,185,005. Il faut pour les brasseries, les distilleries et pour divers usages manufacturiers 2,883,575 hectol.; enfin les semailles enlèvent un sixième ou un septième de la récolte, soit 29,734,371 hectol. La consommation est donc de 182,080,752 hectol. En prenant la moyenne des dix années de 1826 à 1835, on a une consommation de 177,889,512 hectol. Le chiffre de 1816, qui est le minimum, était de 151 millions; aujourd'hui, celui même de 182 millions (1835) est depuis longtemps dépassé. Aussi toutes les années médiocres n'ont-elles pu suffire à cette consommation, ainsi qu'on le voit par le ta-

conversion en farine, par la perte sur les transports, l'emmagasinage, etc.; de manière qu'il ne resterait en définitive pour chaque consommateur que 182 kilogr., ou une livre de pain par jour. C'est bien peu: aussi le moindre déficit dans la récolte affecte rapidement et fortement le prix des grains.

Le lecteur comparera ces chiffres avec ceux du Rapport au Roi, ci-dessus, p. 32, et avec ceux qui vont suivre dans le texte.

(1) *Statistique européenne*, trad. en français par Dumont, 1834.

bleau de la page 36. Il se rencontre aussi des années mauvaises; mais les expressions de demi-récolte ou trois quarts de récolte sont très exagérées.

De 1828 à 1835, il n'y a eu que de bonnes récoltes : il y a donc eu un grand excédant de production qui est entré nécessairement dans le commerce extérieur [1]. Car sans l'exportation des quantités disponibles, le prix des céréales tomberait au-dessous de leur valeur de revient et des dépenses de fermages. D'un autre côté, sans l'importation, dans les années mauvaises, ce même prix, hors de rapport avec le prix du loyer de la force de l'homme, rendrait la vie difficile et effrayerait par la cherté les populations. Aussi la loi du 15 avril 1832 qui régit maintenant cette matière [2] permet également les unes et les autres, sauf quelques justes restrictions. Les importations sont admises moyennant 1 fr. par hectolitre pour l'introduction par terre ou par navires français, et moyennant une surtaxe de 1 fr. 25 cent. par hectolitre pour les navires étrangers, payable aussi longtemps que le prix du froment ne s'élève pas à plus de 28, 26, 24 et 22 fr. dans les quatre classes de départements frontières par lesquels a lieu l'importation. L'exportation est frappée d'un droit de 2 fr. par hectolitre, lorsque le prix des grains, dans ces mêmes départements, est de 25, 23, 21 et 19 fr. suivant les classes, et d'un droit progressif en sus pour chaque fr. dont ces prix sont dépassés. En revanche, le droit d'exportation baisse, lorsque les céréales sont au-dessous des

(1) Voir au volume suivant, p. 132.

(2) Voir *ibid.* p. 37, 38.

premiers prix mentionnés, dans la proportion de 25 c. par hectolitre.

La culture des céréales, quoique donnant le produit le plus avantageux du sol, est insuffisante à faire prospérer une exploitation rurale : elle n'est pas d'un rapport assez considérable ; l'entretien du bétail peut donner lieu à des bénéfices bien plus grands.

Nous avons constaté le chiffre total de la récolte ; voyons maintenant de quelle manière elle se compose. Mais d'abord il y a ici une observation à faire : c'est que, dans les tableaux officiels, on a confondu avec les grains, sous le nom de *céréales*, les légumes secs, le sarrazin et divers menus grains que jusqu'ici nous n'avons pas portés en ligne de compte, ne comprenant sous ce même nom de céréales que le froment, l'épeautre, le méteil, le seigle, l'orge, l'avoine et le maïs. Dans ce qui suit, au contraire, nous nous en tiendrons à la classification officielle, et nous donnerons une acception plus large au mot *céréales* que ne comporterait celui de *grains*.

Dans l'état suivant des récoltes, nous mettons en regard de l'année 1835 la moyenne des dix années qui se sont écoulées de 1826 à 1835 [1].

(1) Cet état est emprunté aux *Archives statistiques* officielles dont nous avons fait la base de notre travail de préférence à la Statistique agricole de 1840, parce que celles-là nous mettent à même de trouver des moyennes, au lieu que celle-ci ne se rapporte qu'à une seule année, on ne sait laquelle. Cette dernière publication n'en est pas moins fort précieuse, et elle nous offre des moyens de vérification que nous n'aurons garde de négliger.

	1835.	Moyenne.
Froment	71,697,484	62,000,000
Méteil	12,281,020	11,000,000
Seigle	32,996,950	30,000,000
Orge	18,184,316	17,000,000
Sarrazin	5,175,933	7,000,000
Millet et maïs	6,951,179	6,000,000
Avoine	49,460,057	45,000,000
Légumes secs	3,318,691	3,000,000
Autres menus grains	4,099,564	4,000,000
Totaux en hectolitres.	204,165,194	185,000,000

On voit que le *froment* forme à peu près le tiers de toutes les récoltes en céréales : c'est, en effet, l'une des meilleures cultures. Un hectare peut en produire jusqu'à 15 ou même 16 hectolitres; mais le produit moyen n'est guère que de 11 à 12. Un hectare à ensemencer exige environ 2 hectol. C'est donc 5 ou 6 grains pour un qu'il rend. La moyenne de 10 ans a été, comme on vient de voir, de 62 millions d'hectolitres. L'année ordinaire, telle qu'elle a été présentée dans la *Statistique* officielle *de la France* (Agriculture), ne dépasse pas ce chiffre dans une forte proportion, ainsi qu'on peut en juger par les parties déjà terminées.

	Froment.	Épeautre.
Nord oriental	21,467,060	132,055
Nord occidental	21,960,498	»
Midi oriental	10,744,544	4,072
Totaux	54,172,102	136,127

En ajoutant le midi occidental, on aura sans doute, à peu de chose près, les chiffres de la moyenne.

La quantité produite paraît insuffisante, car on importe toujours beaucoup de froment, il est vrai, en partie, pour être réexporté sous forme de farine.

On sait que le prix du blé est chose intéressante à connaître pour estimer la valeur de l'argent aux différentes époques. Car, de toutes les denrées, le blé est celle dont le prix a toujours eu le plus de fixité[1]. Cependant il a beaucoup varié de 1801 à 1835[2] : à la première de ces dates, il était en moyenne, par hectolitre, de 24 fr. 32 c., et à la dernière, comme en 1834, de 15 fr. 25 c. seulement. Le plus bas prix, 14 fr. 86 cent., appartient à une année beaucoup plus reculée, 1809 ; le plus élevé, à l'année 1817, où l'hectolitre coûtait 36 fr. 16 c.: c'était, il est vrai, une année de disette générale. En 1812, le froment avait coûté 34 fr. 34 c. De 1828 à 1832, il a dépassé 20 fr.; mais son prix ordinaire n'est guère que de 18 fr., et, dans un grand nombre d'années, il a flotté même entre 15 et 16 fr. De 1755 à 1788, le prix moyen à été de 14 fr. 11 cent. Parmi les 10 régions dans lesquelles on a divisé à cet égard la France, ce sont généralement celles du nord-est, du centre, du nord et de l'ouest où les prix restent au-dessous de la moyenne; et ils les dépassent au contraire de beaucoup en Corse, puis dans le sud-est, dans le sud et dans le sud-ouest. Quant au poids du froment, il est en moyenne de 74 ou 75 kilogr. l'hectolitre; et la première qualité (on en distingue trois) dépasse souvent 79 kilogr., surtout dans la Corse

(1) Voir au volume suivant, p. 31.

(2) Voir *Archives statistiques*, p. 14.

Après ce département, c'est dans ceux du sud-est, du sud et du nord que le froment pèse le plus. Le froment sert presque exclusivement à la nourriture des hommes.

L'*épeautre*, comme on sait, est une espèce particulière de froment qui convient surtout aux climats froids des pays de montagnes et qui peut prospérer dans des terrains fort médiocres. On le distingue facilement à ses épis lâches et étroits sur leurs deux côtés[1]. On cultive l'épeautre surtout dans la France orientale; mais l'ensemble de la récolte annuelle ne s'élève pas à 200,000 hectolitres.

Le *méteil* n'étant autre chose qu'un froment auquel est mêlé du seigle dans la proportion d'un tiers environ, nous n'avons rien de particulier à en dire. Il rend généralement un peu plus que le froment. Sa quantité ne peut guère être évaluée qu'à un cinquième de celui-ci. Voici les chiffres que donne la Statistique officielle :

Nord oriental.	3,461,396 hectol.
Nord occidental.	5,423,330
Midi oriental	1,204,193

La production du *seigle*, au contraire, approche de la moitié de celle du froment, et c'est surtout en Champagne, dans la Sologne, dans le Limousin et le Périgord qu'il est produit et consommé. Son rendement, inférieur à celui du blé, est, au maximum, de 14 hectolitres par hectare, mais généralement il n'est que de 10 à 11. Il donne aussi 5 à 6 grains pour un; mais il pèse

(1) Voir *Encyclopédie des Gens du Monde*, art. *Froment*.

moins que le blé et son prix est toujours de 40 à 50 p. % au-dessous du prix de ce dernier. Comme lui, il sert presque exclusivement à la nourriture de l'homme.

La Statistique officielle donne, à l'égard du seigle, les chiffres suivants :

Nord oriental.	4,844,301 hectol.
Nord occidental	7,679,416
Midi oriental	8,894,300

Inférieure pour la panification, mais cependant employée à cet usage dans nos campagnes, l'*orge* sert encore beaucoup à la fabrication de la bière et à la nourriture des chevaux. On peut en voir la proportion par le tableau suivant :

	1833. Hectol.	1834. Hectol.	1835. Hectol.
Orge employée à la nourriture des hommes.	8,686,148	8,742,060	8,778,102
Orge employée à la nourriture des animaux	3,130,760	1,413,048	3,528,676
Orge employée dans les brasseries, distilleries, etc . .	2,154,310	2,277,706	2,260,109
Orge employée aux semailles.	2,854,098	2,911,551	2,787,562

La production de l'orge n'atteint pas au tiers de celle du froment, et c'est surtout en Champagne qu'on cultive cette céréale. Les orges les plus estimées pour les brasseries proviennent de Nogent-sur-Seine (Aube).

Voici les chiffres de la Statistique officielle :

Nord oriental	6,370,278 hectol.
Nord occidental.	6,059,276
Midi oriental.	1,873,720

Quoique le maximum du rendement ne s'élève pas,

comme pour le froment, jusqu'à 16 hectolitres et rarement à 15, l'orge rend en général plus que les grains déjà nommés : en moyenne 13 hectolitres par hectare; on en a eu 15.36 dans l'année 1830. C'est environ 6 grains pour un qu'on en retire.

Le *sarrazin*, cultivé en grand dans les terrains maigres peu favorables aux autres céréales, se trouve cependant dans presque toutes les parties de la France, si l'on excepte peut-être les départements de la Seine-Inférieure, de la Somme, du Nord, des Ardennes; il est en outre peu cultivé dans les départements du Doubs, du Jura, de la Meuse, du Bas-Rhin, et dans quelques arrondissements d'Indre-et-Loire, de Seine-et-Oise, etc. On en récolte au contraire beaucoup dans les bruyères de la Bretagne, et surtout dans les plaines arides de la Champagne et dans la Sologne, puis dans les montagnes de l'Ain et le pays environnant. Le sarrazin se consomme sur place et entre peu dans le commerce. La majeure partie sert à la nourriture de l'homme, mais on l'emploie aussi comme plante fourragère, ou à engraisser la volaille. Voici dans quelles proportions il est entré dans la consommation pendant trois années consécutives.

	1833.	1834.	1835.
	Hectol.	Hectol.	Hectol.
Sarrazin employé à la nourriture des hommes. . . .	4,523,621	5,183,568	4,901,483
Sarrazin employé à la nourriture des animaux. . . .	969,855	1,614,740	1,018,769
Sarrazin employé dans les brasseries et distilleries. .	1,050	667	400
Sarrazin employé aux semailles	642,902	657,908	690,121

La Statistique officielle donne les chiffres suivants :

Nord oriental	306,113 hectol.
Nord occidental	5,992,896
Midi oriental	9,858,081

Le sarrazin rend environ dix pour un, mais avec peu de certitude. De 1818 à 1834, on en voit varier le produit de 5.03 jusqu'à 14.71 hectolitres par hectare. Cependant on peut évaluer la moyenne à 11.

La consommation du *millet* et du *maïs* réunis n'entre pas pour un dixième dans la consommation totale. On a vu plus haut le chiffre de la production : nous y ajoutons celui de la Statistique officielle :

Nord oriental.	446,305 hectol.
Nord occidental	232,798
Midi oriental.	894,297

Ces deux céréales ne rendent guère que 9 ou 10 hectolitres par hectare ; cependant, dans l'année 1834, le produit s'est élevé jusqu'à 14.11 hectolitres. On en retire jusqu'à 26 grains pour un. Ils servent en majeure partie à la nourriture des hommes, et dans la proportion d'un quart seulement à la nourriture des bestiaux ou pour engraisser la volaille des basses-cours. Le millet, que la Statistique officielle ne relève pas séparément, est, pour la France, une culture assez récente, pratiquée surtout dans les départements de l'est. Le maïs se cultive en grand dans plusieurs départements méridionaux, comme dans ceux de Lot-et-Garonne, de la Haute-Garonne, de l'Isère, de la Dordogne, et de la Charente; mais il entre peu ou point dans le commerce. Les feuilles de la plante, régulièrement cueillies, offrent aux bestiaux une nourriture succulente et très propre à les engraisser.

Après le blé, c'est la production de l'*avoine* qui est la plus importante parmi celle des grains en général. On a vu qu'elle s'élève presque aux $\frac{3}{4}$ de la production du premier.

La Statistique officielle donne le relevé suivant :

Nord oriental.	19,685,159 hectol.
Nord occidental	21,078,583
Midi oriental.	4,574,093

On cultive l'avoine surtout dans la Bretagne, dans la Lorraine, dans la Champagne, dans la Brie, la Beauce et la Picardie. Pontoise est la place où le commerce s'en traite le plus en grand. Un hectare peut produire en avoine au-delà de 19 hectolitres ; mais la moyenne est de 15 à 16. Cette céréale rend environ 7 grains pour un, et il y en a de trois qualités suivant le poids. Le poids moyen est de 43 à 44 kilogr. l'hectolitre; pour la première qualité, il est de 45 à 46, et les avoines de Bretagne, les plus lourdes de toutes, pèsent même jusqu'à 51 kilogr. La 3e qualité ne descend pas au-delà de 40 kilogr. Quant au prix, la moyenne varie de 7 à 8 fr. ; en 1817, elle était de 11 fr., maximum, et elle s'est encore élevée à 8 fr. 65 c. en 1830 [1]. C'est dans la région du nord-est que l'avoine est le moins chère : elle y a coûté en 1824 4 fr. 71 c.; en 1820, 4 fr. 60 c., et en 1821 seulement 4 fr. 26 c. Elle est le plus chère dans celles du sud, du sud-

(1) Voir *Archives statistiques*, p. 174, 182.

ouest et du sud-est, où le maximum du prix a été celui de 1817, 13 fr. 28 c. L'avoine sert presque exclusivement à la nourriture des animaux, ainsi qu'on peut le voir par le tableau suivant :

	1833.	1834.	1835.
	Hectol.	Hectol.	Hectol.
Avoine employée pour la nourriture des animaux.	30,339,674	32,222,467	32,476,172
Avoine employée pour la nourriture des hommes.	1,959,954	1,884,845	1,888,164
Avoine employée dans les brasseries et distilleries.	98,098	109,438	114,668
Avoine employée aux semailles.	6,501,335	6,494,095	6,696,902

Les tableaux officiels relatifs aux céréales donnent de plus la production en *légumes secs* et en *autres menus grains*. Sous la dernière rubrique, ils présentent des chiffres très variables; car, suivant les localités, on a compris sous la dénomination de menus grains le colza, la navette, la graine de chenevis, la dravière, les lentilles fourragères, la gesse, etc., etc., quoique dans plusieurs départements ces mêmes plantes, qu'on sème au printemps, soient employées comme fourrage et parfois consommées ainsi sur place par les bestiaux. Cependant la Statistique officielle de 1840 n'a pas conservé cette dernière rubrique : elle enregistre séparément le colza, la navette, les fèves et féveroles, etc., etc. Pour les légumes secs, elle donne les chiffres suivants :

Nord oriental	1,354,825 hectol.
Nord occidental	629,348
Midi oriental	554,790

La moyenne de la récolte en légumes secs est de 3 millions d'hectol., et en autres menus grains de 4 millions, et voici quelle est la nature des besoins pour les deux espèces. Ont été employés :

	1833. Hectol.	1834. Hectol.	1835. Hectol.
Légumes secs servant à la nourriture des hommes. .	2,551,065	2,693,257	2,746,139
Légumes secs servant à la nourriture des animaux. .	635,248	632,398	634,827
Légumes secs servant dans les brasseries et distilleries. .	18,677	17,827	17,210
Légumes secs servant aux semailles	460,671	464,754	454,438
Menus grains servant à la nourriture de l'homme. .	316,691	356,291	336,012
Menus grains servant à la nourriture des animaux. .	2,210,498	2,561,415	2,501,435
Menus grains servant dans les brasseries et distilleries.	74,174	57,274	72,864
Menus grains employés aux semailles.	540,808	491,020	593,858

La culture des **POMMES DE TERRE** est aujourd'hui répandue dans toute la France; mais sans réussir aussi généralement qu'en Angleterre et dans les Pays-Bas. Cette culture prend le plus d'étendue dans les départements où le blé est plus rare, comme dans la Lozère, la Haute-Saône, le Tarn, les Vosges. Dans les dix années jusqu'à 1835, elle a produit en moyenne environ 64 millions d'hectolitres par an, et nous verrons que la consommation n'est guère moindre. Cependant la production s'est élevée, en 1833, à 74,504,719 hectol.;

en 1834, à 75,986,894 hectol.; en 1835, à 71,982,811; et cette culture paraît avoir fait de nouveaux progrès depuis, à en juger par la Statistique agricole où nous trouvons les chiffres suivants :

Nord oriental.........	34,025,511 hectol.
Nord occidental........	24,510,985
Midi oriental..........	20,640,152
Total.........	79,176,648

Ce total, dans lequel la 4e région n'est pas encore comprise, dépasse déjà le chiffre du maximum. Dans les 45 départements de la France orientale, on a récolté 55 millions d'hectol. de pommes de terre, c'est-à-dire 3 ½ par habitant. En 1835, 803,854 hectares étaient ensemencés en pommes de terre, et depuis 20 ans leur nombre est toujours allé en croissant; en 1817, on n'en avait encore que 558,965 hectares; en 1830, c'étaient 609,889; en 1833, 742,111; en 1834, 789,534 [1]. Dans les bonnes années, l'hectare produit en moyenne 92 hectolitres de pommes de terre; il en a produit jusqu'à 103.83 dans l'année 1831.

Le prix moyen de l'hectolitre est de 3 fr.

Les pommes de terre exigent pour l'ensemencement, seulement dans la partie orientale de la France, plus de 5 millions d'hectol., à raison de 12 ½ par hectare. C'est une dépense moyenne de 13 millions.

On sait que les **CHATAIGNES** remplacent assez généralement le blé dans les départements du Cantal, du Lot, de l'Aveyron, de l'Ardèche et de la Lozère. Pour

(1) *Archives statistiques*, p. 78.

beaucoup d'autres départements encore, pour la Creuse, la Haute-Vienne, la Dordogne et le Gard, elles forment une culture importante. Sur une longueur de plus de deux lieues, dit M. Girault de Saint-Fargeau [1], depuis l'Ardèche jusqu'aux montagnes, les coteaux à l'ouest de la vallée forment une vaste et épaisse forêt de châtaigniers qui fournissent les excellents marrons connus sous le nom de *marrons de Lyon*.

En prenant les sept années de 1829 à 1835 [2], on trouve une moyenne de 2,205,049 hectol., supérieure à celle des années précédentes où la moyenne n'avait été que de 2 millions par an. Un hectol. de châtaignes vaut, en moyenne, environ 6 fr. Chaptal évaluait le produit annuel de 406,000 hectares plantés en châtaigniers à 8,120,000 fr. D'après la Statistique agricole de 1840, cette culture aurait une étendue moins considérable. Dans quelques cantons, on évalue à 3 fr. le produit de chaque châtaignier.

Tabac. Le sol de la France est généralement très propre à produire le tabac; mais la législation du pays, qui en laisse au gouvernement le monopole[3] de la fabrication formant pour lui un revenu net de 70 millions, a restreint cette culture à un très petit nombre de départements où elle n'a lieu qu'avec la permission des autorités et sous leur surveillance. La production

(1) *Aperçu statistique de la France*, p. 61

(2) *Archives statistiques*, p. 79.

(3) Lois du 28 avril 1816, du 19 avril 1829, du 12 février 1835, du 23 avril 1840. Cette dernière proroge le monopole jusqu'au 1er janvier 1852.

moyenne, de 1851 à 1856, a dépassé 120,000 quint. métr.; mais elle paraît avoir diminué depuis. Cependant la vente des tabacs a donné, en 1857, un produit brut de 81,475,735 fr. Voici quelle est, d'après la Statistique officielle de 1840, l'étendue en hectares consacrée à cette culture dans quatre départements du nord, ainsi que le produit qu'on en retire et le prix moyen du quint. métrique.

	Hectares.	Quint. métr.	Prix moyen.	
Nord.	572	15,265	72 fr.	80 c.
Pas-de-Calais. . . .	441	7,333	53	60
Bas-Rhin.	1,882	31,369	42	40
Ille-et-Vilaine . . .	555	7,677	59	35

Dans le midi oriental, le tabac manque absolument; dans le nord occidental, il figure dans un seul département (Ille-et-Vilaine); dans le nord oriental, trois départements frontières (Nord, Pas-de-Calais et Bas-Rhin) prennent exclusivement part à sa culture; enfin dans le midi occidental, on en plante dans les départements du Lot et de Lot-et-Garonne, où Tonneins en fournit la qualité la plus estimée.

Le rendement par hectare, dans Ille-et-Vilaine, est seulement de 13.83 quint. métr.; dans le Nord, il s'élève jusqu'à 26.68; dans le Bas-Rhin, comme dans le Pas-de-Calais, il est de 16.66.

LIN ET CHANVRE. Prises ensemble, ces plantes textiles occupent environ 180,000 hectares, dont plus de 100,000 dans la France orientale, et forment une des plus riches cultures du pays. D'après des calculs récents, la valeur brute des tiges serait annuellement de 144 millions, et celle des graines de 31 millions;

total, 175 millions de fr. On assure que les opérations du rouissage et du teillage ajoutent à cette somme une valeur de 115 millions, en frais et salaires. Le filage et le tissage triplent ensuite la valeur totale du produit, ainsi qu'on le verra plus loin (p. 214). Ces chiffres peuvent paraître exagérés. Cependant, d'après la Statistique officielle [1], le lin et le chanvre donnent, ensemble avec leur graine, dans la France orientale seulement, une récolte estimée à 64 millions et demi de fr. Dans le pays tout entier, sa valeur ne doit pas rester au-dessous de 120 millions.

Nous examinerons séparément l'une et l'autre cultures.

Le *lin* de France est d'une qualité supérieure et très recherché; la qualité varie toutefois d'une province et même d'un canton à l'autre. Sa production est dispendieuse : aussi les fabricants anglais achètent-ils le lin à meilleur marché en Russie. Telle qualité commune de lin de Russie revient à 90 fr. les 100 kilogr., rendus en Angleterre; en France, ils coûtent 110 fr. même sur les lieux de la production. En France, les étoupes se vendent 65 fr., au lieu qu'on peut les acheter en Russie à 47 fr. 50 cent.

Cette production, à laquelle sont affectés plus de 70,000 hect. de terre, appartient surtout à la région du Nord occidental, aux départements, voisins de la mer, du Calvados, des Côtes-du-Nord, du Finistère, d'Ille-et-Vilaine; puis à ceux du Nord, du Pas-de-Calais, de la Somme, de la Seine-Inférieure. Voici quelques chiffres que nous empruntons à la Statistique officielle de 1840.

(1) Agriculture, t. I, Rapport au Roi, p. XXV.

		PRODUCTION		
	Hectares en culture.	Hectolitres de graines.	Kilogrammes de filasse.	Valeur totale du produit en fr.
Nord occidental . .	47,650	355,141	17,778,033	26,628,642
Nord oriental . . .	22,955	178,633	11,511,082	18,850,605
Midi oriental. . . .	1,033	7,960	229,077	440,952
Totaux. . .	71,638	541,734	29,518,192	45,920,199

On peut regarder ces chiffres comme étant presque la totalité pour la France entière, et l'on voit ainsi que la valeur brute du lin, dans les bonnes années, ne reste pas beaucoup au-dessous de 50 millions de fr.

Dans la région du nord occidental, où cette culture, comme nous l'avons dit, est surtout florissante, le rendement d'un hectare est en filasse de 373 kilogr., et en graines de 8.87 hectol., ensemble d'une valeur de près de 555 fr. Mais on assure qu'aux environs de Lille la récolte d'un hect. de lin se vend quelquefois de 6 à 7,000 fr. La valeur de la semence (2.67 hectol.) est de près de 52 fr. Le prix moyen d'un hectol. de graines est de 19 fr. 40 c.; celui d'un kilogr. de filasse est de 1 fr. 10 cent.

C'est surtout le lin des campagnes de Douai qu'on recherche pour la consommation.

L'importation est nulle; l'exportation, au contraire, est souvent assez considérable, comme on le verra au volume suivant, p. 156 (tableau récapitulatif). On peut l'évaluer, au commerce spécial, à 1 million et demi de fr. Mais elle a diminué dans ces dernières années. En 1838, toutefois, elle s'élevait encore à 1,816,834 kilogr. de filasse.

Outre l'utilité du lin comme plante filamenteuse, on sait que l'huile extraite de sa graine sert dans les arts et dans l'économie domestique.

La culture du *chanvre* est beaucoup plus répandue que celle du lin. Suivant Chaptal[1], elle occupait 100,000 hectares dans 57 départements; ces nombres sont aujourd'hui au-dessous de la réalité : celui des hectares peut être porté à 150,000, et l'on peut dire que la plupart des départements de la France prennent part à cette richesse agricole, que le même comte Chaptal évaluait seulement à 30 millions de fr., même en y comprenant la graine (pour 11 millions). Quant au produit, il l'a estimé à 386,773 quint. métr.; mais la France orientale seule en donne 335,000[2], et le chiffre pour les trois régions déjà comprises dans les dernières publications officielles s'élève à 533,940 quint. métr., comme on peut le voir dans le tableau suivant.

		PRODUCTION		
	Hectares en culture.	Hectolitres de graines.	Kilogrammes de filasse.	Valeur totale du produit en fr.
Nord occidental.	54,713	485,135	19,920,561	23,304,[illegible]3
Nord oriental . .	48,063	481,402	18,189,288	26,465,694
Midi oriental. . .	32,608	372,247	15,284,206	18,764,852
Totaux. . . .	135,384	1,338,784	53,394,055	68,535,119

La valeur totale des récoltes s'élève donc au moins à 80 millions de fr.

(1) *De l'Industrie française*, t. I, p. 184, et t. II, p. 139.

(2) *Statistique* officielle *de la France*, Agriculture, t. I, p. XXV.

On voit que c'est la France septentrionale qui produit le plus de chanvre, et c'en est la partie orientale qui en produit le meilleur. Pour la quantité, ce sont les départements de l'Isère (57,634 quint. métr. de filasse), du Bas-Rhin (37,622 quint. métr.), de Maine-et-Loire, de la Sarthe, du Puy-de-Dôme, d'Ille-et-Vilaine, d'Indre-et-Loire, du Morbihan, de Saône-et-Loire, etc., qui sont au premier rang. Dans l'ancienne province d'Anjou, et surtout aux environs d'Angers, le chanvre est un objet de grand rapport pour la population. Dans la région du nord occidental, le rendement d'un hectare est en filasse de 364 kilogr., et en graines de 8.87 hectol., ensemble d'une valeur de 433 fr. 15 cent. La valeur de la semence (2.66 hectol.) est de 37 fr. 10 cent. Le prix moyen d'un hectol. de graines est d'environ 14 fr.; celui d'un kilogr. de filasse, de 85 cent.

Au reste, ce que la France produit de chanvre est loin de suffire à sa consommation. L'importation spéciale a souvent atteint et quelquefois dépassé une valeur de 5 millions, ainsi qu'on le verra au vol. suivant, p. 154 (tableau récapitulatif).

BETTERAVES. On verra plus loin (p. 294) quelle importance l'industrie des sucres a donnée, de nos jours, à la culture de cette racine charnue, aujourd'hui l'objet de si vives controverses. Environ 66,000 hectares de terre sont actuellement cultivés en betteraves; mais comme il faut un assolement de quatre années, cela ne ferait encore que 16,500 hectares. La moyenne du produit est de 30,000 kilogr. de betteraves par hectare; en très bonne culture, un hectare peut même produire

45,000 kilogr. Le cultivateur vend les 1,000 kilogr. de betteraves à raison de 16 fr.; le produit brut d'un hectare est en conséquence de 480 fr., et en multipliant ce chiffre par 16,500, on a un produit total de près de 8 millions de fr. [1] Le rendement en sucre est en moyenne de 5 p. %; il peut aller, au maximum, jusqu'à 7 p. %. Pris dans la betterave, ce sucre ne coûte encore que 27 cent. le kilogr.

Le rendement moyen d'un hectare est donc de 1,500 à 2,000 kilogr. de sucre brut. En multipliant par ce dernier nombre les 16,000 hectares, on a 33 millions de kilogr. de sucre. La production pendant la campagne du 1er septembre 1840 au 31 août 1841 a été officiellement de 25,940,000 kilogr. Mais on peut évaluer au quart la portion qui échappe au fisc, et dès lors on trouve un total de 35 millions de kilogr.

On assure qu'en 1835 668,986,762 kilogr. de betteraves, et en 1836, 1,012,770,589 kilogr. ont été mis en fabrication. Au reste, le maximum de cette dernière appartient à l'année 1841.

Le véritable siége de cette production est le département du Nord; ceux du Pas-de-Calais, de la Somme et de l'Aisne y prennent aussi une très grande part.

Les **GRAINES OLÉAGINEUSES**, dénomination sous laquelle sont compris le colza, la navette et le pavot, occupent une étendue de terrain infiniment plus grande. Seulement dans la partie orientale de la France, le colza couvre au moins 116,000 hect. donnant en-

(1) Girault de Saint-Fargeau, *Aperçu statistique*, p. 46.

viron 1,500,000 hectol. de graines. Le revenu brut de l'hect. monte, dans cette moitié de la France, à près de 300 fr., et la valeur totale de la récolte, à 35 millions.

Un hectare ensemencé en graines oléagineuses donne en moyenne, suivant M. Leroy (de Béthune), 14 hectol. ou environ 900 kilogr. (à 65 par hectol.); savoir le lin, surtout le lin de mars, le plus répandu dans la culture, 6 à 7 hectol. au maximum; le colza ou œillette (pavot cultivé), de 20 à 22 hectol.; la cameline beaucoup moins.

Le travail des huileries, des savonneries et des autres industries faisant une grande consommation d'huile rend cette production extrêmement importante, sans rappeler qu'elle est la conséquence d'une culture intercalaire et sarclée très avantageuse qui fournit aussi un excellent aliment aux bestiaux et un engrais supérieur au sol.

Elle a lieu surtout dans les départements du Nord, où le colza est cultivé en grand, du Pas-de-Calais, de la Seine-Inférieure, de l'Oise, de la Marne, des Vosges, du Haut et du Bas-Rhin.

Dans ces derniers temps, elle a été contrariée par une importation toujours croissante et qui, en 1840, a jeté dans la consommation française près de 500,000 quint. métr. L'insuffisance des récoltes en France, depuis environ quatre ans, a eu, il est vrai, une grande part à cet état de choses fâcheux pour l'agriculture.

Chaptal [1] a évalué la production de l'huile en France

(1) *De l'Industrie française*, t. I, p. 186.

à une somme de 77 millions (environ 1,300,000 quintaux); mais en y comprenant l'huile d'olives dont nous aurons à nous occuper plus loin.

Les **PLANTES TINCTORIALES**, la garance, le pastel, la gaude et le safran, sont également l'objet d'une culture assez lucrative.

On cultive surtout la *garance* dans les départements de l'est et du midi de la France; celui de Vaucluse est à cet égard au premier rang, puis viennent les Bouches-du-Rhône et les deux départements du Rhin. Voici ce que nous trouvons sur l'étendue et le produit de cette culture dans la Statistique officielle de 1840 :

	Etendue en hect.	Produit en quint. métr.	Valeur en fr.
Midi oriental. . .	13,947	1,384,315	8,322,140
Nord oriental . .	727	24,025	1,021,209
Nord occidental .	2	20	1,100
Total. . .	14,676	1,408,360	9,344,449

Le midi occidental, si nous l'avions déjà, n'ajouterait que peu ou rien à ces chiffres.

Un hectare rapporte de 500 à 600 fr., c'est-à-dire de 8 à 11 quint. métr. de garance.

La *gaude*, cultivée dans le midi, est un objet de moindre importance; cependant Chaptal l'avait encore évaluée à 1,200,000 fr. Le *safran*, le *pastel* et la *réglisse* ensemble donnent aujourd'hui à peine 500,000 fr.

Le **HOUBLON** est cultivé, mais non en quantité suffisante, dans un petit nombre de nos départements; dans ceux du Nord, de la Somme et du Pas-de-Calais, il l'est en grand. Voici ce que nous trouvons à cet égard :

	Etendue en hect.	Produit en kilogr.	Valeur en fr.
Nord oriental	671	721,634	784,904
Nord occidental . . .	155	166,655	166,655

Un hectare produit en moyenne 1,000 kilogr. de houblon valant près de 1,000 fr. Le bénéfice du cultivateur est à peu près la moitié de cette somme.

PRAIRIES ET PATURAGES. « Traversé, dit M. Girault de Saint-Fargeau (p. 47), par plusieurs grands fleuves, arrosé par une multitude de rivières et de ruisseaux, coupé par diverses chaînes de montagnes qui donnent naissance à de riches et fertiles vallées, le territoire de la France offre d'immenses et belles prairies qui fournissent une quantité considérable de fourrages... On porte à plus de 710 millions le produit annuel de cette seule partie de l'agriculture. » Chaptal avait calculé qu'il y avait en France 3,525,000 hectares de pâturages au produit moyen de 10 fr., et 3,488,000 hect. de prés au produit moyen de 100 fr.

Voici ce que l'on trouve dans les *Archives* officielles (p. 192) : 6,606,195 hect. en pâturages de toute espèce, et 3,980,657 hectares en prairies et luzernes; total 10,586,852 hectares. Ces chiffres sont fort au-dessous de la réalité; car, suivant la Statistique de 1840, la France orientale, à elle seule, possède 10 millions et demi d'hectares en pâturages de toutes espèces, dont un quart seulement est en prairies artificielles, et en pâtures, pâtis et jachères. Nous donnerons ici les chiffres des trois régions déjà publiées; ils embrassent aussi les pâtis, landes, bruyères et jachères.

	Etendue en hect.	Produit en fr.
Nord oriental. . . .	4,100,948	232,708,621
Nord occidental . .	4,387,575	153,595,788
Midi oriental. . . .	6,384,315	179,218,246

On voit que les pâturages de la France entière doivent s'étendre sur une surface de près de 20 millions d'hectares et rapporter au moins de 6 à 700 millions de francs.

Voici une comparaison que l'on a faite entre le nord et le midi de la France orientale. Les départements de la région septentrionale ont 1,600,000 hect. de prairies artificielles et naturelles, donnant un produit de 200 millions. Ceux du midi n'en ont que 1 million, rapportant une valeur de 126 millions. Les jachères ont la même étendue et un produit égal dans les deux régions. Il en est différemment des pâtis : leur étendue est à peine de 800,000 hect. au nord ; au sud, elle est 4 à 5 fois aussi grande. Ici la valeur de leur produit est moindre de moitié.

Quelle que soit d'ailleurs l'étendue des pâturages, elle ne paraît pas suffire aux besoins de la consommation ; ce qui est d'autant plus à regretter, qu'il importe essentiellement à l'agriculture de multiplier les engrais par l'entretien d'un grand nombre de bestiaux, et que d'ailleurs la viande de boucherie est une branche capitale de l'alimentation, laquelle s'est trouvée insuffisante dans ces dernières années, ainsi qu'on le verra plus loin quand nous traiterons de l'élève des bestiaux.

Le Ministre du commerce et de l'agriculture l'a dit

formellement à la Chambre des Pairs[1] : « L'insuffisance des bœufs mis à l'engrais est la principale cause d'appauvrissement de la fécondation agricole. »

VITICULTURE. La culture des *vignes* et l'industrie vinicole sont une des branches les plus importantes de l'agriculture française. Après les céréales, c'est là, sans doute, la plus grande richesse tirée de notre sol. Cette production occupe, dit M. Michel Chevalier, « la vingtième partie environ du sol mis en culture; elle donne du travail à plus de six millions d'habitants; elle produit annuellement de 38 à 40 millions d'hectolitres de vins, représentant une valeur créée d'environ 700 millions de francs; elle fournit, avec les eaux-de-vie, à une exportation dont la valeur a souvent atteint 80 millions[2]. Elle donne lieu, dans nos ports, à un mouvement côtier ou de long cours de 350,000 tonneaux, à une immense quantité de transactions intérieures, et paie, tant au Trésor qu'à l'octroi des villes, une somme d'impôts qui ne s'élève pas à moins de 110 millions. »

En 1789, un million et demi d'hectares étaient plantés en vignes; ce nombre s'est depuis augmenté de plus d'un tiers, à peu près dans la proportion de la population. C'est ici surtout que nous avons à regretter que la Statistique agricole officielle ne soit pas encore complète; car le seul volume qui manque se rapporte précisément au midi occidental dans lequel est compris le

(1) Séance du 28 avril 1841.

(2) Sans les eaux-de-vie, elle n'est que de 48 millions de fr., représentant une quantité de plus de 1,300,000 hectol. Voir au volume suivant, Tableau du commerce, p. 126.

Bordelais, cette terre classique du vin français. Voici cependant ce qu'on a trouvé pour les trois autres régions :

	Étendue en hect.	Produit en hectolitres.	
		de vin.	d'eau de vie.
Midi oriental . . .	618,703	12,051,435	436,855
Nord oriental. . .	278,719	8,068,210	104,751
Nord occidental. .	190,403	3,940,313	52,922

En 1834, tous les vignobles s'étendaient sur 2,134,822 hect. ou 1,080 lieues carrées. Ils occupent 2,250,000 propriétaires ou vignerons et leurs familles, et produisent, année moyenne, jusqu'à 45 millions d'hectolitres de vin, dont un septième environ est converti en eau-de-vie.

Si l'on veut connaître plus en détail l'emploi de ces 45 millions d'hectolitres de vin, voici comment on les utilise :

6,000,000	hectol.	sont brûlés pour eaux-de-vie.
1,360,000	—	sont exportés à l'étranger.
900,000	—	forment la réserve en caves.
36,740,000	—	entrent dans la consommation annuelle des habitants.
45,000,000		

Le comte Chaptal s'est sans doute trompé en évaluant cette production à 56 millions d'hectolitres, auxquels il assignait une valeur de 718,941,675 fr.

On voit, dans un tableau dressé par M. L. Leclerc, que 77 départements sur 86 prennent part à cette culture, et que les seuls qui en soient exclus sont ceux du Calvados, des Côtes-du-Nord, de la Creuse, du Finistère, de la Manche, de l'Orne, du Pas-de-Calais, de la Seine-Inférieure et du Nord. Il est vrai qu'on compte en outre 5 départements où elle n'occupe pas mille hectares, et

14 autres où elle n'en occupe pas 10,000; dans la Somme, le chiffre est même de 14 seulement. Mais il est extrêmement considérable dans les départements du sud-ouest. Voici l'étendue en hectares que les vignobles y occupent, à commencer par les plus importants : Gironde, 138,823; Charente-Inférieure, 111,682; Hérault, 103,682; Charente, 99,493; Dordogne, 89,894; Gers, 87,772; Gard, 71,307; Lot-et-Garonne, 69,349; Var, 67,657; Lot, 58,627; Aude, 50,148.

Dans ce tableau, la Charente-Inférieure est placée au second rang; mais ce département paraît néanmoins[1] être celui qui récolte le plus de vins. Ses produits s'élèvent, année moyenne, à 2,600,000 hectolitres. Ceux de la Gironde et de l'Hérault dépassent également, année commune, la somme de 2 millions. Quatre départements produisent de 2 à 1 million, dans l'ordre suivant (du plus au moins) : la Charente, la Loire-Inférieure (qui est seulement au 24e rang dans le tableau de M. Leclerc), le Loiret (13e), le Gard; et 20 de 1,000,000 à 500,000, savoir : Gers, Var, Yonne, Saône-et-Loire, Loir-et-Cher, Lot-et-Garonne, Meurthe, Dordogne, Marne, Rhône, Indre-et-Loire, Vienne, Aude, Haute-Marne, Haut-Rhin, Aube, Côte-d'Or, Seine-et-Oise, Seine-et-Marne, Bas-Rhin.

Dans la moitié orientale du royaume, la vigne, qui occupe presque 900,000 hectares, rapporte au-delà de 20 millions d'hectol. de vin, estimés à 231 millions et demi, et à plus de 263 millions en y comprenant les

(1) Goldsmith, *Statistique de la France*, p. 375.

eaux-de-vie. Dans le nord de cette région, l'hectolitre de vin vaut 29 fr., et 18 seulement dans le midi.

Les départements où l'hectare produit le plus sont, après Eure-et-Loir, les départements du nord-est : la Moselle, le Haut-Rhin, les Ardennes, etc. Chaque hectare y donne, année moyenne, 45 à 55 hectolitres. Le département le moins favorisé sous ce rapport est celui de Vaucluse, où l'hectare ne rend guère que de 5 à 7 hectolitres. L'hectare rend généralement $\frac{1}{5}$ en sus de ce qu'il rendait en 1789, excepté dans quelques vignobles méridionaux, et notamment de la Gironde, où la production relative est restée stationnaire, tandis que la production absolue s'est accrue.

On avait estimé à la somme de 540,389,298 fr. la récolte de 1827, déduction faite de ce qui entrait dans la distillerie et formant un total de 35,075,689 hectol. Ainsi le prix moyen du vin serait de 15 fr. l'hectolitre.

Il aurait fallu ajouter le vin qui avait produit

5,222,880	hectol.	d'eau-de-vie distillée.
751,945	—	d'esprit-de-vin.
70,000	—	d'esprit-de-vin tiré des résidus.

Nous ne pouvons énumérer toutes les différentes espèces de vins français ni indiquer le caractère de chaque crû. Nous nous bornerons à quelques données générales.

Bordeaux ou *vins de la Gironde*. Dans le seul département de la Gironde, la culture du vin occupe une population de 226,000 individus; elle donne un revenu de 65 millions de fr. M. A. Jullien évalue le produit des vins de Bordeaux, année moyenne, à 2,500,000 hectol.

qui reviennent à un peu plus de 250,000 tonneaux. Une barrique des premiers crûs d'une bonne vendange coûte à Bordeaux au-delà de 1,200 fr. Il y a, dans la Gironde, à peu près 60,000 propriétaires de vignes ; un capital de plus de 45 millions de fr. est absorbé par les frais de la culture.

Bourgogne. On évalue la vendange moyenne des trois départements de l'Yonne, de la Côte-d'Or et de Saône-et-Loire à environ 1,836,220 hectol., ayant une valeur d'environ 44,876,700 fr. Un hectare de vigne rapporte 63 fr., tandis qu'un hectare de terre labourée ne rapporte que 21 fr.

Champagne. Le département de la Marne produit au moins 700,000 hectol. de vin. Le total de ses exportations en champagne mousseux est de 2,700,000 bouteilles; 626,000 se consomment en France. Sillery ne produit, sur 50 journaux, que 10,000 bouteilles; Aï, sur 200 journaux, que 50,000.

Les raisins eux-mêmes entrent dans le commerce des fruits secs pour environ 400,000 kilogrammes. C'est la Provence qui fournit le *raisin de Roquevaire*, la seule espèce estimée dans le commerce et qui tire son nom d'un chef-lieu de canton de l'arrondissement de Marseille. On l'envoie peu à l'étranger; sa consommation se fait en France aux environs de Paris et dans les autres grandes villes du royaume.

L'**HORTICULTURE** embrasse les fleurs et toutes les plantes d'agrément, aussi bien que les produits des potagers et des vergers; mais c'est principalement de la culture des plantes potagères et légumineuses, et ensuite des arbres fruitiers de toute sorte que nous avons à nous occuper ici.

Nous avons vu q[illegible]s vergers, pépinières et jardins couvrent une surface de 643,699 hectares, ou de 325 lieues carrées environ. La valeur des légumes et fruits a été estimée approximativement à la somme de 262 millions; et quant aux premiers, pris séparément, Chaptal a fait le calcul suivant : « En évaluant à 600 fr. le produit brut d'un hectare en potager, la valeur des légumes qu'on récolte dans les 328,000 hectares de jardins que possède la France serait de 196,800,000 fr. »

Voici ce que nous apprennent au sujet des jardins les parties déjà publiées de la Statistique agricole officielle :

	Etendue en hect.	Valeur en fr. du produit brut.
Nord oriental.	103,735	48,596,901
Nord occidental.	132,002	57,620,024
Midi oriental	44,725	22,801,859

Potagers. Les *choux*, les *raves*, les *navets*, sont cultivés dans tous les potagers de France, quelquefois en grand pour servir à engraisser des bestiaux, qui se nourrissent aussi du résidu pulpeux de la *betterave*. Les autres légumes, tels que *artichauts*, *asperges*, *oseille*, *épinards*, *laitue*, *salades*, abondent partout, et font l'objet d'une culture très importante dans la proximité des grandes villes et surtout de Paris. Il en est de même des *oignons* et de l'*ail* qui, dans les départements méridionaux, est mis au nombre des aliments. On peut ajouter les *concombres* qui se consomment surtout sous forme de *cornichons*, les *melons* dont la vente à Paris est extrêmement productive, et les *potirons*, aliment des classes moins aisées.

Les *champignons* abondent surtout dans les départements du midi où ils sont d'une qualité supérieure. Ces mêmes départements, ainsi que quelques-uns du centre et même de l'est, fournissent les *truffes*, qui, principalement dans celui de la Dordogne, sont l'objet d'un commerce important.

La *chicorée*, dont on mêle la poudre à celle du café, et qui diminue la consommation de ce dernier, sans doute au profit de la santé des habitants, est cultivée dans quelques départements du nord-est, du nord, et dans celui du Pas-de-Calais.

Vergers. Les pépinières de Vitry-sur-Seine, aux environs de Paris, sont renommées, ainsi que celles de Metz. La Lorraine, en général, envoie en Allemagne beaucoup d'arbres fruitiers.

Ils abondent au reste dans toute la France, et aucun pays ne possède plus de fruits ni des fruits de meilleure qualité. La France en exporte beaucoup, quoique Paris en fasse une énorme consommation ; un tiers de l'exportation, composé de fruits de choix, et notamment de pêches et de chasselas, est expédié en Angleterre. Nous donnerons en détail l'exportation spéciale de 1840 :

	Kilogr.	Valeur en fr.
Fruits de table frais: citrons, oranges et leurs variétés	229,962	114,981
Fruits confits	788,080	788,080
Fruits frais, indigènes non dénommés.	6,281,358	1,256,272
Fruits secs ou tapés.	5,945,760	4,459,320
Totaux.	13,245,160	6,618,653

En calculant le produit des vergers à raison de 60 fr.

l'hectare, Chaptal donne aux 359,000 hect. qu'il compte un rapport de 21,540,000 fr.; et en y ajoutant les arbres qu'on cultive en espaliers dans les jardins et ceux qu'on trouve épars dans les champs, les prés ou les vignes, il porte la valeur totale des fruits à 64,620,000 fr. En effet, les arbres fruitiers ne sont pas seulement réunis dans les vergers, ils bordent en outre les grandes routes, comme le *pommier* et le *poirier* dans la Normandie et les départements environnants, le *noyer* et le *cerisier* en Alsace, le *mérisier* dans les Vosges, le *prunier* vers le Jura et les Alpes. On connaît la renommée des cerises de la Limagne et de la vallée de Montmorency (Seine-et-Oise), les superbes plantations de pommiers du pays de Caux et les excellentes poires des différents départements du nord-ouest. Celles de bon chrétien entrent dans le commerce : à Dieppe, au Havre, à Nantes et à Bordeaux, on les embarque pour l'Angleterre et les colonies. Les *poires tapées*, préparées surtout dans les départements d'Indre-et-Loire, de Lot-et-Garonne, des Bouches-du-Rhône, du Var, des Basses-Alpes, sont également un article d'exportation. On en peut dire autant des pommes dont on envoie annuellement de grandes cargaisons dans le Nord, outre qu'à Rouen elles sont converties en excellents sucres et gelées de pommes qui sont recherchés, et que les mêmes départements déjà nommés préparent les pommes tapées. Ces fruits fournissent aussi la boisson ordinaire de beaucoup de départements, le cidre et le poiré, qu'on prépare généralement dans la Normandie en excellente qualité; nous en parlerons plus loin, vers la fin du chapitre de l'industrie (p. 326).

Les *pruniers* du midi et de différentes parties de la France fournissent au commerce des *fruits secs* leur principal article, les pruneaux, dont il se fait une grande consommation. Les meilleurs, connus sous le nom de *prunes d'ente*, viennent des départements du Tarn, du Lot et principalement de Lot-et-Garonne ; et c'est Bordeaux qui les expédie à l'étranger. Les récoltes varient entre 25 et 100,000 quintaux métr., et l'on en envoie annuellement à Paris 5 à 10,000 quint. métr. Les départements de la Vienne, d'Indre-et-Loire et de Maine-et-Loire donnent les pruneaux rouges et les pruneaux *de Tours* ou de Sainte-Catherine ; la Meurthe et la Moselle, les *quetches* qui se consomment sur les lieux, et la Haute-Provence, les *prunes brignoles* et les *pruneaux fleuris*. Malgré leur nom, celles-là ne viennent pas de la ville de Brignolle, mais bien de Digne (Basses-Alpes) ; on les appelle aussi *prunes de Provence* et *pistolles*.

Les fruits du mérisier des Vosges et de la Franche-Comté servent aux habitants à distiller leur excellente eau-de-vie connue sous le nom de *kirschwasser*.

Les *abricotiers*, les *pêchers* donnent des fruits exquis, surtout dans le Midi, et aux environs de Paris, où la culture des pêches a fait la renommée de Montreuil.

La culture des *mûriers* fut introduite en France sous Henri IV. Non-seulement ce roi autorisa et encouragea un habitant de Nîmes à en planter, mais au commencement de l'an 1601, il en envoya lui-même, dit Olivier de Serres, 15 à 20,000 pieds à Paris pour être plantés dans le jardin des Tuileries, « où ils se sont heureusement eslevés. » Quoique, depuis le XVIIe siècle, cette culture se soit constamment augmentée, elle est encore bien loin de suffire à la consommation de nos manufactures de soieries. On comptait, en 1820, 9,631,674 mûriers, nombre qui, dans l'intervalle de cette année à l'année 1834, s'éleva jusqu'à 14,879,404 pieds, et auquel cette dernière année, à elle seule, ajouta, par des plantations nouvelles, 886,668 pieds [1]. Le progrès a continué jusqu'à ce jour, ainsi qu'on en jugera par les chiffres suivants empruntés à la Statistique agricole officielle.

	Hectares en culture.	Pieds de mûriers.
Midi oriental.	40,696	24,059,694
Nord oriental	49	10,300
Nord occidental . . .	140	80,122

On voit qu'en ajoutant encore à ces chiffres celui du midi occidental, le total de 1834 sera plus que doublé.

Mais c'est le midi oriental et nommément la Provence qui prend la plus forte part à cette culture répandue maintenant dans une trentaine de départements. Dans un très grand nombre de ces derniers, elle n'est qu'un objet de luxe ou de curiosité, tandis qu'elle est pour le Gard, la Drôme, Vaucluse, l'Hérault, l'Ardêche et l'Isère, où elle est très soignée, une branche de revenu considérable. En 1840, on comptait 5,709,466 pieds de mûriers dans le département du Gard qui est en tête de tous, et encore 1,314,244 pieds dans celui de l'Isère, le dernier des six départements nommés, qui, ensemble, possédaient plus de 20 millions et demi de pieds. Ceux du Rhône et des Bouches-du-Rhône dépassaient encore 1 million de pieds.

(1) *Archives statistiques*, p. 253.

Le mûrier ne réussit guère au-delà du 47e parallèle. Sa culture ne s'est point soutenue dans le département de l'Allier; mais elle a été entreprise dans la Gironde et les Hautes-Alpes où l'on ne s'était jamais occupé de l'éducation des vers à soie.

On estime qu'un mûrier peut fournir, terme moyen, 40 kilogr. de feuilles, et l'on assure qu'il faut 16 kilogr. de feuilles pour obtenir un kilogr. de cocons. Au reste, nous traiterons spécialement de l'industrie séricole dans une note additionnelle. Remarquons seulement que le revenu brut par hectare dépasse 1,000 fr., et que le rapport annuel des mûriers, dans la France orientale, est de 42 millions de fr.

La culture de l'*olivier* appartient à peu près aux mêmes départements, surtout à ceux de la Provence. Elle exige un climat chaud, et elle expose à mille chances de perte, la rigueur des hivers détruisant fréquemment une partie de ces arbres. « La région des oliviers, dit Malte-Brun [1], occupe, depuis les bords de la Méditerranée, les pentes orientales de la chaîne Pyrénaïque, les pentes méridionales des Cévennes, et les pentes occidentales des Basses-Alpes. Elle est limitée au nord par une ligne qui, partant de Bagnères-de-Luchon, se prolonge directement jusqu'à Dié (Drôme), et redescend à Embrun (Hautes-Alpes). »

Dans le midi oriental de la France, dix départements, dont le plus important est celui du Var, prennent part à cette culture qui y donne un produit brut de 21 mil-

(1) *Précis de la Géographie universelle*, 1re édit., t. VIII, p. 208.

lions et demi. On compte, dans cette région, 116,798 hectares plantés d'oliviers et produisant 152,900 hectol. d'huile. Le seul département du Var offre une étendue de 54,787 hectares ainsi cultivés, donnant 56,128 hectol. d'huile d'une valeur de plus de 6 millions et demi. Après lui vient celui des Bouches-du-Rhône, puis le Gard, l'Hérault, etc.

La Provence est aussi riche en *orangers*, en *citronniers*, en *pistachiers*, en *capriers*, en *jujubiers*, en *figuiers*, en *amandiers*, etc. L'exportation des fruits secs ou confits y est très lucrative; elle rapporte, dit-on, au seul département des Bouches-du-Rhône environ 250,000 fr. par an. Marseille est le principal marché de ce commerce, où les amandes, dont l'arrondissement d'Aix fournit les plus fines, entrent pour beaucoup. On en a exporté, en 1834, 1,214,989 kilogr. formant la valeur de 971,991 fr.; et il a été dit plus haut (p. 67) que l'exportation de 1840 a été de 1,018,042 kilogr. valant 903,061 fr.

L'**ÉLÈVE DES CHEVAUX, DES BESTIAUX, ET DE LA VOLAILLE DE BASSE-COUR**, branche essentielle de l'agriculture, fournit en grande partie à la culture proprement dite ses forces motrices, ses engrais, et l'emploi utile de ses déchets et résidus. Plus encore que la culture, cette branche a besoin de s'étendre pour satisfaire pleinement aux besoins; elle serait infiniment au-dessous de ce qu'elle est par exemple en Angleterre, s'il était vrai, comme on l'assure, qu'il faut compter, dans ce pays, pour mille familles agricoles 173 chevaux, 1,230 bœufs, 11,000 moutons; et que l'on ne compterait, en France, sur le même nombre de familles que 65 chevaux, 203 bœufs, 1,043 moutons[1] Ce qui est certain, c'est que, malgré l'extrême différence de superficie, laquelle est tout en faveur de la France, l'Angleterre produit presque autant de chevaux qu'elle, plus de bœufs et en moutons très près du double, et le tout d'une qualité bien supérieure.

« Ce qui prouve, dit Malte-Brun[2], combien l'économie rurale a besoin de perfectionnements et d'améliorations en France, c'est que le nombre de ses animaux domestiques ne suffit pas à ses besoins, et qu'elle importe, année commune, environ 23,000 chevaux, 900 ânes, 800 mulets, 40,000 bêtes à cornes, 167,500 moutons espagnols métis ou communs, 4,700 chèvres, 148,800 porcs, 5,800,000 peaux brutes de cheval, de bœuf et de vache, 5,900,000 kilogr. de laines communes et fines, ainsi qu'une grande quantité de plumes d'oie. Ces importations, dont la valeur s'élève au moins à 45 millions de fr., font honte à notre industrie agricole qui, loin de s'alimenter au dehors, devrait augmenter la masse de nos exportations. » Ces chiffres sont déjà anciens; mais voici les moyennes de l'importation des deux espèces de bestiaux, prises sur les années de 1831 à 1840 : race bovine, 33,280 têtes; race ovine, 134,275. L'importation a, en effet, diminué depuis vingt ans, mais aux dépens de la consommation et non pas au profit de la production indigène.

(1) Voir, à la fin du volume, dans une note additionnelle, ce que nous avons trouvés sur ce point, ainsi que l'état des animaux domestiques dans les divers pays de l'Europe.

(2) *Précis*, etc., 1re édit., t. VIII, p. 224.

Relativement à la valeur de ces importations et au rapport existant entre elles et les exportations, nous renverrons le lecteur au Tableau du commerce, dans le volume suivant (p. 38-40).

Mais dans celui-ci même, nous nous proposons de revenir sur la question des bestiaux, fortement agitée dans ce moment, et qui est le sujet de vives réclamations de la part de différentes localités. Nous la traiterons plus amplement dans une note additionnelle.

Disons seulement, en attendant, qu'on estime le produit annuel que donnent les animaux domestiques à 650 millions de fr., somme qui revient à celle du comte Chaptal; car, en ajoutant les chiffres relatifs à cette branche que nous avons donnés à la p. 21, on trouvera à peu près le même total. Mais cette évaluation paraît trop faible, car d'après la Statistique agricole, dans la France orientale, les animaux domestiques ajoutent à la richesse du pays :

1° Un revenu annuel montant à	350,000,000 fr.
2° Une consommation de viande estimée à	260,000,000
Total.	610,000,000

L'infériorité de l'agriculture française, sous ce rapport, est généralement reconnue; et cependant nous avons vu (p. 59) combien les pâturages et les prairies sont étendus. Si nous commençons par le plus noble des animaux domestiques, quel pays de l'Europe se trouve dans une position plus favorable pour élever des *chevaux* de belle race et de bonne qualité? Le gouvernement encourage d'ailleurs l'amélioration de la race chevaline par les haras qu'il entretient et par les courses annuelles dont il fait les frais et où il décerne les prix. Anciennement, plusieurs de nos provinces avaient des chevaux d'une grande renommée. Aujourd'hui, celles qui se distinguent encore à cet égard, sont la Normandie et la Bretagne; la première surtout est en possession de fournir les plus beaux et les meilleurs chevaux d'équipages de luxe et de selle, ainsi que le noyau de ceux qui composent la cavalerie dans notre armée. Le vrai cheval normand, celui que de bons soins ont amené à bien, vaut le meilleur cheval du monde, a dit un juge expert en ces matières. On peut citer ensuite le Limousin, l'Auvergne et le Périgord : la race limousine se distingue par sa finesse et par sa légèreté, aussi bien que par sa vigueur et par la longueur du service qu'on peut attendre d'eux, lorsqu'on les a bien ménagés jusqu'à l'âge de six ou sept ans. Les chevaux de la Flandre française sont recherchés pour l'agriculture, les charrois, l'artillerie et même pour les équipages de luxe; il en est de même de la race ardennaise, qui n'a pas moins que celles du Midi, mais dans un autre sens, un caractère à elle et bien prononcé. La Beauce, le Poitou, l'Aunis, l'Angoumois et l'Anjou ont également de très bons chevaux, et ceux de l'Alsace et de la Navarre sont d'un excellent usage à la guerre et dans les manéges. Souvent on vend pour des chevaux mecklenbourgeois ceux de l'arrondissement de Wissembourg dérivés de la race deux-pontoise. Pour les chevaux de poste et de diligence, aucune race n'est comparable à celle qu'on désigne sous les noms de bretonne et de percheronne. Le cheval boulonnais est également parfait dans son genre, c'est-à-dire pour le gros trait. Enfin les petits chevaux de la Corse se recommandent parce qu'ils sont très sûrs de jambes et qu'ils ont de la vigueur.

D'après les calculs de Lavoisier, il y aurait eu, en 1791, 1,781,500 chevaux; et, d'après Chaptal, en 1819, 1,656,671, sans compter 465,946 poulains au-dessous de quatre ans; les chevaux de selle étaient au nombre de 250,000. En 1828, on comptait 1,872,617 chevaux, et, en 1830, avec les mulets, 2,300,000. Aujourd'hui, on en estime le nombre à 2,500,000; peut-être même faut-il le porter plus haut, car la Statistique agricole officielle donne les chiffres suivants pour les trois contrées déjà publiées :

	Chevaux.	Juments.	Poulains	Totaux.
Nord occidental.	521,945	510,621	137,258	1,169,824
Nord oriental. .	475,787	371,066	141,171	988,024
Midi oriental. .	132,945	110,133	25,888	268,966
Total. .	1,130,677	991,820	304,317	2,426,814

Au reste, même en admettant les nombres les plus élevés, 3 millions, par exemple, chiffre donné par M. L. Goldsmith pour 1828, ils ne seraient pas encore proportionnés aux besoins d'une grande puissance militaire constamment occupée de ses remontes. A cet égard, il y a insuffisance dans les produits; mais la proportion en elle-même n'est pas désavantageuse, car elle donne plus de 90 chevaux par mille habitants et fort peu de pays sont dans une situation plus favorable. Mais, d'un autre côté, parmi les chevaux français, il en est peu qui soient propres où à la selle ou à un roulage accéléré; on n'en élève pour ainsi dire que pour les services communs.

Aussi les importations sont-elles très considérables tous les ans; elles varient entre 15 et 30,000, au prix moyen de 300 à 400 fr. par tête. De 1823 à 1840, on a importé 346,180 chevaux, et exporté seulement 71,973.

Il naît annuellement au maximum 200,000 poulains.

Le gouvernement consacre chaque année à l'amélioration de la race chevaline la somme de 1,500,000 fr., dont la majeure partie est nécessaire pour l'entretien des haras et des dépôts d'étalons. En vertu de l'ordonnance royale du 24 octobre 1840, il y a maintenant deux haras de première classe, le Pin (Orne) et Pompadour (Corrèze); un haras de seconde classe, Rosières, près de Nancy (Meurthe); sept dépôts de première classe et dix dépôts de deuxième classe. Les dépôts sont à Tarbes, Pau et Langonnet; puis à Abbeville, Angers, Arles, Aurillac, Besançon, Blois, Braisne, Cluny, Libourne, Montiérander, Rhodez, Saint-Lô, Saint-Maxent et Strasbourg, auxquels on peut ajouter le dépôt de remontes, à Paris. Une ordonnance du 25 octobre 1840 a créé au Pin une École de haras royaux où sont admis 20 élèves après examen.

En 1827, le nombre total des étalons entretenus par l'administration était de 1,287.

De tous les départements de France, c'est, suivant la Statistique agricole officielle, celui du Finistère qui possède le plus grand nombre de chevaux (105,530); après lui viennent ceux de la Manche (91,811), des Côtes-du-Nord (89,938), de la Seine-Inférieure (87,194), de l'Aisne (82,815), du Pas-de-Calais (80,273), etc. Les départements des deux régions du midi restent fort au-dessous de ces quantités, et il paraît qu'on en trouve le moins dans les Hautes et les Basses-Alpes, dans les départements de Vaucluse, de la Corrèze et de l'Hérault.

Les *mulets* et les *ânes* sont assez nombreux en France : on en compte environ 350,000 des premiers et 2,500,000 des autres. Le département des Deux-Sèvres possède peut-être la plus belle race de mulets qu'on connaisse en Europe, et le département de la Vienne en fournit également de très bons. Une race fort distinguée s'est, en effet, naturalisée dans le Poitou, où elle occupe environ 100 myriamètres carrés de surface. C'est aussi de là que viennent les ânes Mirebalais, qu'on recherche dans les haras pour leur force, leur long poil et leur haute taille. Les mulets provençaux et d'Auvergne sont aussi très renommés. Le Poitou, déjà nommé à l'occasion des ânes, est aussi une vaste fabrique de mulets qui fournit une grande partie de l'Europe. On y emploie les ânes de la race d'Espagne dont nous avons parlé, et qui se trouvent encore dans la Gascogne. Le commerce des mulets s'exerce annuellement sur 25,000 individus dont la vente produit environ 19 millions de fr. L'Espagne, qui nous a livré la souche de nos races, est actuellement à notre merci ; elle nous achète, chaque année, plus de 15,000 mulets : c'est un tribut d'environ 12 millions. Le Poitou lui en fournit au moins la moitié ; il en exporte de 8 à 9,000 autres pour l'Italie et le Piémont, par l'intermédiaire des habitants du Dauphiné, pour la Provence et le Languedoc, etc.

Quant aux *bêtes à cornes* ou de race bovine, nous en traiterons d'une manière détaillée à la fin du volume, dans une note additionnelle. Bornons-nous, pour le moment, à quelques données générales.

D'après un état officiel publié dans les *Archives* (p. 185 et suiv.), on comptait au 1er janvier 1830, 9,130,632 bêtes d'espèce bovine, savoir : 391,151 taureaux, 1,720,142 bœufs pour l'agriculture; 312,848 bœufs à l'engrais; 3,671,347 vaches pour l'agriculture; 956,970 vaches à l'engrais; 2,078,174 veaux.

La Statistique agricole de 1840 paraît devoir confirmer cette évaluation que nous n'oserions appeler encore un recensement. Voici ce qu'elle nous apprend dans ses trois parties déjà publiées :

	Têtes.	Valeur en fr.
Nord occidental. .	3,320,007	272,364,958
Nord oriental . . .	2,638,824	234,561,084
Midi oriental . . .	1,707,135	136,440,575

En ajoutant le midi occidental, le total dépassera sûrement 9 millions quant aux têtes d'animaux, et 750 millions de fr. quant à leur valeur. Dans la moitié orientale de la France, le gros bétail représente déjà un capital de 371 millions, donnant un revenu annuel de 137 millions.

On remarque une différence entre les départements de la région du nord et ceux de la région du midi : le revenu moyen de chaque animal est moins élevé dans ceux-ci que dans ceux-là, les espèces ayant été améliorées dans la région du nord. Dans celle-ci, il y a aussi plus de gros bétail que dans l'autre, de même qu'il y a plus de chevaux et plus de porcs ; le midi, au contraire, a plus de moutons, de chèvres, de mulets et d'ânes.

C'est principalement le gros bétail qui fournit la viande de boucherie; mais nous l'envisagerons ailleurs sous ce point de vue[1].

Il fournit aussi les peaux nécessaires à une branche importante de notre industrie, celle des cuirs, et nous aurons l'occasion d'examiner quelles valeurs sont ainsi créées[2].

Il est ensuite un des éléments de prospérité pour l'agriculture par le fumier qu'il lui fournit et qui est l'engrais le plus précieux des champs, nécessaire pour féconder les semences. Il donne de plus à l'agriculture des bêtes de trait moins dispendieuses que les chevaux qu'elle ne saurait utiliser de tant de manières diverses.

Mais indépendamment de tous ces avantages, l'espèce bovine alimente encore les marchés de lait, de beurre et de fromage. On trouve les plus grandes vacheries en Normandie, en Bretagne, dans les gras pâturages des Vosges, des Alpes, dans les Cévennes et dans les montagnes de l'Auvergne. Le lait est un article de commerce important, surtout pour toutes les communes des environs de Paris. On en peut dire autant du beurre. La Bretagne, la Normandie et le Boulonnais fournissent au commerce une grande quantité de beurres frais et salés.

(1) Voir la note additionnelle à la fin de ce volume, et à la p. 38 du volume suivant, Tableau du commerce.

(2) Voir plus loin, p. 284 et suiv.

On remarque, dit M. Girault de Saint-Fargeau (p. 66), que les meilleurs beurres viennent du nord, et les fromages les plus susceptibles de conservation du midi de la France. Nous reparlerons de ces derniers vers la fin du volume.

Les *bêtes à laine*, appartenant à la race ovine, comprennent les béliers, les moutons, les brebis et les agneaux ; on peut y comprendre aussi les chèvres, dont le poil, outre qu'il sert aux passementiers, est filé pour servir à des tissus et à toutes sortes d'ouvrages de mercerie. Nous traiterons aussi des bêtes à laine séparément, dans une note additionnelle, à la fin du volume, nous bornant à constater ici les quantités.

Un habitant, un mouton, voilà, nous assure-t-on, ce qu'il faut à un pays pour qu'il puisse se suffire à lui-même quant aux lainages. La France est parfaitement dans cette condition, s'il est vrai, comme l'ont avancé des hommes experts dans ces matières (voir p. 255), que la France possède 35 millions de bêtes ovines. Peut-être cependant faudra-t-il retrancher quelques millions de cette quantité, sans l'abaisser toutefois au-dessous de 30 millions, chiffre encore fort respectable, quoiqu'on estime à 50 millions le nombre des moutons britanniques. Il est certain qu'il n'empêche pas la France d'importer beaucoup de laine ; mais aussi ses fabriques ne travaillent pas pour elle seule : elles fournissent de drap l'Europe entière.

D'après les *Archives*, on comptait au 1er janvier 1830 un total seulement de 29,130,231 animaux de cette espèce, savoir : 572,958 béliers ; 13,732,492 brebis ;

8,716,117 moutons; 6,108,664 agneaux. Avec les chèvres, ils formaient un total de 30,336,324.

Voici ce que nous trouvons dans la Statistique agricole de 1840, relativement au total des bêtes ovines :

	Têtes.	Valeur en fr.
Nord occidental	7,015,192	95,073,774
Nord oriental	6,767,137	81,558,975
Midi oriental.	8,412,904	75,387,390

En ajoutant à ces nombres ceux qui se rapportent au midi occidental, on aura un total de 32,151,430 têtes d'une valeur d'environ 350 millions de fr., à raison de 11 fr. par tête en moyenne.

On compte ensuite 76,594 boucs; 737,888 chèvres et 391,611 chevreaux; total, 1,206,093 têtes, d'une valeur d'environ 12 millions, à raison de 9 à 10 fr. par tête. Voici comment ces animaux sont répartis sur les trois régions déjà publiées dans la Statistique agricole.

	Têtes.	Valeur en fr.
Midi oriental	409,347	4,295,219
Nord oriental	144,027	1,542,640
Nord occidental. . .	100,777	790,196

On évalue à 4 millions le nombre des *porcs*; M. L. Goldsmith voudrait même le porter à 6,500,000, mais nous n'admettons pas ce chiffre élevé, le premier paraissant à peu près confirmé par la Statistique agricole de 1840, si on fait la part de la région qui y manque encore.

	Têtes.	Valeur en fr.
Nord oriental . . .	1,381,796	49,397,228
Nord occidental. . .	1,115,239	38,733,768
Midi oriental. . . .	986,562	37,927,086

Le prix moyen d'un porc étant de 35 fr., la valeur de 4 millions de ces animaux serait donc de 140 millions.

Pour terminer l'énumération des animaux domestiques utiles à l'agriculture ou qui forment pour le cultivateur une ressource accessoire, il ne nous reste plus à parler que de la *volaille* ou des *oiseaux de basse-cour*. Chaptal comptait 51,600,000 pièces, dont il évaluait le produit à 64,700,000 fr.; et M. L. Goldsmith en évalue le nombre, pour 1832, à 86,200,000 pièces.

Les *poules* sont la volaille la plus commune : on en trouve partout, dans tous les départements. Mais, dans la plupart, on les laisse librement errer dans les champs, sans leur consacrer de soins, au lieu que, dans d'autres, on cherche à améliorer leur chair et à en favoriser le développement. Il n'est personne qui ne connaisse, au moins de réputation, les chapons d'Auvergne, du Dauphiné et du Mans, et les poulardes de la Bresse, du Périgord, de la Normandie et de la Bretagne. Les œufs sont un produit fort important. Le comte Chaptal évaluait la ponte annuelle à 1,560,000,000; mais ce nombre est évidemment trop faible : on assure qu'il a été pondu 7,380,925,000 œufs en 1835, et la consommation annuelle d'œufs est évaluée à 7,231,160,000. Celle de la seule ville de Paris est de 120 millions. Dans la plupart des départements, on élève et engraisse des *oies* : celles du Tarn se distinguent par leur taille. Dans la Guienne et le Languedoc, on les coupe par membres et on les sale comme on sale ailleurs les porcs; on peut ainsi les conserver toute l'année. A Toulouse, on en consomme actuellement, dit-on, jusqu'à 120,000 pièces. A Strasbourg, on engraisse les oies pour obtenir des foies bien gonflés et bien tendres dont on prépare ces excellents pâtés qui sont connus dans toute l'Europe et figurent sur les tables les plus somptueuses. Le Lot et la Dordogne sont riches en *dindes* et *dindons ;* Caussade (Tarn-et-Garonne) envoie ses dindonneaux dans tous les départements d'alentour, et l'on y prépare aussi beaucoup de dindes aux truffes. A Saint-Chamond (Loire), on engraisse les dindes avec des noix : elles y acquièrent une grosseur monstrueuse. On estime particulièrement celles de l'Angoumois qui sont nourries avec le fruit du hêtre. Nous ne parlons pas des *canards*, des *pigeons* dont on élève aussi une grande quantité et qui figurent pour une forte somme dans la consommation alimentaire.

* *
*

L'agriculture, dont nous avons jusqu'ici envisagé toutes les branches essentielles et directes, reçoit en France divers encouragements que nous aurons à faire connaître ailleurs, en ce qui concerne l'administration. Nous ne parlerons point ici des chaires d'agronomie créées dans la capitale et dans quelques villes de la province, ni des *écoles vétérinaires* d'Alfort, près Paris, de Lyon et de Toulouse; mais nous ne pouvons passer sous silence les *instituts agricoles* de Roville (Meurthe), et de Grignon (Seine-et-Oise), où l'on enseigne les meilleurs procédés et méthodes, et où l'on éclaire, par l'étude des différentes sciences accessoires, le cultivateur jaloux de tirer de son fonds de terre le meilleur parti possible et de suivre une marche rationnelle dans ses pratiques, dans tous les travaux qu'il entreprend. Près de cent élèves suivent les cours de l'institut de Grignon, libéralement doté par le gouvernement; et celui de Roville, dont M. Mathieu de Dombasle est le chef et le fondateur, prend également un beau développement.

A ces instituts se joignent les *fermes-modèles* et *fermes-écoles*, entretenues par le gouvernement, dans le but de réunir sur le même point, pour les offrir en exemple, les pratiques agricoles jusqu'ici reconnues comme les meilleures. Les fermes-modèles n'ont besoin d'aucune subvention, car elles doivent nécessairement se suffire à elles-mêmes, sous peine de manquer leur but. A quelques-unes on a joint des écoles destinées à former de bons maîtres-valets ou conducteurs d'attelages.

Enfin nous mentionnerons encore les *comices agricoles*, réunions annuelles formées par les propriétaires et les fermiers d'un département, où chacun vient mettre en commun les résultats de ses observations relatives à l'agriculture et aux hommes qui la pratiquent. Ces réunions favorisées par le gouvernement, et que préside ordinairement l'autorité locale, contribuent beaucoup au progrès de la science et des arts agricoles et excitent parmi les cultivateurs l'émulation à se distinguer par la direction sage et intelligente de leur économie rurale. Des prix sont ordinairement proposés pour les améliorations, et des récompenses décernées à ceux qui se sont fait remarquer dans l'exercice de leurs fonctions.

§ 2. SILVICULTURE[1] OU ÉCONOMIE FORESTIÈRE. Autrefois une grande partie du sol de la France était couverte de forêts : on estimait sa surface boisée à 25 millions d'arpents ou à environ 12 millions d'hectares partagés entre l'État, la couronne, les princes et les grandes familles nobles. Envisageant la propriété forestière comme un attribut essentiel de l'aristocratie, la révolution de 1789 y porta le marteau : d'immenses défrichements furent entrepris, et cette branche si importante du revenu public et du revenu privé fut livrée à un gaspillage qui menaça de mettre à nu tout le territoire, en privant certaines localités de leur abri et de leurs sources d'arrosement, et plusieurs industries de leur indispensable aliment. Cependant, en 1816, la surface boisée était encore d'une contenance de 7,072,000 hectares; mais, si les évaluations subséquentes n'ont pas manqué d'exactitude, une réduction effrayante se fit bientôt remarquer et fut telle qu'on a calculé, en comparant l'année 1816 avec l'année 1826, que, si les forêts continuaient à diminuer dans la même proportion, la France serait sans bois au bout de 118 ans. Ainsi la loi du 25 mars 1817 (art. 145) a autorisé la vente de 150,000 hectares de bois de l'État. Heureusement elle n'a été exécutée qu'en partie.

« L'étendue des bois, dit l'habile directeur du Bureau

(1) Ce mot ne se trouve point dans le dictionnaire de l'Académie. Mais ce qui nous autorise néanmoins à l'employer, c'est le mot latin *silvicola* et même *silvicultrix*. — Le lecteur consultera avec fruit sur le sujet de ce paragraphe les deux articles *Forêts* de l'*Encyclopédie des Gens du Monde*.

de la statistique générale du royaume, M. Moreau de Jonnès, l'étendue des bois n'est point, comme on pourrait le croire, déterminée avec certitude et précision; et il ne paraît pas qu'on l'ait connue, à aucune époque, autrement que par des estimations faites en masse, et par conséquent fort douteuses »[1].

Voici le compte-rendu soumis aux Chambres, en 1826, par le ministre des finances, lors de la présentation du projet de Code forestier (loi du 31 juillet 1827) :

	hectares.	
Bois appartenant à l'État	1,160,000	
— — à la couronne	66,000	3,123,000
— — aux communes et aux établissements publics	1,897,000	
Bois appartenant au duc d'Orléans, premier prince du sang	55,783	3,293,300
Bois appartenant aux particuliers	3,237,517	
Total.	6,416,300	

Ce chiffre, un peu inférieur à celui que M. Herbin de Halle, dans son *Petit Mémorial statistique et administratif des forêts*, avait donné en 1824, fait voir que la partie boisée du territoire français était alors, en totalité, dans la proportion approchante de 1 à 9; proportion qui n'avait jamais été plus désavantageuse. Mais soit qu'il y ait eu, à cet égard, de promptes améliorations, soit plutôt que ces chiffres, officiels pourtant et qui ont été reproduits, très faiblement augmentés, dans les *Recherches statistiques sur les forêts de la France*

(1) *Statistique* officielle *de la France*, Agriculture, t. I, p. XXXIX.

(Paris, 1829, in-4o), de M. Faiseau-Lavanne, n'aient pas été exacts, en 1837 la Statistique officielle (t. I, p. 108) assigna à la surface boisée du royaume une contenance de 7,422,314 hect., ou d'environ 3,757 lieues carrées (sans compter les bois non productifs). D'après un *état* publié en 1837 par l'Administration des forêts, le sol boisé de la France (toujours les landes, pâtis et bruyères non compris), s'est élevé à 8,521,100 hect., ce qui forme déjà un peu plus de $\frac{1}{6}$, au lieu de $\frac{1}{9}$, de la totalité du sol[1]. Ce chiffre était ainsi composé :

Bois domaniaux (couronne et État)	1,098,784 hect.
— des communes et établissements publics .	1,803,206
— des particuliers	5,619,110
Total	8,521,100

A ce compte, les bois des particuliers qui, en 1827, formaient un peu plus de la moitié seulement du total, en composeraient maintenant près des deux tiers.

Nous ne savons comment expliquer une marche ascendante si inégale; car les aliénations de bois de l'État autorisées par la loi du 25 mars 1831, n'étaient pas assez considérables pour la faire comprendre. L'opération, qui s'est prolongée pendant les années de 1831 à 1835, n'a eu pour résultat que la vente de 116,780 hectares 53 ares, au prix de 114,297,276 fr. Les

(1) On verra dans le premier grand tableau que nous donnons parmi les notes additionnelles en l'accompagnant d'un commentaire, quelle est à cet égard la situation de la Russie, de la péninsule scandinave et de la monarchie autrichienne, qui sont les contrées les plus couvertes encore de bois.

bois aliénés avaient procuré à l'État un revenu de 4,140,103 fr.; mais les frais de surveillance avaient été de 143,620 fr.[1]

Quoi qu'il en soit, nous empruntons à la Statistique officielle de 1840 l'état des bois et forêts dans les trois régions déjà publiées.

	Étendue en hectares.	Produit en stères.	Valeur en fr.
Nord occidental . .	1,356,044	5,565,835	37,020,469
Nord oriental . .	3,068,011	17,016,125	106,121,335
Midi oriental. . .	2,364,892	5,290,546	31,024,053

On voit ici une grande disproportion dans le rapport du produit à l'étendue : dans le midi oriental, un hectare planté en forêts ne rapporte que 13 fr. 10 c.; dans le nord, la moyenne approche de 40 fr., et quant aux forêts de l'État, elle s'élève même au-delà de 50 fr.

Le comte Chaptal adopte le chiffre de 400 fr. pour exprimer la valeur moyenne d'un hectare de bois. Cependant le prix moyen par hectare des bois de l'État vendus a été en 1831, de 919 fr.; en 1832, de 828 fr.; en 1833, de 1,040 fr.; en 1834, de 1,229 fr.

Le produit total des coupes de bois en France ne doit pas rester beaucoup au-dessous de 200 millions. On voit par les budgets que celle des bois de l'État, dont on estime la valeur à 729 millions de fr., est de 24,535,000 fr.; mais la Statistique agricole les porte beaucoup plus haut, même en ne tenant pas compte de la région non encore publiée. En portant les frais d'administration pour 4

(1) Macarel et Boulatignier, *De la Fortune publique en France*, t. I, p. 236.

millions, et en limitant le bénéfice net à 22 millions, on a trouvé que la valeur produite par un hectare de bois était de 19 fr. 38 c.

Chaptal[1] estime à 20 fr. le produit annuel d'un hectare. En admettant ce produit, surtout en considération des bois de toute nature appartenant aux particuliers qui n'apportent pas toujours à l'entretien et à l'exploitation de ces bois les mêmes soins et les mêmes lumières que le gouvernement, nous trouverions pour l'année 1837 un revenu total de 170,422,000 fr., bien inférieur toutefois aux chiffres qui résultent de l'ensemble de la Statistique officielle, et inférieurs surtout à ceux que M. L. Goldsmith[2] assure avoir recueillis au ministère de l'intérieur.

	Fr.
Bois de charpente (produit de 7 millions d'hectares	175,000,000
Bois à brûler et fagots	141,440,000
Ce qui donnerait un revenu total de...	316,440,000
Sans déduction, il est vrai, des frais d'exploitation qui paraissent être de un septième environ	45,205,714
Produit net....	271,234,286

Voici le rapport annuel et moyen d'un hectare en stères de bois, tel qu'il a été calculé par l'Administration des Mines, d'après des renseignements spéciaux recueillis pour chacun des cantons forestiers du royaume :

(1) *De l'Industrie française*, t. I, p. 218.
(2) *Statistique de la France*, p. 165.

Forêts de l'État . . . . stères	4. 915
— des communes	4. 084
— des particuliers.	4. 025
Moyenne générale . .	4.1583

En multipliant par cette proportion les 8,521,100 hectares de forêts, on trouve un produit annuel de 35,433,368 stères, auxquels on peut ajouter 20 millions de stères pour bois et combustibles de toutes sortes, tels que fagots, bourrées, etc., produits par les landes et les plantations isolées; total, 55,433,368 stères. Cette quantité, on le comprend bien, n'est pas toute absorbée par le chauffage : une partie fort importante des coupes de forêts et de plantations isolées est consommée pour les constructions civiles, pour celles de la marine marchande et militaire, pour la boissellerie, et notamment pour la construction des tonneaux, pour la fabrication de divers produits forestiers, tels que sabots, vases de bois, fuseaux de filatures, manches d'outils, etc.; dans l'économie agricole, pour clôtures, étais, échalas, etc. L'Administration des Mines croit pouvoir affirmer que cette portion du produit des bois et plantations de toute espèce comprend au moins le cinquième de la production totale, soit 11,086,673 stères.

Les forêts sont inégalement réparties sur la surface du royaume. Ainsi les 43 départements à l'est du méridien de Paris contiennent presque 5 ½ millions d'hect. de bois, dont ⅗ au nord, et ⅖ au sud. De ces deux catégories, la première fournit près de 6 stères par hectare, tandis que la seconde n'en donne que 2 ½. Aussi le revenu annuel des bois s'élève-t-il dans la région septentrionale à 106 millions, au lieu de 31 qu'il donne dans la région du midi. Toutes les forêts de la France orientale rapportent seulement 137 millions par an ; ce qu'il faut attribuer aux usages qui grèvent un grand nombre d'entre elles, et à l'état de dilapidation dans lequel sont tombées depuis longtemps les forêts au voisinage des populations concentrées [1].

Il est difficile de dire quel espace les futaies, c'est-à-dire les bois composés d'arbres à qui on laisse prendre toute leur croissance naturelle, occupent dans la contenance totale. Un homme du métier a limité cet espace à 300,000 hectares, et il assure que les bois de l'État en comprennent 125,000, dont 25,000 en chênes, 30,000 en chênes et hêtres, le chêne dominant, et 50,000 en hêtres, charmes et autres essences.

Aucun département ne manque de bois, bien que la quantité puisse ne pas être au niveau des besoins. C'est le département de la Nièvre qui en a le plus (239,361 hectares) [2]; puis viennent ceux de Vaucluse (230,713),

(1) *Statistique* officielle *de la France*, Agriculture, t. I.

(2) D'après la Statistique agricole de 1840, voici l'état de cette production dans le département de la Nièvre :

	Bois de l'Etat.	Bois des comm. et des partic.	Total.
Étendue en hectares.	24,523	234,374	258,897
Produit en stères . .	3,486,501	1,208,448	4,694,949
Valeur du produit en fr.	21,734,512	5,155,377	26,889,889

On voit que dans les bois des communes et des particuliers est compris un sol forestier très étendu qui cependant ne donne point de produit.— D'après la même publication, ce n'est pas le département de Vaucluse qui vient après, tant s'en faut, car il des Landes (226,645), de la Côte-d'Or (198,057), de la Haute-Marne (174,275), de l'Isère (168,420) et de la Dordogne (167,641). Les départements qui en ont le moins sont, après celui de la Seine, où il ne s'en trouve en tout que 1,354 hectares, les suivants : Manche (23,957), Mayenne (26,379), Vendée (29,660), Corrèze (31,044), Finistère (31,117), Creuse (33,119), Loire-Inférieure (33,175), Morbihan (34,462) et Rhône (34,466). Les plus vastes forêts sont celles des Ardennes, de Villers-Coterets (Aisne), de Compiègne (Oise), de Fontainebleau (Seine-et-Marne), d'Orléans (Loiret), du Jura, des Landes, des Cévennes (dans le Languedoc), du Morvant (Nièvre), des Pyrénées, etc.

Nos principales richesses forestières, surtout celles qui sont les plus utiles aux constructions navales, civiles et militaires, se trouvent dans les départements du nord et de l'est; les contrées voisines de la mer ont été déboisées, mais l'île de Corse est en possession de fournir à elle seule les bois nécessaires à notre marine.

Un autre produit important des forêts, c'est le goudron ou la résine distillée des pins, sapins, etc. Plusieurs départements, mais surtout celui des Landes, se livrent à cette industrie.

Quant aux essences ou espèces d'arbres qui composent nos forêts, nous renvoyons le lecteur à la description qu'en donne Malte-Brun[1].

Il existe à Nancy une *école royale forestière*, fondée

n'aurait que 60,882 hect., c'est celui du Var (240,000 hect.); puis viennent la Côte-d'Or, les Landes (?), l'Isère, etc.

(1) *Précis*, etc., 1re éd., t. VIII, p. 211.

par l'ordonnance royale du 1er décembre 1824, et ouverte le 1er janvier 1825. Elle est destinée à fournir de nouveaux sujets à l'Administration et à propager dans ses rangs les bonnes méthodes de culture et d'aménagement. Vingt-quatre élèves de l'âge de 19 à 22 ans, admis au concours, sont susceptibles, si, après deux années d'études, ils satisfont aux examens de sortie, d'être placés, avec le grade de garde général, dans l'administration forestière[1].

§ 3. Apiculture, ou élève des abeilles. On s'y livre dans presque tous les cantons de la France, mais d'une manière fort inégale. La partie occidentale du royaume, au nord et au sud de la Loire, est celle où cette industrie est la plus commune, et on y apporte un soin tout particulier dans les départements de Loir-et-Cher, d'Eure-et-Loir, du Loiret, de la Sarthe; puis encore dans ceux de l'Aude, des Basses-Pyrénées, du Jura, etc. Dans la Beauce et le Berri, on observe une pratique singulière. Après la récolte des sainfoins et des vesces, lorsque les abeilles ne trouveraient plus leur nourriture dans le pays, ceux qui se livrent à cette industrie transportent leurs ruches dans le Gâtinais ou aux environs de la forêt d'Orléans, où se trouvent de la bruyère et du sarrazin en fleur. Ils placent 30 ou 40 ruches sur une charrette conduite au pas et marchant le plus souvent la nuit. Quelquefois ils s'éloignent ainsi à plus de dix lieues de leur domicile, et il n'est pas rare de voir, dans l'au-

(1) On peut en voir l'organisation dans l'ouvrage de MM. Macarel et Boulatignier, t. I, p. 246 et suiv.

tomne, jusqu'à 3,000 ruches étrangères dans un petit village. On les y laisse environ deux mois.

Nous avons vu plus haut (p. 21) que le comte Chaptal évaluait à 6 millions de fr. le produit annuel des abeilles. Le miel, dont la meilleure qualité est fournie par Narbonne (Aude), puis par les départements du Jura, du Calvados et des Basses-Alpes, n'en forme pas la partie la plus importante : malgré la grande consommation des pains d'épices et autres friandises à l'usage du peuple, c'est la cire réclamée par de nombreuses fabriques de bougies et par d'autres usages domestiques ou industriels, qui est du plus grand rapport, sans suffire même aux besoins du pays.

§ 4. SÉRICULTURE OU ÉDUCATION DES VERS A SOIE. La culture des mûriers dont nous avons parlé plus haut (p. 70) en est la base, et elle donne lieu elle-même à cette brillante industrie manufacturière dont nous aurons aussi à nous occuper (p. 272), et qui est pour la France un titre de gloire en même temps qu'une source de richesses. Au commencement de la Révolution, elle ne produisait encore que 450,000 kilogr. environ par an. En 1819, Chaptal évaluait cette production à la moyenne de 5,147,609 kilogr. de cocons, quantité qui dépassa 9 millions dès l'année 1835. Ces 5,147,609 kilogr. de cocons produisaient 278,000 kilogr. de soie grège et 161,000 de soie organsinée. L'agriculture peut fournir aujourd'hui environ 1,600,000 kilogr., quantité qui, au prix moyen de 55 fr., donne un total de 88 millions. Les soies de crû de France passent pour être des plus belles : la richesse de végétation qu'acquiert le mûrier dans un sol extrêmement favorable leur assure une grande finesse et des couleurs éclatantes.

Mais cette production est loin de suffire aux besoins de la manufacture française qui consomme jusqu'à 2,500,000 kilogr. de soie et qui en importe de grandes quantités, comme on le verra dans le volume suivant[1] et, plus loin, dans celui-ci (p. 274), où nous placerons aussi un tableau dans lequel les quantités et prix des soies filées se trouveront en regard des quantités et prix des cocons récoltés.

Nous reviendrons ensuite sur cette matière dans une note additionnelle.

§ 5. Chasse. Cette branche de l'économie rurale, bien moins exploitée dans un intérêt positif que dans celui de nos plaisirs, est d'un faible rapport. Nous ne nous y arrêterons pas ici, mais nous lui consacrerons une page parmi les notes additionnelles.

§ 6. Pêche. Elle ne se rapporte qu'en partie à l'exploitation immédiate de notre territoire, car la pêche lointaine en est la branche la plus importante. Nous la considérerons dans son ensemble vers la fin de ce volume, nous bornant ici à rappeler (voir p. 21) que Chaptal évaluait à 20 millions de fr. le produit des rivières et marais en poissons, crustacées, etc.

Nous réservons aussi pour la fin du volume la récapitulation de tous les produits de l'agriculture et de la valeur ainsi créée.

(1) Tableau du commerce, p. 92.

CHAPITRE III.

DE L'ORYCTOGNOSIE OU DE L'EXPLOITATION DES MINES ET DES CARRIÈRES.

D'excellents matériaux sont amassés sur cette matière intéressante dans les publications annuelles imposées à la Direction générale des ponts et chaussées et des mines par l'art. 5 de la loi du 23 avril 1833, et dont la première a paru sous le titre de *Compte-rendu des travaux des ingénieurs des mines, pendant l'année* 1833. Nous en avons sous les yeux toute la série, depuis cette époque jusqu'en 1840 inclusivement. Ces publications se sont constamment perfectionnées d'année en année.

Dans le Compte-rendu qui se rapporte à 1834, on lit ce qui suit, en tête du Résumé des travaux statistiques de l'Administration des mines :

« Les diverses branches de l'industrie minérale sont développées en France d'une manière très inégale. Différentes causes, dont il est aisé d'apprécier l'influence, ont amené l'état de choses qui existe aujourd'hui.

« Plusieurs substances minérales n'ont jamais été trouvées dans notre sol, et quelques autres s'y présentent en quantité trop faible pour qu'on puisse les exploiter avec profit : tels sont, par exemple, parmi les métaux, l'or, le bismuth, le mercure, le cobalt et le platine.

« La concurrence étrangère ne permet point à certaines exploitations indigènes de recevoir tout le développement qu'elles pourraient acquérir dans des circonstances différentes. Cette influence se fait surtout sentir aujourd'hui sur l'exploitation de l'antimoine, de l'alquifoux, du plomb [1], et, par suite, sur celle de l'argent, laquelle se trouve presque toujours liée, en France, à la préparation de ce dernier métal.

« Le manque de débouchés et de communications intérieures a empêché jusqu'ici certaines industries de prendre l'extension que les circonstances où elles se trouvent leur promettent pour l'avenir. On peut ranger dans cette catégorie plusieurs exploitations de combustibles minéraux, de fer, de manganèse et d'antimoine.

« Enfin, il y a lieu de croire que les ressources que l'industrie minérale peut tirer du sol de la France ne sont pas encore complétement connues, et que le perfectionnement des procédés métallurgiques permettra un jour d'exploiter avantageusement plusieurs substances minérales aujourd'hui sans emploi. Il y a des motifs de penser, par exemple, qu'il s'élèvera bientôt de nouvelles usines à cuivre, et peut-être aussi des exploitations de zinc et d'étain. »

Un des documents les plus curieux de cette même collection, c'est l'aperçu de la valeur créée dans chaque département par les diverses branches de l'industrie minérale, et du rapport de cette valeur à la valeur totale créée en France. Inséré pour la première fois dans le Compte-rendu de 1837, il se rapportait alors à l'année 1835, et a depuis été tenu au courant de tous les changements survenus. L'Administration, toutefois, a soin de prévenir le lecteur que toutes les rubriques de

(1) C'est surtout l'Espagne qui établissait la concurrence avec nous pour ces métaux.

son tableau n'offrent pas le même degré de solidité. Car, tandis que celle de l'exploitation des combustibles minéraux et de la tourbe, celle de la fabrication et des élaborations principales de la fonte, du fer et de l'acier, celle de l'exploitation des métaux autres que le fer, des bitumes minéraux et des sels reposent sur des documents officiels que l'Administration est dans le cas de recueillir chaque année, conformément aux lois et règlements qui régissent en France la propriété minérale, les rubriques concernant l'exploitation des carrières et les élaborations principales des substances d'origine minérale ne se rattachent, au contraire, qu'à des renseignements recueillis, en 1835, dans des établissements dont les uns ne sont soumis qu'à une surveillance peu étendue, et dont les autres échappent à toute action directe de l'Administration des mines. Depuis 1835, des modifications ont pu être introduites dans ces deux branches de l'industrie minérale, et d'ailleurs il existait sans doute dans le travail primitif des imperfections inséparables d'un relevé de ce genre; et, par ces deux causes réunies, de nouvelles recherches statistiques entreprises sur toutes les carrières et tous les ateliers métallurgiques amèneraient probablement, non pas seulement de fortes variantes quant aux chiffres, mais aussi des changements dans l'ordre d'importance attribué, par les tableaux publiés depuis 1837, aux divers départements du royaume.

Nous donnerons d'abord les sommes de chacune des cinq rubriques pour 1835, en mettant celles pour lesquelles chaque année amène un autre chiffre exactement relevé, en regard avec celles de 1838. Les légères variantes qu'on remarquera dans les deux dernières rubriques proviennent de corrections et améliorations subséquemment faites sur les matériaux primitifs. Valeurs en francs :

	1835.	1838.
Exploitation des combustibles minéraux et de la tourbe.	30,533,922	32,823,055
Fabrication et élaborations principales du fer, de la fonte et de l'acier	124,385,616	127,484,726
Exploitation des métaux autres que le fer, des bitumes minéraux et des sels	13,826,120	13,715,061
Exploitation des carrières.	40,350,419	40,348,419
Élaborations principales des substances d'origine minérale.	168,588,714	151,260,249
Totaux.	377,684,791	365,631,510

Voici donc l'ensemble des valeurs que crée l'industrie minérale en France, en portant en ligne de compte toutes les transformations que subissent les divers produits minéraux. Et, pour créer cette valeur, l'industrie minérale a employé, en 1839, un nombre total de 300,580 ouvriers, dont près de 69,000 pour l'extraction des combustibles, 18,514 pour celle du fer, 45,862 pour l'industrie du fer en général, plus de 75,000 pour les carrières, et près de 84,000 pour les élaborations principales des substances d'origine minérale.

En second lieu, nous donnons un extrait du tableau par départements, mais en n'y conservant que les totaux et les proportions. Les départements sont rangés suivant l'ordre de leur importance minérale dans l'année 1838.

N^os D'ORDRE.	NOMS DES DÉPARTEMENTS.	VALEUR EN FRANCS DES PRODUITS MINÉRAUX.	Rapport de la valeur créée dans chaque département à la valeur totale créée en France.
1.	Loire.	19,524,589	0.053,398
2.	Nord.	18,097,415	0.049,493
3.	Seine.	17,424,297	0.047,655
4.	Marne (Haute-)	14,378,309	0.039,324
5.	Meurthe	13,291,569	0.036,351
6.	Moselle.	11,067,500	0.030,271
7.	Bouches-du-Rhône	10,733,133	0.029,356
8.	Saône (Haute-).	10,217,637	0.027,945
9.	Saône-et-Loire.	9,659,769	0.026,418
10.	Aisne.	9,627,656	0.026,331
11.	Côte-d'Or.	9,347,607	0.025,561
12.	Ardennes.	9,068,880	0.024,838
13.	Nièvre	8,998,045	0.024,609
14.	Seine-et-Marne.	8,432,985	0.023,063
15.	Seine-Inférieure	7,317,307	0.020,013
16.	Meuse	6,578,805	0.017,992
17.	Cher.	6,577,815	0.017,990
18.	Oise.	6,405,059	0.017,517
19.	Gard.	5,908,157	0.016,159
20.	Eure.	5,528,796	0.015,121
21.	Rhin (Bas-).	5,456,961	0.014,925
22.	Maine-et-Loire.	5,214,373	0.014,261
23.	Doubs.	5,189,790	0.014,194
24.	Isère.	5,105,152	0.013,962
25.	Vosges	5,082,254	0.013,903
26.	Loiret.	5,019,678	0.013,729
27.	Seine-et-Oise.	4,839,780	0.013,236
28.	Rhône	4,622,593	0.012,642
29.	Gironde.	4,530,118	0.012,390
30.	Calvados	4,527,721	0.012,383
31.	Var	4,366,014	0.011,941
32.	Hérault.	4,319,570	0.011,814
33.	Dordogne.	4,229,327	0.011,567
34.	Loire-Inférieure	4,222,745	0.011,549
35.	Somme.	4,158,065	0.011,372
36.	Vienne (Haute-)	3,969,977	0.010,862
37.	Mayenne	3,944,883	0.010,789
38.	Pas-de-Calais	3,909,072	0.010,691
39.	Ariége	3,838,407	0.010,497
40.	Aude.	3,837,077	0.010,493
41.	Jura	3,603,681	0.009,854
42.	Charente-Inférieure. . . .	3,459,247	0.009,461
43.	Indre.	3,183,824	0.008,707

Nos D'ORDRE.	NOMS DES DÉPARTEMENTS.	VALEUR EN FRANCS DES PRODUITS MINÉRAUX.	Rapport de la valeur créée dans chaque département à la valeur totale créée en France.
44.	Rhin (Haut-).	3,060,558	0.008,371
45.	Aveyron.	3,997,053	0.008,197
46.	Orne.	3,967,476	0.008,116
47.	Sarthe	2,875,054	0.007,863
48.	Ardèche.	2,767,422	0.007,569
49.	Landes.	2,704,396	0.007,396
50.	Allier.	2,565,767	0.007,018
51.	Charente	2,451,047	0.006,704
52.	Lot-et-Garonne.	2,222,760	0.006,979
53.	Puy-de-Dôme	2,151,226	0.005,883
54.	Marne	1,836,583	0.005,023
55.	Manche.	1,805,228	0.004,937
56.	Ille-et-Vilaine	1,753,922	0.004,797
57.	Yonne	1,660,321	0.004,541
58.	Aube.	1,635,631	0.004,473
59.	Ain.	1,598,821	0.004,372
60.	Indre-et-Loire	1,507,000	0.004,121
61.	Garonne (Haute-).	1,424,510	0.003,896
62.	Pyrénées (Basses-).	1,388,874	0.003,799
63.	Finistère.	1,365,181	0.003,734
64.	Loir-et-Cher	1,333,280	0.003,647
65.	Pyrénées-Orientales. . . .	1,323,696	0.003,620
66.	Drôme	1,323,290	0.003,618
67.	Tarn.	1,164,322	0,003,184
68.	Eure-et-Loir.	1,103,324	0.003,018
69.	Côtes-du-Nord.	1,000,261	0.002,735
70.	Vienne.	908,769	0.002,486
71.	Vaucluse.	746,089	0.002,040
72.	Vendée.	738,401	0.002,017
73.	Loire (Haute-).	716,620	0.001,960
74.	Morbihan.	553,139	0.001,513
75.	Sèvres (Deux-)	527,462	0.001,442
76.	Creuse	469,564	0.001,284
77.	Corrèze.	428,401	0.001,172
78.	Lot.	355,129	0.000,970
79.	Tarn-et-Garonne.	262,640	0.000,718
80.	Cantal	262,285	0.000,717
81.	Alpes (Basses-).	262,045	0.000,716
82.	Corse.	203,525	0.000,557
83.	Lozère.	180,908	0.000,495
84.	Pyrénées (Hautes-). . . .	136,485	0.000,373
85.	Alpes (Hautes-).	77,006	0.000,210
86.	Gers.	»	»

On voit tout de suite que, dans ces tableaux, il ne s'agit pas seulement de l'exploitation des mines, mais encore des différentes industries qui s'y rattachent et qui, dans cette Statistique, ne figureront que dans le chapitre suivant, comme la fabrication du fer, de la fonte, de l'acier, et d'un assez grand nombre de substances d'origine minérale (verre, cristal, porcelaine, faïence, poterie, tuiles, briques, substances minérales, etc., etc.). Un tableau, qui se rapporte à l'année 1836, nous aidera à évaluer les divers produits métalliques ou minéraux séparément et indépendamment de toute main-d'œuvre ultérieure. Les chiffres de la seconde colonne représentent des francs; ceux de la première sont des quintaux métriques (100 kilogr.), à l'exception du chiffre relatif à l'argent qui représente simplement des kilogrammes.

	Poids du produit brut.	Valeur brute.
Minerais de fer.	31,581,488	14,359,598
Plomb	7,245	405,279
Cuivre	1,061	196,924
Argent	1,895	416,255
Antimoine	4,187	305,032
Manganèse.	16,924	152,671
Bitumes minéraux	9,288	192,128
Alun et sulfate de fer.	77,579	1,760,667
Sel marin.	4,183,901	10,397,164
Carrières.	»	40,350,419
Total. . . .		68,536,137

Cette somme ne constitue pas encore la valeur créée, car il faut en défalquer la valeur de la matière première employée. Cependant il reste toujours plus de 60 millions, somme assez modique, au reste, et évidemment trop faible. En effet, ce tableau n'est pas complet, il néglige toutes sortes de terres et même quelques espèces de métaux. Aussi M. le baron Walckenaër a-t-il cru pouvoir porter à 97 millions le produit brut des mines (et carrières) françaises, chiffre qui semble approcher davantage de la vérité [1].

(1) Voici le rapport des mines dans les différents pays de l'Europe, en quintaux non métriques de cent livres, et d'après un tableau de M. Berghaus dont nous ne garantissons l'exactitude, ni par rapport à la France, ni par rapport aux autres pays.

MÉTAUX ET MINÉRAUX.	RAPPORT ANNUEL EN QUINTAUX.	PAYS QUI PRENNENT LA PLUS FORTE PART A CETTE PRODUCTION.	CONTINGENTS DE CES PAYS EN QUINTAUX.
Cuivre.	469,520	Grande-Bretagne. . .	285,000
		Autriche.	44,310
		Prusse.	15,070
Plomb.	1,324,890	Espagne.	675,000
		Grande-Bretagne. . .	422,400
		Autriche.	105,110
		Hanovre.	59,180
		Russie.	20,360
Litharge ou oxyde de Plomb.	87,250	Hanovre.	29,540
		Autriche.	21,100
		France.	9,970
		Prusse.	8,480
Fer de toute espèce.	35,660,210	Grande-Bretagne. . .	13,568,340
		France.	7,037,030
		Russie.	6,552,800
		Prusse.	2,360,600
		Suède.	1,763,800
		Autriche.	1,694,760
Étain.	93,780	Grande-Bretagne. . .	90,000
		Saxe.	2,790
		Autriche.	990
Zinc.	148,530	Prusse.	135,430
		Belgique.	5,800
		Autriche.	5,100

Quoi qu'il en soit, dans notre tableau par départements ci-dessus, 8 de ces circonscriptions seulement

MÉTAUX ET MINÉRAUX.	RAPPORT ANNUEL EN QUINTAUX.	PAYS QUI PRENNENT LA PLUS FORTE PART A CETTE PRODUCTION.	CONTINGENTS DE CES PAYS EN QUINTAUX.
MERCURE	....	Espagne	20,000
		Autriche	3,260
		Bavière	110
SEL MARIN	53,582,800	Russie	11,000,000
		Grande-Bretagne	8,220,000
		Autriche	5,850,000
		Espagne	5,800,000
		France	5,390,000
		Portugal	5,250,000
VITRIOL DE TOUTE ESPÈCE.	234,630	France	50,340
		Grande-Bretagne	50,000
		Autriche	41,220
		Prusse	29,230
		Saxe	20,000
ALUN	176,230	France	40,980
		Prusse	38,530
		Grande-Bretagne	30,000
		Autriche	26,530
HOUILLE, LIGNITE, ANTHRACITE.	546,549,830	Grande-Bretagne	407,600,000
		Pays-Bas	35,400,000
		Prusse	33,017,000
		France	24,759,800
		Belgique	20,000,000
		Espagne	9,000,000
		Autriche [1]	4,278,940
TOURBE	Pièces. 331,840,000	Pays-Bas	90,000,000
		Prusse	75,000,000
		Les 2 Mecklembourg et Oldenbourg	50,000,000
		Belgique	31,000,000
		Autriche	30,000,000
		France	25,000,000
		Hanovre	20,000,000

(1) Ce chiffre est trop faible; il y avait sans doute des dizaines de millions qu'une faute typographique aura fait disparaître.

figurent pour une somme de plus de 10 millions ; ce sont, dans un ordre ascendant, les départements suivants : Haute-Saône, Bouches-du-Rhône, Moselle, Meurthe, Haute-Marne, Seine, Nord, Loire. Ce dernier département est le plus important de tous, puisque les exploitations métalliques et minérales y ont donné lieu, dans l'année 1838, à une valeur de près de 20 millions, laquelle, dans une année précédente, s'était même élevée jusqu'au-delà de 37 millions, tandis que ces mêmes exploitations n'ont créé qu'une valeur de 17 à 18 millions dans les deux départements qui viennent immédiatement après. Dix départements donnent un produit de moins de 500,000 fr., savoir, dans un ordre diminuant : Creuse, Corrèze, Lot, Tarn-et-Garonne, Cantal, Basses-Alpes, Corse, Lozère, Hautes-Pyrénées, Hautes-Alpes. Ce dernier n'est inscrit, en 1838, que pour la faible somme de 77,006 fr., et cependant il n'est pas le plus disgracié sous ce rapport, car le Gers n'offre aucune espèce de produit minéral connu.

Voici le nombre des mines et carrières exploitées ou non exploitées dans l'année 1839 :

	Exploitées.	Non exploitées.
Charbon de terre (houille, anthracite, lignite.)	246	118
Tourbe.	3,027	705
Minerai de fer.	2,013	424
Plomb.	11	29
Cuivre.	2	10
A reporter.	5,299	1,286

		Exploitées.	Non exploitées.
	Report.	5,299	1,286
Argent		»	2
Antimoine		10	12
Manganèse		16	3
Arsenic		1	»
Bitumes minéraux		10	3
Sels	Alun et sulfate de fer	16	6
	Sel marin	352	298
Carrières		21,794	1,236
	Totaux	27,498	2,846

On voit que ces chiffres, même en ce qui ne concerne pas les carrières, ne se rapportent pas à des mines proprement dites. Mais, d'après le Compte-rendu de 1833, l'ensemble des mines, exception faite de la mine de sel, s'étendait, dans cette année, sous un espace superficiel de 6,269 kilom. carrés (318 lieues carrées environ). On en comptait en tout 520, dont voici le détail : mines de charbon de terre (houille, anthracite, lignite), 303; de schiste carbo-bitumineux, 2; de bitume, 5; de plombagine, 1; d'or, 1; de plomb et argent, 33; de cuivre, 8; de fer, 131; de zinc, 1; d'antimoine, 16; de manganèse, 8; de sel gemme, 1; d'alun, 1; d'alun et couperose, 6; de couperose, 3; total, 520. Ces mines occupaient seulement environ 30,000 ouvriers.

Les carrières sont ou souterraines ou à ciel ouvert. Elles sont extrêmement multipliées : à la même époque, il en existait dans le seul département de la Seine, 670; dans ceux d'Indre-et-Loire et de Loir-et-Cher, 250; dans celui de l'Oise, 194; dans celui de Seine-et-Oise,

100; dans celui de Seine-et-Marne, 97; dans celui de Maine-et-Loire, 80.

En 1839, on en comptait, comme on l'a vu, 21,794 en exploitation et 1,236 non exploitées. Les premières occupaient ensemble 75,396 ouvriers. Nous donnerons encore le détail de ces carrières des deux espèces :

	Exploitées.	Non exploitées.
Pierres taillées ou polies pour les arts et ornements	765	111
Matériaux de construction	9,110	657
Dalles et ardoises	470	65
Kaolin, argile fine ou réfractaire	263	80
Argile commune	4,355	93
Pierre à chaux	5,440	172
Pierre à plâtre	847	58
Marnes, argiles, sables, engrais	544	»
Totaux	21,794	1,236

Passons rapidement en revue chacun des différents produits.

§ 1er. MÉTAUX ET DEMI-MÉTAUX. 1. **OR.** L'état officiel des mines (p. 107) fait mention d'une mine d'or : c'est probablement de celle de la Gardette (Isère) qu'on a voulu parler, quoiqu'on n'en tire aucun produit. Découverte en 1781, cette mine fut abandonnée à l'époque de la révolution ; mais on doit en reprendre l'exploitation. Ce que la France possède de ce métal est de nulle importance ; tout se réduit aux paillettes d'or que charrient quelques fleuves ou rivières parmi leurs sables, et que les habitants recueillent avec soin : ce sont l'Ariége, le Gardon et la Cèze, le Rhône, le Rhin près de Strasbourg, le Salat, la Garonne et l'Hérault. Le produit total ne s'élève pas annuellement à plus de 500 marcs (à 250 grammes) ou à 125 kilogr. Or, le kilogramme d'or vaut 3,444 fr. 44 cent., ce qui porterait la valeur brute à 430,555 fr[1].

2. **ARGENT.** Le même état officiel ne parle d'aucune mine d'argent; mais le Compte-rendu de 1834 en mentionne trois, dont une non exploitée; il ajoute les détails suivants. « Il n'existe en France qu'un très petit nombre de dépôts de minerais d'argent proprement dits. Les seules mines de ce genre qui aient été exploitées depuis le commencement de ce siècle, sont situées dans les départements de l'Isère, du Finistère et du Haut-Rhin.

« Les minerais qu'on exploite à Huelgoat (Finistère) offrent une grande ressemblance avec ceux du grand district de mines de Pasco, au Pérou, et ils sont traités par une méthode d'amalgamation qui offre également, dans son principe, de l'analogie avec le procédé américain. Cette industrie, qui donne déjà des produits assez importants, va encore recevoir de l'extension.

« La mine d'argent des Chalanches (Isère) fut découverte en 1767 et exploitée avec bénéfice jusqu'en 1792. A partir de cette époque, les produits diminuèrent insensiblement, et la dernière fonte eut lieu en 1813. Pendant cet intervalle, on a fabriqué dans la fonderie d'Allemont, où l'on traitait les minerais de Chalanches, 9,453 kil. d'argent, ayant une valeur de 2,098,481 fr.

« Les mines d'argent de Sainte-Marie (Haut-Rhin)

(1) L'argent est à l'or, en général, comme 1 : 14, et en France comme 1 : 15 1/2.

ont donné autrefois d'importants produits : on n'en extrait plus aujourd'hui qu'une quantité d'argent insignifiante, obtenue de la fusion simultanée du minerai d'argent et de la galène argentifère. L'exploitation est à peu près suspendue. »

Le tableau de 1839 mentionne deux mines non exploitées, et une usine d'argent en activité et occupant 14 ouvriers. C'est dans les mines de plomb qu'on recueille actuellement tout l'argent produit en France et que les états de 1839 évaluent à 1,694 kilogr., d'une valeur brute de 349,034 fr.; elles en avaient donné, en 1835, 1,622 kilogr., d'une valeur de 352,885 fr., et en 1836, 1,895 kilogr., d'une valeur de 416,255 fr. En effet, l'argent pur vaut un peu moins de 223 fr. le kilogr. Les mines de plomb argentifères sont celles de Giromagny et de Sainte-Marie-aux-Mines (Haut-Rhin), de la Croix-aux-Mines (Vosges), de Poullaouen et Huelgoat (Finistère), d'Allenc (Lozère), etc., etc.

3. **PLOMB.** Ce métal abonde en France : peu de pays en renferment autant de mines que le nôtre; mais elles sont encore bien loin d'être toutes exploitées, et ne suffisent pas à la consommation. On verra dans notre Tableau du commerce (vol. suivant, p. 101) qu'on importe environ 25 millions de kilogr. de plomb, valant près de 12 millions de fr. Cependant, outre le plomb, la plupart des mines renferment de l'argent, de l'alquifoux ou plomb sulfuré et de la litharge; la valeur de l'argent entre pour les $\frac{2}{3}$ à peu près dans la valeur totale des produits. Le tableau de 1839 mentionne 11 mines exploitées et 29 qui ne l'étaient pas. Parmi les premières, on dis-

tingue celles du Finistère, qui sont les plus productives de toutes, et notamment celles de Poullaouen et de Huelgoat, de Pompéan, de Chatelaudren, etc. ; puis viennent, dans l'ordre d'importance des produits, les départements suivants : la Lozère, le Puy-de-Dôme, l'Isère, le Haut-Rhin, le Gard, le Rhône et la Loire (Compte-rendu de 1834, p. 42). Le total du produit brut, en 1839, était de 155,698 quintaux métr. de minerais, valant 348,939 fr.; et après l'élaboration dans 7 usines en activité de service, employant 156 ouvriers, ces minerais ont donné :

En plomb. .	3,495	quint. métr. valant	190,095 fr.
En litharge.	2,307	—	130,455
En alquifoux.	708	—	29,890
	6,510		350,440

Neuf usines actives emploient 890 ouvriers, en y comptant les mineurs : ces derniers étaient de beaucoup les plus nombreux. En 1836, il y avait jusqu'à 1,235 ouvriers ; un nombre à peu près égal étaient employés aux laveries et aux fonderies, prises ensemble.

4. **CUIVRE.** Ce métal se trouve dans beaucoup de départements ; les mines les plus riches sont celles de Chessy et Saint-Bel (Rhône), et de Sainte-Marie-aux-Mines (Haut-Rhin). De tous ces gîtes, auxquels il faut ajouter encore ceux de l'Hérault, de la Haute-Loire et des Pyrénées-Orientales, ceux du département du Rhône sont les seuls dont les minerais soient convertis en cuivre métallique; et celles-ci même, après avoir été dans un état prospère, perdent déjà chaque jour de leur

importance. Le produit s'est élevé, en 1835, à 95,200 kilogr., représentant une valeur nette d'environ 216,000 f. La mine de Baigorry (Basses-Pyrénées), autrefois très riche, n'a pas été relevée depuis la guerre de 1743, dans laquelle elle a été dévastée. Ses galeries descendaient, dit-on, à près de 500 pieds de profondeur. Dans le Compte-rendu de 1836, on fait mention de 6 mines de cuivre exploitées et de 7 non exploitées; 208 ouvriers étaient employés, soit dans ces mines, soit dans les 2 usines qui en dépendaient. Dans celui qui se rapporte à l'année 1839, il n'y avait plus que 2 mines exploitées, avec 10 qui ne l'étaient pas. Le produit accusé se composait, quant aux minerais, de 61,400 quint. métr., valant 35,600 fr., et quant au produit métallique de

Cuivre rosette.	905 quint. métr.	valant	212,675 fr.
Cuivre pyriteux pauvre.	11,000	—	3,300
	11,905		215,975

On évalue de 60 à 80,000 quint. métr. la consommation annuelle de ce métal; les 60 martinets de cuivre qui existent en France n'en élaborent pas plus de 10 à 12,000 quint. métr : aussi verrons-nous dans le vol. suivant, p. 98, que nous sommes tributaires de l'étranger pour 7 à 8 millions de kilogr. de cuivre. Importée dans le royaume à l'état de cuivre noir, ou laminé ou allié avec le zinc, cette quantité vaut environ 15 millions de fr. Le cuivre est acheté à l'étranger au prix moyen de 240 fr. le quintal. Mais on trouve ensuite beaucoup de cuivre allié à d'autres métaux, et les usines qui élaborent à la fois le cuivre, le zinc, le laiton et le bronze, sont très florissantes.

5. **FER.** Ce métal, d'un usage universel et qui a reçu, de nos jours, une importance nouvelle en servant aux voies de communication qui suppriment en quelque sorte les distances, constitue la principale branche de l'exploitation des mines métalliques en France. Nos ressources en minerais de fer sont presque indéfinies, dit le Compte rendu de 1854, et sauf quelques exceptions sans importance, la France tire de son propre sol tous ceux qui servent de matière première à l'industrie du fer.

Mais la grande masse du fer qu'on trouve dans presque toutes les parties du sol est d'une qualité médiocre, sans dureté suffisante et propre seulement aux ouvrages communs. Le minerai que consomment la plupart des usines françaises est extrait de ce terrain de transport, de ces couches argileuses et sableuses qui recouvrent le sol à sa surface, ayant peu de profondeur, mais s'étendant parfois sans discontinuité sur des provinces entières. Les fouilles superficielles qui suffisent pour l'obtenir, et qui ont la même irrégularité que les terrains ferrifères, mettent à découvert ce minerai dit *d'alluvion* qui ne vaut que 18 c. par quint. métr. Ce sont ordinairement des hydroxydes de fer oolitiques, c'est-à-dire en grains sphéroïdaux de toute grosseur, en rognons, en fragments irréguliers, etc., à couches concentriques et en masses géodiques, soit dans de véritables terrains d'alluvion, soit, ce qui est plus fréquent, dans les deuxièmes étages tertiaires supérieurs. Ces minerais qui, comme nous l'avons dit, se rencontrent par toute la

France, sont surtout répandus avec profusion dans les départements des Ardennes et de la Moselle, près de la frontière de la Belgique et du Luxembourg, dans les départements de la Haute-Marne et de la Haute-Saône, dans plusieurs cantons de la Nièvre et du Cher, en un mot dans le sol recouvert par nos plus grandes forêts. Les départements de la Dordogne et des Landes en offrent aussi des gîtes très considérables.

On se livre à l'exploitation de ce minerai de première classe (en commençant par la qualité inférieure), préférablement à celle des autres, à cause de sa richesse et des immenses dépôts où il se trouve réuni.

Le minerai de la seconde classe vaut en moyenne 25 c. par quint. métr. On le rencontre, en couches réglées, dans divers étages des *terrains secondaires*. Cette classe comprend principalement, dit le Compte-rendu de 1836 (p. 56, dans un excellent travail), les minerais oolitiques en roche, dans le gisement même où ils ont été formés ; minerai dont une partie a été enlevée et désagrégée, par diverses révolutions de la surface du globe, pour former des dépôts tertiaires ou d'alluvion. Dans cette classe rentrent également les hydroxydes et les oxydes rouges, à structure compacte, qui forment souvent des couches si puissantes dans les terrains jurassiques ; puis le fer carbonaté lithoïde (celui qui alimente aujourd'hui la plupart des hauts-fourneaux de la Grande-Bretagne), lequel se trouve principalement dans le terrain houiller, soit en couches réglées et continues, alternant avec les strates de ce terrain, soit en rognons, ordinairement de forme ellipsoïdale, disséminés avec une abondance variable dans certaines couches marneuses et friables de ce même terrain. Les dépôts les plus importants de ce minerai sont dans la Côte-d'Or, dans la Haute-Marne, et sur le versant occidental du Jura; puis encore dans les départements de la Moselle, de l'Ain, de la Loire, de l'Ardèche, du Gard et de l'Aveyron.

Le meilleur minerai, celui de 3e classe, se trouve en filons, en couches, en amas, et même en rognons dans des terrains non stratifiés ou à stratification très tourmentée, *anciens* ou *primitifs*. C'est le minerai de montagne proprement dit. Il vaut en moyenne 75 c. par quint. métr. Il consiste en fer carbonaté spathique, en oxydes concrétionnés, surtout en hématites brunes manganésifères, en fer oligiste compacte, cristallin et micacé, en fer oxydulé, en grenat ferrifère, etc., analogues à ceux qu'on exploite dans les principaux districts de forges du continent, et notamment en Styrie, en Carinthie, en Westphalie, dans le Hartz, en Biscaye, etc. On ne connaît en France aucun dépôt d'*aimant* semblable aux grandes masses qui existent en Suède, en Norvège, en Piémont et en Espagne.

En France, ces sortes de minerais se présentent dans des gîtes nombreux, sinon étendus, dans les terrains anciens du Morbihan, des Côtes-du-Nord et d'Ille-et-Vilaine; mais les plus importants qu'on exploite aujourd'hui, se trouvent dans la chaîne des Vosges, dans les Alpes du Dauphiné et dans les Pyrénées.

Les mines proprement dites de cette nature, qui ont été l'objet de concessions, étaient en 1834 au nombre de 89, dont 31 n'ont pas donné de produits; les 58 mines productives ont fourni 656,409 quint. métr. de minerai, valant 409,357 fr. (prix moyen : 0.62).

En Allemagne, en Suède, en Espagne, la plus grande partie du fer se produit dans le voisinage de quelques grands dépôts de minerai près desquels les forges sont groupées et où la production est proportionnée en général à l'abondance du combustible et à la puissance de la force motrice. La France se trouve, à cet égard, dans des circonstances toutes différentes : pour se naturaliser sur tous les points du territoire où le minerai est éparpillé, l'industrie du fer a dû se plier aux diverses conditions qui résultaient, pour chaque localité, de la nature variable de ces minerais, du combustible et des forces motrices, enfin des habitudes et des besoins des consommateurs. De là cette variété de méthodes qui donne à la métallurgie du fer, en France, un caractère à part.

Au total, il y avait en France, en 1839, 2,437 mines ou minières de fer ; savoir : 145 mines exploitées et 108 non exploitées, total 253 ; 1,868 minières exploitées et 316 non exploitées, total 2,184. Ces chiffres varient d'une année à l'autre, parce que le mot minière n'est pas défini partout de la même manière. Dans plusieurs départements, cette dénomination ne s'applique qu'à des exploitations isolées ; mais dans beaucoup d'autres, elle comprend un ensemble d'exploitations très rapprochées, et souvent même tout-à-fait contiguës. La surface totale des concessions s'élevait, en 1839, à 91,456 hectares ; on y occupait 12,060 ouvriers, savoir : sur les mines, 1,583, et sur les minières, 10,477. Quant au minerai fourni, les sommes et la valeur étaient :

Minières. . . .	20,283,135 quint. métr., valant		3,976,017 fr.
Mines.	2,617,256	—	1,420,037
	22,900,391	—	5,396,054

En 1836, cette exploitation occupait 14,042 ouvriers, mais produisait seulement une valeur de 4,988,133 fr., représentant 22,757,884 quint. métr. de minerai. Après la préparation, il n'en restait plus que 8,967,642 quint. métr., valant, le transport compris, 11,583,518 fr.

La plupart des ouvriers, adonnés en outre aux travaux agricoles, ne se livraient à l'exploitation du fer que dans l'intervalle de ces travaux. On peut estimer approximativement que chaque ouvrier travaille 150 jours pendant l'année, avec un salaire de 1 fr. 60 c.

Le prix moyen du quintal métrique de minerai brut, sans distinction de qualité, est de 22 c. Du reste, mille circonstances, et surtout celles qui se rapportent au transport, font varier le prix, qui, par conséquent, est différent d'un département à l'autre, ainsi qu'on peut le voir par le tableau suivant relatif à six départements placés dans des conditions dissemblables :

	Valeur du miner. brut en fr.	Poids en quint. métr.	Prix moyen du quint. métr.	Nombre des mines et minières exploit.
Haute-Saône . .	717,380	2,670,217	0,27	599
Haute-Marne. .	375,286	3,042,396	0,12	670
Côte-d'Or. . . .	244,355	1,842,737	0,13	29
Ariège	215,740	234,072	0,92	4
Dordogne. . . .	212,215	228,602	0,92	41
Moselle.	171,630	1,775,208	0,10	88

Voici la liste des départements dans l'ordre de leur importance relativement à la production du minerai de fer et de la valeur qu'elle crée dans chacun d'eux.

Nos D'ORDRE.	DÉPARTEMENTS.	POIDS EN QUINT. MÉTR.	VALEUR.
1.	Marne (Haute-)	1,474,431	1,942,298
2.	Saône (Haute-)	1,015,375	1,560,546
3.	Côte-d'Or	864,330	1,073,942
4.	Cher	1,015,560	1,003,472
5.	Ardennes	629,600	817,588
6.	Ariège	238,495	732,802
7.	Moselle	661,966	712,577
8.	Ardèche	453,655	573,240
9.	Meuse	417,717	534,678
10.	Dordogne	279,714	489,752
11.	Rhin (Bas-)	199,416	322,812
12.	Nièvre	268,537	308,818
13.	Aveyron	325,039	305,537
14.	Pyrénées-Orientales	64,237	261,236
15.	Saône-et-Loire	221,024	240,916
16.	Jura	147,219	229,497
17.	Doubs	105,440	209,594
18.	Landes	127,721	204,354
19.	Isère	65,740	189,850
20.	Eure	145,639	183,040
21.	Indre	133,377	172,213
22.	Vosges	70,496	158,616
23.	Gard	156,785	158,353
24.	Nord	100,382	152,581
25.	Yonne	98,800	141,240
26.	Orne	105,362	129,595
27.	Lot-et-Garonne	84,540	100,090
28.	Charente	58,554	86,076
29.	Côtes-du-Nord	69,977	79,074
30.	Mayenne	59,144	77,479
31.	Morbihan	61,887	76,249
32.	Gironde	45,958	73,533
33.	Pyrénées (Basses-)	37,608	71,079
34.	Loire-Inférieure	81,692	60,180
35.	Vienne	48,137	56,667
36.	Pas-de-Calais	38,017	56,341
	A reporter	9,971,571	13,545,875

Nos D'ORDRE.	DÉPARTEMENTS.	POIDS EN QUINT. MÉTR.	VALEUR.
	Report	9,971,571	13,545,875
37.	Rhin (Haut-)	20,497	49,316
38.	Sarthe	37,816	48,579
39.	Loire.	24,186	46,901
40.	Eure-et-Loir.	25,057	45,603
41.	Aude.	10,278	44,943
42.	Ille-et-Vilaine	40,740	37,888
43.	Puy-de-Dôme	9,112	30,161
44.	Indre-et-Loire.	18,790	29,920
45.	Ain	17,400	26,825
46.	Aube.	21,333	25,600
47.	Marne	15,000	25,200
48.	Meurthe	30,820	21,907
49.	Manche.	18,260	16,799
50.	Hérault.	3,531	15,619
51.	Sèvres (Deux-).	14,000	15,540
52.	Vaucluse	10,000	14,000
53.	Lot	9,400	11,280
54.	Tarn.	8,812	10,134
55.	Tarn-et-Garonne	5,288	6,081
56.	Allier.	3,500	5,325
	Totaux.	10,315,391	14,073,536

On voit qu'il y a trente départements dans lesquels jusqu'ici le minerai de fer n'a point été ou trouvé ou exploité; il en existait dix, en 1839, au sujet desquels il n'y avait à mentionner aucune des diverses branches de l'industrie du fer qui seront indiquées ci-dessous. Ces dix départements étaient ceux des Basses-Alpes, des Hautes-Alpes, du Cantal, de la Creuse, du Gers, de la Haute-Loire, de la Lozère, de Seine-et-Marne, de la Somme et de la Vendée.

A la sortie de la mine ou de la minière, quelques variétés de minerais sont immédiatement passées aux fourneaux; mais la majeure partie a besoin d'une préparation préalable ayant pour objet de rendre ces minerais plus propres au traitement métallurgique.

Presque tout le minerai de fer d'alluvion est soumis au lavage, opération qui consiste à séparer du minerai proprement dit les matières terreuses auxquelles il est associé. Souvent les minerais sont soumis à un double lavage, l'un pratiqué dans le voisinage de la minière, avec des eaux stagnantes rassemblées à cet effet, l'autre sur des cours d'eau, et ordinairement à proximité des usines. Les lavoirs dont, en 1839, 1,602 étaient en activité, et dont le total donnait de l'emploi à 6,077 ouvriers, sont ou à bras, ou à cheval, ou à machines ou patouillets.

Le grillage, qui occupe environ 200 ouvriers, est une espèce de calcination qui se fait, soit en tas à l'air libre, soit dans des fours; il est une partie essentielle du traitement métallurgique des minerais de fer spathique de l'Isère, de tous les minerais carbonatés, etc. En 1834, 96 fourneaux de grillage étaient en activité.

Enfin le transport des minerais dans les usines forme à lui seul la moitié ou au moins les 45 centièmes du prix de revient des minerais propres au traitement métallurgique et rendus aux fourneaux. Abstraction faite de ces frais, le minerai préparé, rendu aux usines, ne revient qu'à 68 c. le quint. métr., au lieu de 1 fr. 30 c.

Voici quelle était, en 1834, la proportion de ces différents minerais :

	Poids en quint. métr.	Prix moy. du quintal métr.	Valeur.
Minerai destiné à être passé immédiatement aux fourn.	613,419	0.51	315,654
Minerai destiné à être grillé.	635,812	0.52	333,307
Minerai destiné à être lavé.	14,485,766	0.20	2,958,863
	15,734,997	0.41	3,607,823

On verra dans le chapitre suivant que la valeur du minerai extrait et préparé est ensuite plus que décuplée : en effet, en 1836, tous les travaux relatifs au fer, dans leur ensemble, donnaient lieu à la création d'une valeur de 124,385,616 fr., et, en 1839, à celle d'une valeur de 127,484,726 fr. Depuis longtemps, la valeur du fer annuellement élaboré était au moins de 80 millions de fr.

Nous nous contenterons, pour le moment, d'ajouter quelques résultats généraux relatifs à l'année 1836 :

Le minerai transformé en fonte brute et moulée offrait un poids total de 3,083,630 quint. métr., d'une valeur de 60,916,669 fr. Défalcation faite de la valeur de la matière première employée, cette somme se réduisait à 49,228,515 fr.

Le minerai fabriqué en gros fer par le traitement direct et la fonte affinée, offrait un poids total de 2,105,805 q. m., ayant une valeur de 92,579,279 fr., laquelle, après défalcation de la valeur de la matière première employée, se réduisait à 37,656,171 fr.

Le fer converti en acier offrait un poids total de 49,265 quint. métr., d'une valeur de 3,536,184 fr., laquelle, après défalcation de la valeur de la matière première, se réduisait à 1,456,357 fr.

Mais toute cette production est loin de suffire aux besoins de la France, dont le tableau ci-après fait connaître le montant en quintaux métriques.

	1834.	1839.
Minerai brut fourni par les mines et minières françaises.	18,041,287	22,900,391
Minerai importé d'Espagne, de Suisse, de Toscane (île d'Elbe).	12,954	9,381
Fonte brute importée d'Angleterre, de Belgique, de Prusse, de Sardaigne, d'Allemagne, etc.	103,362	160,456
Fer élaboré en France.	1,771,638	2,318,000
Fer en barres importé de Suède, d'Espagne, de Russie, de Norvège, d'Angleterre, etc	63,329	55,910
Acier brut importé de Prusse, d'Angleterre, d'Autriche, d'Allemagne, de Hollande, de Suisse, de Suède, etc.	8,321	7,950
Riblons ou vieux fers importés d'Angleterre, des Pays-Bas, etc.	31	2,747

D'après ce qu'on lira dans le volume suivant, p. 103 et 154, la valeur des importations de la fonte et du fer est maintenant de 5 à 6 millions de fr. Elle était du double avant la révolution de 1789 ; mais dans la période décennale cette importation avait été de moins de 5 millions. C'est l'établissement des chemins de fer qui l'a augmentée depuis environ dix ans. De notre côté, nous exportons pour environ 5 millions de fr.

6. On connaît 22 mines d'**ANTIMOINE**, mais il n'y en avait, en 1839, que 10 d'exploitées. On en extrait le minerai purifié ou sulfure d'antimoine fondu. Avec les

12 usines qu'elles alimentent, ce produit donnait de l'occupation à 143 ouvriers. On a obtenu de cette production, supérieure à celle de la plupart des pays de l'Europe, en 1839, une masse totale de 15,137 q. m. de sulfure d'antimoine brut, valant 29,090 fr. Les produits des usines, qui sont ou le métal dit régule d'antimoine ou divers produits antimoniaux, sont enregistrés comme suit pour la même année, avec indication de leur valeur en fr.

	Poids en kilogr.	Valeur en fr.
Sulfure d'antimoine fondu.	1,247	81,148
Antimoine ou régule.	806	162,580
Crocus.	50	6,000
Verre d'antimoine.	8	2,160
Kermès.	10	6,000
Totaux	2,121	257,888

Les montagnes de l'Auvergne et du Vivarais paraissent être plus riches en minerai d'antimoine que toutes les autres contrées où l'on exploite ce métal; mais la demande de cette substance et des autres produits antimoniaux est si faible que ces mines sont loin d'avoir tout le développement qu'elles pourraient prendre en d'autres circonstances. Les principales mines d'antimoine sont situées dans l'Ardèche, la Haute-Loire, le Puy-de-Dôme, la Lozère, le Gard et le Cantal; et ce sont la Lozère et le Puy-de-Dôme qui renferment le plus grand nombre d'usines.

7. Le **MANGANÈSE** est exploité (1839) dans 16 mines, et l'on en connaît encore 3 autres. Ces mines, ainsi que les 8 usines en activité, occupent 306 ou-

vriers, dont les uns ont produit, en 1859, 65,757 q. m. d'oxyde de manganèse brut valant 154,172 fr.; et dont les autres, en les préparant, les ont réduits à 41,148 q. m. valant 304,541 fr. Le département de l'Aude a 4 de ces mines; ceux de Saône-et-Loire et de la Dordogne en ont chacun 3, et il y en a encore dans 7 autres départements. La principale de toutes est celle de Romanèche (Saône-et-Loire) qui est si considérable, assure-t-on, qu'à elle seule elle suffirait pour fournir toute l'Europe de ce métal pendant plusieurs siècles.

Quoique le produit de la France suffise à sa consommation, on importe cependant de l'étranger une petite quantité de manganèse.

8. L'**ARSENIC**, exploité dans une mine du Puy-de-Dôme qui occupe 6 ouvriers, a fourni, en 1859, 300 q. m. de mispickel, valant 3,000 fr.

9. La France recèle aussi du **ZINC**, quoique en faible quantité. Les mines qu'on en connaît, mais dont aucune n'est exploitée, sont celles de Pierre-Ville (Manche), d'Auxelle-Haut (Haut-Rhin), de Montalet (Gard), d'Allemont (Isère), etc., etc. La principale usine, celle de Bray, était exploitée par la *Société de la Vieille Montagne*. Depuis longtemps on employait le zinc dans les alliages; mais on le travaille maintenant pour la couverture des maisons et des terrasses, pour le doublage des navires, pour les conduites d'eau, cheneaux, gouttières, etc.

Jusqu'en 1831, l'importation moyenne du zinc brut n'avait pas atteint annuellement 2 millions de kilogr.; mais elle était, en 1833, de 6 millions de kilogr.; en 1836, de 10 millions; en 1858, de 11,800,000. La valeur de cette importation pour la consommation intérieure n'était, pendant la période décennale, que de 1,600,000 fr., et s'est élevée, dans la période des cinq années de 1834 à 1838, jusqu'à 3,400,000. fr. (Voir au Tableau du commerce, dans le volume suivant, p. 154.)

§ 2. MINÉRAUX NON MÉTALLIQUES. La France produit du **SEL** en grande abondance et sous toutes les formes. Elle possède de magnifiques mines de sel gemme, dites *de l'Est*, qui occupent, dans le département de la Meurthe, une étendue concédée de 5,377,600 hectares, et qui, longtemps avant d'être elles-mêmes découvertes, manifestaient leur présence par les sources salées amenant à la surface du sol leur produit délayé. Elle tire ensuite cette précieuse denrée, d'une manière plus économique et sans aucune dépense de combustible, des marais salants et des laveries de sables sur lesquels l'eau de la mer a séjourné. L'industrie du sel a occupé, en 1839, 24,425 ouvriers, et le produit total, du poids de 5,568,066 quint. métr., était évalué à la somme de 10,171,431 fr., ce qui donne au quint. métr. la valeur d'environ 2 fr. 85 c., et au kilogr. celle de 28 c. Cette valeur est malheureusement grevée d'un impôt considérable (naguère aggravé encore, pour les départements de l'Est, par le monopole accordé à la compagnie qui avait pris à bail les mines de sel gemme). Cet impôt figure en partie dans les contributions indirectes et en partie dans les douanes : dans les premières, pour les salines de l'Est, pour les sources de Salies (Haute-

Garonne), de Digne (Basses-Alpes) et de quelques autres établissements semblables dans les départements de l'Ariège, de Lot-et-Garonne et des Landes; dans les secondes, pour les marais salants situés dans les lieux voisins des côtes et des frontières du royaume. Indépendamment du monopole, « le taux moyen du droit, a dit, en 1830, M. de Chabrol[1], est de 28 fr. 50 c. par quint. métr., après la déduction de 5 p. % accordée pour tout déchet par la loi du 11 juin 1806; il frappe chaque année sur une quantité qui s'est progressivement accrue depuis la Restauration, et qui s'élève aujourd'hui à 2,144,569 quint. (métr.), pour une population de 30,450,378 habitants, ce qui porte la consommation moyenne, par individu, à 7 kilogr. 4 décagr., ou environ 15 livres, et le montant du droit à 2 fr. pour chaque individu; le produit total de cette taxe s'élève à 61,120,120 fr. » Il s'éleva depuis à 61,500,000 fr., dont 7,500,000 sont perçus par les agents des contributions indirectes, et 54 millions par les préposés des douanes; et cette somme augmente annuellement. Suivant les diverses parties de la France où se fabrique le sel, l'Est, l'Ouest et le Midi, cet impôt est 14, 28 et 42 fois plus élevé que les frais d'exploitation. La consommation n'a jamais été moindre que 14 livres par individu, mais elle s'est élevée à un chiffre beaucoup plus considérable à l'époque où le plus onéreux des impôts ne pesait pas sur cet article de première nécessité, et où par conséquent il

(1) *Rapport au Roi sur l'adm. des Finances*, 1830, in-4°, p. 86, et état n° 21.

était permis au cultivateur d'en faire un grand usage dans l'économie rurale, pour en assaisonner la nourriture des bestiaux et pour le mêler avec le fumier afin d'exciter la végétation.

Avant 1819, on ne connaissait pas en France de mines de sel; mais les salines étaient néanmoins très nombreuses. Des sources salées, dont la vertu était empruntée à ces mines, sourdaient sur plusieurs points du territoire, et notamment à Dieuze, Moyenvic, Château-Salins (Meurthe), à Salins et Montmorot (Jura), à Saulnot (Haute-Saône), à Arc (Doubs), à Soultz (Bas-Rhin); et plusieurs autres encore se rencontraient et se rencontrent toujours à Salies (Haute-Garonne), à Digne (Basses-Alpes) et dans les départements de l'Ariège, des Landes, de Lot-et-Garonne, de la Côte-d'Or, de Saône-et-Loire, de l'Aude et de Vaucluse. Ces sources, qui appartenaient la plupart à l'État, suffirent à la consommation jusqu'en 1819, année où fut découverte, à Vic, bourg non loin de Nancy (Meurthe), une mine de sel gemme qui paraît s'étendre, sous une surface de au moins 30 lieues carrées, dans les départements de la Meurthe, de la Moselle, de la Meuse, des Vosges, du Haut et du Bas-Rhin, du Jura, du Doubs, de la Haute-Saône et de la Haute-Marne. L'État s'empara de cette découverte; la loi du 6 avril 1825 autorisa la concession pour 99 ans de toutes les salines dites *de l'Est*, ainsi que des mines de sel gemme, à une compagnie, dite *de Dieuze*, moyennant une indemnité aux propriétaires de la surface et à ceux qui en avaient fait la découverte; le bail annuel fut d'abord fixé à 1,800,000 fr.; une ordonnance royale du 21 août 1825 envoya l'État en possession des mines de sel indiquées par la loi du 6 avril, fixa l'étendue du territoire de la concession à 35,000 kilogr. carrés en surface, et statua sur les droits des propriétaires de la superficie et sur ceux des inventeurs[1]. Plus tard (ordonnance royale du 17 janvier 1830), le bail fut réduit à 1,200,000, fr.; mais le gouvernement se réserva une certaine part (41 centièmes) aux bénéfices, de manière qu'il reçut, en 1835, la somme de 1,461,034 fr.

Les documents officiels publiés dans le Compte général de l'administration des finances, nous apprennent que, depuis 1826 jusqu'à 1836, les recettes de l'exploitation ont été de 61,561,154 fr., et que le Trésor a reçu net 13,924,967 fr.

Ce sel est, pour la qualité, bien supérieur à celui des marais salants et des laveries; les 432,770 quint. métr. obtenus en 1839 étaient d'une valeur de 4,287,842 fr., ce qui fait 9 fr. 90 c. par quint. métr., ou 99 c. par kilogr., prix très élevé.

Les marais salants et laveries, dont l'exploitation, plus économique, a aussi beaucoup plus d'étendue, ont donné, dans la même année, un poids de 3,135,296 quint. métr., valant 5,883,589 fr., ce qui fait 1 fr. 80 c. par quint. métr., ou seulement 18 c. par kilogramme.

La moyenne du prix du sel est de 2 fr. 48 c. le quint. métr., ou de 24 c. par kilogramme.

Les marais salants produisent les $\frac{9}{10}$ du sel marin

(1) Macarel et Boulatignier, *De la fortune publique en France*, t. I, p. 224 et suiv.

préparé en France. Ils sont exploités de la manière suivante. Les eaux de la mer, introduites dans de vastes réservoirs pratiqués sur les plages basses qui bordent les côtes de l'Océan et de la Méditerranée, et concentrées par évaporation, sous l'influence d'un climat méridional, laissent déposer annuellement des masses considérables de sel qu'on extrait par l'évaporation. Les bords de la Méditerranée présentent surtout des ressources toutes particulières pour cette industrie qui n'y est limitée, dit le Compte-rendu de 1834, que par le manque de débouchés. Cependant elle s'exerce beaucoup plus sur l'Océan, et le département de la Charente-Inférieure donne à lui seul plus du quart de la production totale de la France : c'étaient, en 1839, 1,160,042 q. m., valant 2,691,297 fr. On se livre à cette industrie dans les localités suivantes de ce département : à Marennes, à Tonnay-Charente et aux îles de Ré et d'Oléron. Après lui, le plus important est celui de la Loire-Inférieure, où l'on exploite le sel à Guérande, Saint-Wolf, Mesquier, le Croisic, Bourganeuf, Batz. Puis viennent les départements de l'Hérault, du Gard, des Bouches-du-Rhône, de la Vendée, du Var, de l'Aude, des Pyrénées-Orientales, du Morbihan, de la Corse, d'Ille-et-Vilaine. Sur la Méditerranée, cette exploitation a lieu surtout à Peccais (Gard) et à Cette (Hérault).

C'est pour les propriétaires de marais salants qu'est particulièrement onéreux le droit de 2 décimes par kilogr. de sel, dont cette denrée a été frappée par l'art. 48 de la loi du 14 avril 1806.

Les laveries de sable forment une industrie peu importante qui ne s'exerce que pendant la belle saison, et seulement dans quelques villages de la Manche, des Côtes-du-Nord et d'Ille-et-Vilaine.

Dans la rubrique des sels viennent naturellement l'*alun* et le sulfate de fer ou *couperose* qui employaient, en 1839, 583 ouvriers dans 16 usines. Les substances alumineuses et pyriteuses étaient extraites du sein de la terre dans 8 mines. Avec ces substances on prépare l'alun, les magmas et la couperose ; mais cette dernière se prépare aussi directement, au moyen de la ferraille et de l'acide sulfurique, dans des usines particulières, et en comptant ces exploitations on avait donné pour les années précédentes des chiffres bien plus considérables. Des 8 mines, 5 appartiennent au département de l'Aisne qui donne le plus de produit ; puis vient celui du Bas-Rhin, et ensuite celui de l'Oise. Plusieurs autres départements prennent part à cette industrie. Voici quels en étaient les produits d'après le Compte-rendu de 1837.

Alun.	32,265	quint. métr. valant	1,297,494 fr.
Magmas	10,094	—	36,810
Sulfate de fer . . .	35,220	—	426,323
Totaux. . . .	77,579		1,760,627

Le *salpêtre* (nitrate de potasse) ne figure pas dans cette statistique de l'industrie minérale : aussi ne le trouve-t-on pas en abondance. On en importe tous les ans des quantités assez considérables : celle qui en 1840 est entrée dans la consommation s'est élevée à 16,615 q. m. d'une valeur de 852,540 fr.

2. **COMBUSTIBLES MINÉRAUX ET TOURBE.** En nous occupant maintenant de la richesse houillère de la France, richesse dont dépend en grande partie l'avenir de son industrie, nous prendrons encore pour guide l'Administration des mines dont les Comptes-rendus abondent en matériaux pour l'étude de cette branche importante de nos exploitations minérales et en renseignements sur la consommation dont elle est l'objet.

Quand nous disons que la prospérité de l'industrie dépend en grande partie de l'exploitation du charbon de terre (houille, lignite, anthracite), nous ne disons pas encore assez : la puissance des nations, leurs progrès en civilisation dépendent aujourd'hui de ce précieux combustible qui facilite l'élaboration du fer et qui crée des forces motrices dans les lieux où la nature n'en a pas établi. A poids égal, il dégage plus de chaleur que le bois et la tourbe ; il pénètre de son essence le minerai de fer fondu, et, par la combustion du gaz qu'il recèle, il produit une lumière à la fois vive, pure, et qu'il est facile de faire circuler sous les pavés de nos villes, comme le sang circule dans l'économie du corps humain.

Un produit de cette importance vaut bien la peine que l'histoire s'en informe : aussi le Compte-rendu de 1838 (p. 13-21) renferme-t-il un *Aperçu historique sur la production et la consommation des combustibles minéraux*.

Nous en donnerons un court extrait.

Le charbon de terre est cité pour la première fois, dans nos annales, en 1548, dans une demande de concession adressée à Henri II. Jusque-là, on n'en trouve nulle mention, même dans l'édit de Charles VI, du 30 mai 1413, le premier monument officiel connu de notre législation des mines. Cependant les premières tentatives qui furent faites pour établir à Paris l'emploi du combustible minéral remontent jusque vers l'année 1520, et il paraît que ce furent les houilles importées d'Angleterre par la basse Seine qui y donnèrent lieu. Une enquête fut faite alors, et la Faculté de médecine eut à décider si l'emploi de cette substance pouvait ou non nuire à la salubrité publique.

L'édit de 1601 par lequel Henri IV exempte le charbon de terre, plusieurs autres produits minéraux non métalliques et le fer, de la redevance du dixième due au souverain en vertu de son droit régalien, paraît avoir donné l'impulsion aux recherches et aux exploitations de houille. Plusieurs documents publiés dans la première moitié du XVIIe siècle firent connaître à la France des ressources généralement ignorées, et signalèrent l'existence du charbon de terre aux environs du Vigan, d'Alais, de Saint-Gervais, de Roujan, de La Caunette, d'Ahun, etc. Quelques traditions locales donnent d'ailleurs lieu de croire qu'il existait déjà, vers le milieu du XVIIe siècle, des extractions régulières de combustible dans les bassins de la Loire, de Brassac et de Decize (voir p. 142).

Un édit de 1698, rendu, comme celui de 1601, dans l'intention de favoriser les exploitations indigènes, alla contre le but qu'on s'était proposé. En autorisant les propriétaires à exploiter sans permission du souverain la houille existant dans leurs héritages, cet édit eut pour effet de soustraire cette industrie à toute surveillance, de livrer à d'inhabiles exploitants une richesse dont ils ne savaient pas se rendre maîtres, et surtout d'enlever au roi le pouvoir de placer en de meilleures mains la propriété de ces mines. En 1744, cet édit fut annulé par un autre édit de Louis XIV, qui replaça la houille au nombre des substances minérales qu'on ne pouvait exploiter qu'en vertu d'une concession du souverain.

Ce fut de 1730 à 1740 que des recherches, depuis longtemps commencées, amenèrent la découverte des bassins d'Anzin, d'Hardinghen et du Creuzot. Les autres suivirent successivement, et au commencement de la révolution française la production annuelle des houillères indigènes était d'environ 2,400,000 quint. métr. (240,000 tonnes), ce qui n'était cependant que la moitié de la quantité de combustible minéral que l'on consommait déjà en France. Dès lors, d'ailleurs, on en exportait en Belgique, en Suisse et en Savoie exactement les mêmes quantités qu'on expédie encore maintenant à cette destination.

C'était la Grande-Bretagne qui, à la faveur des droits différentiels établis sur notre frontière maritime, et surtout du bas prix des transports par voie de mer, fournissait à la France les trois quarts du combustible que celle-ci tirait de l'étranger. L'importation de la Belgique était à peu près des 21 centièmes, et les 4 autres centièmes étaient tirés des bassins de Saarbruck et de Saint-Ymbert, faiblement exploités à cette époque.

En représentant par 1.00 la production et la consommation de 1789, on trouve pour les années postérieures ci-après la proportion suivante :

Années.	Production.	Consommation.
1789.	1.00	1.00
1811.	3.22	1.92
1817.	4.18	2.71
1821.	4.72	3.07
1827.	7.04	4.98
1831.	7.33	5.11
1837.	12.42	9.09

Quant à la proportion des bassins entre eux, nous mettrons l'année 1837 en regard de l'année 1789.

	1789.	1837.
Importations du bassin de Saarbruck.	1.00	13.27
de Belgique.	5.00	78.84
de la Grande-Bretagne.	18.00	22.26

On voit quel énorme accroissement a pris l'importation belge. Celle de la Grande-Bretagne avait au contraire perdu son importance, lorsque les lois et ordonnances rendues de 1834 à 1836 la relevèrent en permettant la libre importation des houilles pour la navigation à la vapeur au-delà des lignes de douanes, et en réduisant le droit d'importation par mer sur le littoral de la Méditerranée et sur une grande partie du littoral de l'Océan. Constamment inférieure à 500,000 quint. métr. jusqu'en 1834, l'importation de la houille anglaise prit tout à coup une telle activité, qu'elle dépassa, en 1837, 1,800,000 quint. métr., et qu'en 1840 elle fut de 3,921,230. Dans la même année, l'importation prussienne était de 1,380,983 quint. métr., et celle de la Belgique de 7,479,840.

Pour indiquer le développement progressif de la production de ce combustible en France, voici la proportion qu'on peut admettre. Si on représente la production de 1789 par 1.00, celle de 1811 sera de 3.22, celle de 1817 de 4.18, celle de 1821 de 4.72, celle de 1827 de 7.04, celle de 1831 de 7.33, celle de 1837 de 12.42, etc.

Le tableau suivant donne, en quintaux métriques, le chiffre de la production et de la consommation des combustibles minéraux en France, de 1787 à 1789; puis en 1802, et dans toutes les années successives de 1811 à 1839. Il fait voir quel progrès énorme a eu lieu, d'année en année, dans l'une aussi bien que dans l'autre. La consommation, qui n'était que de 9,300,000 q. m. en 1814, dépassa 40 millions en 1839. La production n'était aussi guère que le quart de ce qu'elle est aujourd'hui. En effet, dans cette même année 1814, la France produisait en houille, lignite et anthracite 7,883,716 quintaux métriques, ayant une valeur de 6,802,447 fr.; elle en a produit, en 1839, 29,948,615 quint. métr., d'une valeur de 26,777,970 fr. Mais l'extraction de ce produit minéral est susceptible de prendre des développements encore beaucoup plus grands.

ANNÉES.	PRODUCTION INDIGÈNE.	EXCÉDANT DE L'IMPORTATION SUR L'EXPORTATION.	CONSOMMATION.
1787.	2,150,000	1,885,919	4,035,919
1788.	2,250,000	2,165,924	4,415,924
1789.	2,400,000	2,100,000	4,500,000
1802.	8,441,800	910,000	9,351,800
1811.	7,736,941	900,000	8,636,941
1812.	8,355,231	940,000	9,295,231
1813.	7,717,791	870,000	8,587,791
1814.	7,883,716	1,442,275	9,325,991
1815.	8,815,872	2,306,070	11,121,942
1816.	9,416,389	2,903,200	12,319,589
1817.	10,033,803	2,185,292	12,219,095
1818.	8,979,043	2,482,577	11,461,620
1819.	9,640,699	2.097,478	11,738,177
1820.	10,936,578	2,544,642	13,481,220
1821.	11,347,111	2,471,286	13,818,397
1822.	11,935,787	3,316,831	15,252,618
1823.	11,952,679	3,220,949	15,173,625
1824.	13,256,993	4,558,100	17,815,093
1825.	14,913,815	5,030,038	19,943,853
1826.	15,410,007	5,012,619	20,422,626
1827.	16,910,767	5,370,655	22,281,422
1828.	17,740,732	5,787,475	23,528,207
1829.	17,415,707	5,483,063	22,898,770
1830.	18,626,653	6,312,795	24,939,448
1831.	17,603,857	5,378,261	22,982,118
1832.	19,628,551	5,573,045	25,201,596
1833.	20,576,314	6,790,311	27,366,625
1834.	24,898,400	7,245,659	32,144,059
1835.	25,064,166	7,718,016	32,782,182
1836.	28,419,466	9,730,092	38,149,558
1837.	29,807,351	11,104,516	40,911,867
1838.	31,132,525	11,916,345	43,048,870
1839.	29,948,613	11,858,924	41,807,537

Voici quelle a été, en 1839, la part de chaque département dans la production du combustible et dans les quantités consommées. Ils sont rangés dans l'ordre de l'importance de leur consommation.

Nos D'ORDRE.	DÉPARTEMENTS CONSOMMATEURS.	Quantite fournie par les bassins indigènes en quint. métr.	Quantité totale consommée en quint. métr.
1.	Nord.	6,571,754	10,202,374
2.	Loire.	4,463,326	4,463,326
3.	Rhône	2,489,400	2,489,400
4.	Pas-de-Calais.	957,311	2,295,502
5.	Seine.	944,000	2,039,000
6.	Saône-et-Loire.	1,836,767	1,836,767
7.	Gard.	1,444,624	1,444,624
8.	Aveyron.	1,339,834	1,339,834
9.	Bouches-du-Rhône.	942,740	1,094,016
10.	Seine-Inférieure.	50,771	1,090,727
11.	Ardèche.	858,924	858,924
12.	Isère.	830,413	830,421
13.	Aisne.	176,200	818,379
14.	Rhin (Haut-)	648,863	729,863
15.	Somme.	123,197	627,952
16.	Calvados	471,327	590,211
17.	Moselle.	»	544,274
18.	Ardennes.	»	501,429
19.	Nièvre	498,500	498,500
20.	Côte-d'Or.	478,300	478,300
21.	Mayenne.	414,217	418,217
22.	Eure.	59,000	374,925
23.	Allier.	369,449	369,449
24.	Seine-et-Oise.	172,000	320,000
25.	Loire-Inférieure	163,109	314,078
26.	Maine-et-Loire.	266,000	298,000
27.	Loiret	285,000	285,000
28.	Var.	220,111	282,911
29.	Hérault.	264,418	269,149
30.	Marne (Haute-).	189,000	261,000
31.	Oise.	41,000	253,000
32.	Rhin (Bas-)	142,910	248,638
33.	Meurthe.	»	241,000
34.	Puy-de-Dôme.	232,700	232,700
35.	Vaucluse..	231,344	231,344
36.	Cher.	215,000	215,000
37.	Gironde.	233	209,233
38.	Saône (Haute-).	200,176	200,176
39.	Seine-et-Marne.	143,000	199,000
40.	Doubs	188,918	188,918
41.	Manche.	88,606	188,427
42.	Vosges.	81,002	177,104
43.	Marne	33,000	173,000
	A reporter.	29,126,444	40,634,092

Nos D'ORDRE.	DÉPARTEMENTS CONSOMMATEURS.	Quantité fournie par les bassins indigènes en quint. métr.	Quantité totale consommée en quint. métr.
	Report.	29,126,444	40,634,092
44.	Loire (Haute-)	156,700	156,700
45.	Tarn.	155,373	155,373
46.	Sarthe	133,054	139,054
47.	Drôme.	131,000	131,000
48.	Meuse	14,000	127,000
49.	Ain.	125,000	125,000
50.	Indre et Loire.	118,000	118,000
51.	Charente-Inférieure. . . .	»	105,882
52.	Jura.	93,000	93,000
53.	Garonne (Haute-)	84,000	84,000
54.	Finistère.	900	77,228
55.	Aude.	75,818	75,818
56.	Charente.	»	68,000
57.	Eure-et-Loir.	16,000	66,000
58.	Alpes (Hautes-)	64,485	64,485
59.	Ille-et-Vilaine.	12,000	59,587
60.	Yonne.	58,000	58,000
61.	Loir-et-Cher.	50,000	50,000
62.	Aube.	44,000	49,000
63.	Dordogne.	3,832	38,832
64.	Vendée.	17,668	34,989
65.	Ariège	34,000	34,000
66.	Tarn-et-Garonne.	33,000	33,000
67.	Pyrénées-Orientales. . . .	23,000	31,007
68.	Côtes-du-Nord.	»	29,099
69.	Orne.	3,000	28,000
70.	Lot-et-Garonne.	23,000	27,000
71.	Vienne.	21,000	27,000
72.	Lot.	25,000	25,000
73.	Alpes (Basses-).	24,161	24,161
74.	Lozère.	23,600	23,600
75.	Cantal	23,300	23,300
76.	Indre.	22,000	22,000
77.	Sèvres (Deux-)	8,000	20,000
78.	Creuse.	19,128	19,128
79.	Morbihan.	500	18,920
80.	Vienne (Haute-)	9,200	14,200
81.	Gers.	12,000	14,000
82.	Corrèze.	11,193	11,193
83.	Landes.	930	9,930
84.	Pyrénées (Basses-).	2,494	9,046
85.	Corse.	4,043	4,246
86.	Pyrénées (Hautes-).	»	»
	Totaux.	30,801,823	43,048,870

En 1839, l'extraction des combustibles minéraux occupait 26,966 ouvriers, dont environ 600 travaillaient hors des mines, et les autres dans leur intérieur. Il y avait 246 mines exploitées, et 118 non exploitées. Ensemble elles occupaient, en 1836, une surface de 407,579 hectares, dont 395,337 étaient pour les mines concédées. Il y avait 562 puits, et le maximum de la profondeur des travaux était de 475 mètres. Les seules machines à vapeur, au nombre de 277 (sans compter 132 machines à molettes et 119 à bras) mettaient en jeu la force de 5,634 chevaux. Le prix moyen du quintal métrique était de 1 fr. 03 cent., et celui de l'hectolitre de 0,77.

Et malgré l'importance d'une extraction de près de 30 millions de quintaux métriques[1], d'ailleurs inférieure de

(1) C'est environ 3 millions de tonnes (de 1,000 kilogr.); mais les quatre centres charbonniers de la Belgique, Mons, Mariemont, Liége et Charleroi en fournissent annuellement 3,200,000 tonnes, et la Belgique n'a que 1/17 de la superficie de la France.

L'exploitation s'opère en Belgique dans 250 mines occupant 31,200 ouvriers. Le charbon qui en provient est d'une valeur de 32 millions, tandis qu'en France il ne va guère au-delà de 26 millions.

Les Anglais extraient 18 millions de tonnes (de 1,016 kil.), dont 5 millions sont absorbées par les diverses branches de l'industrie du fer, 750,000 exportées, et le reste brûlé à divers usages. Ce chiffre, que le tableau de la p. 105 porte à 20 millions de tonnes, a même été élevé jusqu'à 25 millions, valant 225 millions de fr.

L'extraction de la Prusse a été, en 1839, de 2,800,000 tonnes, valant environ 22 millions de fr. Sur ce point encore, le tableau de la p. 105 n'est plus exact aujourd'hui.

beaucoup à celle de la Belgique et surtout à celle de l'Angleterre, ce chiffre n'exprime pas encore la production réelle, parce que les relevés ne tenaient pas compte du combustible distribué aux ouvriers ou consommé sur place par les machines à vapeur, et parce que, de plus, on accorde toujours une certaine tolérance dans l'évaluation des produits soumis à l'impôt.

La consommation de la France dépasse (comme on a pu le voir par les tableaux ci-dessus) 40 millions de kilogr. Cependant, en y comprenant même la tourbe, l'exploitation totale des combustibles minéraux n'a été que de 34 à 35 millions de kilogr. : aussi l'importation est-elle toujours considérable (voir dans le volume suivant, p. 99). Mais d'un autre côté, comme le pays exporte aussi une certaine quantité de ces combustibles, il faut déduire le montant de l'exportation de celui de l'importation.

Maintenant, décomposons cette masse de combustible, et examinons-en à part les divers éléments.

Houille. Les gîtes de houille ont été déposés dans les bas-fonds qui sillonnaient le sol ancien. Des trois combustibles minéraux, celui-ci est le seul que sa valeur intrinsèque permette d'expédier à de grandes distances, et dont l'exploitation, en quelque lieu qu'elle s'opère, puisse intéresser le pays tout entier.

En 1834, le nombre des mines de houille était de 209, dont 140 étaient exploitées.

En 1839, il y en avait 232 mines, dont 171 exploitées. La surface concédée était de 291,601 hectares, auxquels il faut ajouter 8,859 hectares provisoirement attribués, ce qui fait environ la 180e partie du territoire entier. Il y avait 552 puits et 176 galeries souterraines aboutissant au jour. Le maximum de la profondeur des travaux était de 476 pieds.

Ces mines ont occupé ensemble 24,376 ouvriers; les 561 machines à vapeur qui y étaient établies mettaient en jeu la force de 8,330 chevaux.

Trente-six départements prenaient part, en 1839, à l'exploitation des mines de houille, et l'on comptait 42 bassins houillers plus ou moins considérables, dont, il est vrai, plusieurs appartiennent quelquefois au même département. Ce nom de *bassin*, trop ambitieux pour quelques localités, y pourrait être remplacé par le mot de *groupe*, mieux assorti à l'exiguïté du produit. « Jusqu'ici, dit le Compte-rendu de 1834, cette industrie n'a acquis une grande importance que dans le département de la Loire (bassin de la Loire, groupes de Saint-Étienne et de Rive-de-Gier), du Nord (bassin de Valenciennes, mines d'Anzin), de Saône-et-Loire (bassin du Creuzot et de Blanzy, bassin d'Épinac), et de l'Aveyron (bassins d'Aubin, de Rodez, de Milhau), lesquels donnent environ les $\frac{4}{5}$ de la production totale de la France. Au second rang, et suivant l'ordre des quantités de houille extraite pendant la campagne (1834), on doit placer le Gard, le Calvados, la Haute-Saône, la Haute-Loire, le Bas-Rhin, le Tarn et la Loire-Inférieure. Ces sept départements produisent un peu plus de $\frac{1}{10}$ de l'extraction annuelle : l'autre dixième enfin est fourni par les départements restants. Voici l'état complet des bassins et des quantités qu'ils ont produites en 1838 :

Nos.	NOMS DES BASSINS.	DÉPARTEMENTS.	PRODUCTION EN Quint. métr.
1.	Loire.	Loire, Rhône, Isère. . .	11,843,540
2.	Valenciennes.	Nord.	8,592,469
3.	Creuzot et Blanzy. . . .	Saône-et-Loire.	2,082,050
4.	Alais.	Gard, Ardèche.	1,321,881
5.	Aubin.	Aveyron.	1,318,554
6.	Epinac	Saône-et-Loire	700,717
7.	Litry.	Manche.	502,222
8.	Brassac.	Puy-de-Dôme, Loire(Hte-)	470,000
9.	Decize	Nièvre	348,500
10.	Basse-Loire	Loire-Inférieure, Maine-et-Loire.	324,602
11.	Commentry	Allier.	264,648
12.	Carmeaux.	Tarn.	254,373
13.	Fins	Allier.	235,751
14.	Saint-Gervais.	Hérault.	181,041
15.	Sainte-Foy-l'Argentière. .	Rhône	122,400
16.	Saint-Pierre-Lacour. . .	Mayenne	114,069
17.	La Chapelle-sous-Dun. .	Saône-et-Loire.	102,000
18.	Ronchamp.	Saône (Haute-).	91,444
19.	Le Vigan	Gard.	74,741
20.	Bert	Allier.	72,050
21.	Gémonval.	Saône (Haute-).	68,487
22.	Le Plessis.	Manche.	56,656
23.	Hardinghen	Pas-de-Calais.	52,409
24.	Rodez.	Aveyron.	46,720
25.	Aubenas.	Ardèche.	33,404
26.	Gouhenans.	Saône (Haute-).	27,245
27.	Saint-Eloy.	Puy-de-Dôme	25,000
28.	Vouvant.	Vendée.	21,668
29.	Norroy	Vosges	18,002
30.	Ahun	Creuse	15,127
31.	Durban et Ségure. . . .	Aude.	13,861
32.	Meimac.	Corrèze.	11,109
33.	Roujan	Hérault.	9,838
34.	Champagne	Cantal	6,800
35.	Bourg-Lastic.	Puy-de-Dôme.	6,200
36.	Saint-Hippolyte.	Rhin (Haut-).	4,778
37.	Terrasson.	Corrèze, Dordogne . . .	2,832
38.	Langeac.	Loire (Haute-).	2,700
39.	Bourganeuf	Creuse	2,501
40.	Villé.	Rhin (Bas-)	1,974
41.	Argental.	Corrèze.	1,784
42.	Quimper.	Finistère.	800
	Total.	. . . .	29,446,947

« Les bassins qui ont participé d'une manière notable à ce produit sont au nombre de huit, dit le Compte-rendu de 1856. Le bassin de la Loire en a fourni les 451 millièmes; celui du Nord, 272 millièmes; celui du Creuzot et de Blanzi (Saône-et-Loire), 65; celui d'Aubin (Aveyron), 57; celui d'Alais (Gard), 25; celui de Litry (Calvados et Manche), 21; celui de Brassac (Puy-de-Dôme et Haute-Loire), 16; celui de Decize (Nièvre), 15; et les huit bassins ensemble, 920 millièmes.

« Le bassin de la Loire, considéré dans son ensemble, est pour le pays tout entier d'un immense intérêt : il renferme 55 mines de houille concédées, et il occupe une surface de 16,995 hectares, qu'il faut porter à 27,355 hectares en y ajoutant les mines non encore concédées. Toutes nos mines ayant fourni ensemble (à l'époque indiquée) 19,868,240 quint. métr. de houille, il en a donné à lui seul 8,963,591, c'est-à-dire environ 45 p. % du total.

« Les produits n'en sont pas moins importants quant à leur qualité, car c'est de là surtout que provient cette sorte de houille grasse, si connue sous le nom de *houille maréchale* et si recherchée par les grandes comme par les petites usines [1].

« Enfin, par une circonstance qui lui est propre et qui

(1) Voir l'article *Houille* de *l'Encyclopédie des gens du Monde*. — Le bassin de Newcastle en Angleterre est le seul qui puisse être comparé, sous ce rapport, à celui de la Loire. On emploie cette qualité de houille à la coutellerie, à la forge maréchale, etc.

résulte de sa position, il peut alimenter à la fois de combustible Marseille, Mulhouse, Paris et Nantes ; en sorte que la prospérité de l'industrie dans plusieurs régions du royaume est essentiellement liée au bon aménagement des mines qu'il recèle. »

Le bassin de la Loire, dans le sens de sa plus grande dimension, occupe toute la largeur de cette zone étroite du Forez qui sépare la Loire du Rhône, aux points où ces deux fleuves s'approchent le plus l'un de l'autre; et cette position, entre deux lignes importantes de navigation, en a fait diviser les mines en deux groupes : celui de Saint-Étienne, dont les produits s'écoulaient principalement par la Loire, et celui de Rive-de-Gier qui versait les siens sur le Rhône. Cette division subsiste, quoique Saint-Étienne soit aujourd'hui en communication avec le Rhône par le chemin de fer qui mène de cette ville à Lyon. Dans le groupe de Saint-Étienne, bien plus étendu que l'autre, l'exploitation est facile : le charbon y existe presque à la surface du sol; on possède jusqu'à 18 couches dans certaines concessions, formant jusqu'à 35 mètres d'épaisseur totale de houille, tandis qu'en d'autres on n'en a que trois dont les épaisseurs réunies n'excèdent pas 5 mètres. Dans le groupe de Rive-de-Gier, l'exploitation, beaucoup plus ancienne à ce qu'il paraît, est portée à une profondeur bien plus considérable et donne ainsi lieu à plus de frais : il faut aller chercher le charbon à 1,000 et même 1,200 pieds de profondeur. Les mines sont fréquemment inondées, et il faut, à l'aide de machines puissantes, élever au jour les eaux souterraines qui se déversent dans les travaux; chose d'autant plus difficile que la propriété des mines est plus morcelée. Comme elles sont très voisines les unes des autres et communiquent fréquemment entre elles, soit par les ateliers souterrains, soit par les fissures du sol, l'inondation les menace et les envahit successivement de proche en proche. En 1838, le gouvernement a fait rendre une loi pour établir un épuisement commun, seul remède à ce fléau.

Dans le bassin de Valenciennes (Nord), qui est le prolongement de l'immense formation houillère qu'on retrouve à Liége, à Namur, à Charleroi et à Mons, et qui a été découverte en France, le 24 juillet 1734, par le vicomte Desandrouin, les puits sont aussi très profonds en général. A Anzin, ils pénètrent jusqu'à 475 mètres au-dessous du sol; les couches y sont au nombre de 18, ayant ensemble $14^{m}.20$ d'épaisseur, ce qui est le maximum dans tout le bassin.

Enfin, le bassin de Forbach (Moselle), dont les gîtes ont $4^{m}.30$ d'épaisseur et n'ont guère été productives jusqu'ici, est aussi très profond, car les travaux y sont déjà portés à une profondeur de 229 mètres. Dans les mines prussiennes de Saarbruck, au contraire, au bassin desquelles celui de Forbach se rattache, le terrain houiller se montre presque à la surface du sol.

Lignite. Le lignite et l'anthracite sont des combustibles minéraux beaucoup moins précieux que la houille et propres à moins d'usages. L'un et l'autre, par exemple, n'ont pu être jusqu'ici employés aux opérations principales du travail du fer. Cependant l'industrie en tire un grand parti dans les fours, pour la cuisson du plâtre, des briques et des tuiles; pour la grille des chaudières de certains ateliers; dans la distillerie, dans la fabrication de la soude, des clous, etc.; ils servent pour le chauffage des fours de boulangerie, et surtout pour le chauffage domestique. Le lignite brûle avec flamme, mais ne donne point de coke par la carbonisation et laisse beaucoup de cendres après la combustion. Il n'est pas seulement utile comme combustible, il sert encore comme matière première de l'alun et du vitriol; et, sous ce point de vue, il est exploité sans concession comme minière de terre pyriteuse et alumineuse. En d'autres lieux, comme, par exemple, à Lobsann, arrondissement de Wissembourg (Bas-Rhin), où l'exploitation s'en fait en partie par galeries, elle est liée à celle des sables et des calcaires imprégnés de bitume qui servent à la fabrication du mastic bitumineux.

L'exploitation du lignite n'a acquis un grand développement que dans les départements riverains de la Méditerranée. Bien que 14 départements prennent part à cette industrie, celui des Bouches-du-Rhône fournit à lui seul les $\frac{[illegible]}{5}$ de la production annuelle. L'exploitation y est opérée dans 17 mines à l'aide de puits inclinés; les couches ont ensemble une épaisseur de 5m.70. Plusieurs mines présentent un développement assez remarquable de travaux, notamment celles de la *Grande concession* qui sont asséchées par une galerie d'écoulement de 1,000 mètres de longueur. Les produits sont consommés à Marseille, à Auriol, à Trets, à Aix, et dans les lieux intermédiaires; ils alimentent les fabriques de soude et de savon, les raffineries de sucre, les fours à chaux et les fours à plâtre. Après le département des Bouches-du-Rhône viennent les autres bassins dans l'ordre que leur assigne le tableau suivant, qui se rapporte à 1838.

Nos.	NOMS DES BASSINS.	DÉPARTEMENTS.	Productions en quint. métr.
1.	Aix.	Bouches-du-Rhône, Var.	462,040
2.	Bouxviller.	Rhin (Bas-)	128,642
3.	Bagnols.	Gard.	105,002
4.	La Tour-du-Pin.	Isère.	88,000
5.	Orange	Vaucluse	65,809
6.	La Caunette	Hérault, Aude	44,373
7.	La Cardière	Var.	25,850
8.	Milhau	Aveyron.	25,660
9.	Méthamis	Vaucluse	16,535
10.	Bourg.	Aisne.	15,200
11.	Manosque	Alpes (Basses-).	12,161
12.	Lobsann.	Rhin (Bas-).	11,094
13.	Banc Rouge.	Ardèche.	10,520
	Totaux. . . .	. . . .	1,010,886

Au 1er janvier 1839, 48 mines de lignite exploitées, avec 40 qui ne l'étaient pas, formaient une surface concédée de 88,656 hectares. Les travaux descendaient jusqu'à 132 mètres sous terre. On y occupait 1,374 ouvriers, et l'on en a vu le produit dans le tableau ci-dessus. Le prix du quintal métrique était de 79 c.

Anthracite. Ce charbon brûle sans flamme et ne donne pas de coke par la carbonisation. Outre l'usage qu'il a en commun avec le lignite, on s'en sert avec économie dans le travail des forges, en le mélangeant avec une certaine quantité de houille. Dans l'Isère, et surtout aux environs de la Mure, les gîtes en ont une grande profondeur, et l'on trouve des couches qui, seules, ont jusqu'à 10 mètres et plus d'épaisseur. L'exploitation de ces couches puissantes est faite par la méthode connue, en terme de mineur, sous le nom de *méthode en travers;* mais les travaux, au lieu d'aller de bas en haut, sont dirigés de haut en bas, disposition qui est commandée par la faible quantité de déblais qui résulte de l'arrachement du combustible. L'anthracite n'est exploité que dans 5 départements et dans un égal nombre de bassins dont voici le rendement pendant l'année 1838 :

Nos.	NOMS DES BASSINS.	DÉPARTEMENTS.	Productions en quint. métr.
1.	Le Maine	Mayenne, Sarthe	408,202
2.	Le Drac.	Isère.	229,500
3.	Briançon.	Alpes (Hautes-).	27,490
4.	Sincey	Côte-d'Or	8,300
5.	Oysans	Isère	1,200
	Totaux. . . .	. . . .	674,692

Les mines d'anthracite actuellement ouvertes sont au nombre de 44, dont 17 non exploitées; elles occupent ensemble une surface concédée de 30,740 hectares. Le maximum de la profondeur des travaux est de 180 mètres. En 1838, 1,216 ouvriers étaient occupés dans l'intérieur ou au dehors de ces mines, et le quintal métrique revenait, prix moyen, à 1 fr. 31 cent.

Tourbe. Ce combustible, trop longtemps négligé, est un bienfait du ciel pour certaines contrées. Son principal emploi est le chauffage domestique; mais il sert aussi sous les chaudières à vapeur, dans les fabriques de sucre indigène, dans les distilleries, les teintureries, les fabriques d'huile, de garance, etc. On en consomme dans quelques localités pour les fours à chaux et à plâtre, pour les poteries et tuileries; enfin la tourbe est employée encore dans diverses élaborations du fer et même au puddlage de la fonte.

« Il existe, dit le Compte-rendu de 1834, des gîtes tourbeux en exploitation dans plus de 40 départements; mais il s'en faut de beaucoup que la plupart de ces exploitations aient reçu tout le développement que comporte l'étendue des dépôts.

« Depuis longtemps, dans plusieurs provinces, l'extraction de la tourbe est devenue une industrie importante. Les marais tourbeux de Donges, près de l'embouchure de la Loire, sont exploités au moins depuis le XIIIe siècle; ceux de la vallée de la Somme, depuis le XVIe; ceux qui bordent les deux rives de l'Essonne et de la Juine (Seine-et-Oise), depuis l'année 1726; ceux du département de l'Oise, depuis 1750; mais la plupart des autres tourbières exploitées en France ne sont mises en valeur que depuis le commencement de ce siècle. Chaque jour on apprécie de plus en plus les avantages de la tourbe, et l'on commence à tirer parti de beaucoup de gîtes précieux que, par préjugé ou par ignorance, on avait négligés jusqu'à présent. »

Aujourd'hui, on extrait des tourbières de France environ 1,350,000 stères de tourbe, ou plus de 4 millions de q. m., ayant une valeur de près de 4 millions de fr.

Le prix moyen du quintal métrique est de 85 cent., et du stère de 3 fr. 15 c.; la proportion du stère au quintal métrique n'est pas encore établie avec certitude : l'administration des mines, qui avait d'abord évalué le stère à 413 kilogr., ne l'estime plus, en 1837, qu'à 371 kilogr. Cette industrie emploie une grande partie de la population des communes riveraines des marais tourbeux, pendant trois ou quatre mois de la belle saison, époque de leur exploitation, à laquelle prennent part alors 35 ou 40,000 individus, hommes et femmes. En 1838, on connaissait 3,752 tourbières, soit communales, soit particulières, dont 705 non exploitées; elles employaient approximativement 40,000 ouvriers, et la quantité de tourbe extraite était, quant au poids, de 4,184,585 q. m., et quant au volume, de 1,346,053 stères. Valeur totale, 3,817,454 fr. Le prix est très variable, suivant les départements : il est très bas dans celui de l'Indre (1 fr. 12 c. le stère), et dans celui des Landes (1 fr. 25 c.), où l'extraction est faible; et très bas encore (1 fr. 36 c.) dans le Doubs, où l'extraction est beaucoup plus forte; en revanche, il est élevé (4 fr. 54 c.) dans le Pas-de-Calais où l'extraction est très forte, et plus élevé encore (6 fr. 98 c.) dans la Seine-Inférieure où elle est très peu considérable. Dans la Somme, où l'extraction est la plus riche (en 1839, 1,004,770 q. m.) le prix (3 fr. 03 c.) reste au-dessous de la moyenne. Après la Somme venait la Loire-Inférieure (717,117 q. m.), puis le Pas-de-Calais (650,212 q. m.). Les départements de l'Oise (411,400 q. m.), de Seine-et-Oise, de l'Aisne et du Nord, rangés ici, suivant l'ordre d'importance de leurs produits, n'offrent déjà plus des quantités aussi considérables.

3. **BITUMES MINÉRAUX.** On les tire de six départements qui sont ceux de l'Ain, des Landes, du Puy-de-Dôme, du Bas-Rhin, du Haut-Rhin, de Saône-et-Loire. En 1839, il y avait 10 mines en exploitation, et 3 non exploitées dont 2 appartiennent au Puy-de-Dôme et dont l'autre est celle du Haut-Rhin (Hirtsbach); sept usines en activité occupaient avec les mines 416 ouvriers. En 1835, on n'employait encore à cette industrie que 182 ouvriers. La surface concédée est de plus de 18,000 hectares, et quelques milliers d'hectares sont attribués provisoirement. On trouve la matière bitumineuse disséminée, en proportion variable, dans les matières terreuses et dans des roches plus ou moins compactes que l'on exploite pour des destinations très différentes. Extraite des matières avec lesquelles elle est mélangée, elle prend les noms de *bitume*, de *graisse noire* et de *pétrole*. La principale destination du bitume bien épuré est le graissage des essieux et des machines; il est préférable pour cet usage à la graisse de voiture ordinaire. Incorporé à certaines matières terreuses convenablement pulvérisées, il forme un excellent mastic que l'on emploie maintenant avec un grand succès, particulièrement pour la couverture des terrasses et des trottoirs des ponts et des rues; pour revêtir l'aire des granges; dans les travaux des places de guerre, pour la construction des casemates et pour enduire les murs des magasins et des corridors; enfin pour le dallage des places

publiques (il a servi, par exemple, pour la place de la Concorde à Paris) et le pavage des rues.

Dans ces derniers temps, les mastics bitumineux ont fixé d'une manière toute particulière l'attention publique et ont donné lieu à une fureur d'agiotage que les mécomptes des victimes ont déjà considérablement refroidie. Jamais peut-être la déception n'avait été poussée plus loin. Cependant l'emploi de ces mastics à des revêtements destinés à empêcher l'infiltration des eaux n'était pas chose nouvelle. Il paraît que dès 1721 on exploitait à cet effet celui du Val Travers qui n'est qu'un prolongement des couches actuellement exploitées à Seyssel (Ain), et que l'on reprend avec activité depuis l'impulsion donnée à cette industrie. Dès lors, on avait signalé l'utilité de ce bitume dans la confection du ciment pour les constructions, pour le revêtement des bassins, pour la construction des greniers à blé, son application à la préservation de l'humidité, etc. Mais outre son imperméabilité, ce bitume, quand on y incorporait des substances qui lui procuraient la résistance convenable, avait encore l'avantage de produire des surfaces planes, moins coûteuses que celles qui se composaient de dalles de lave ou de granite, et plus commodes en même temps et plus propres que le pavé de nos rues. En 1813, M. Eynard signala l'application faite d'un ciment de bitume de Seyssel et de sable pour le platilage d'un pont sur l'Ain. On s'empara de ce procédé; on fit des expériences d'abord à Lyon sur le pont Morand et bientôt à Paris sur le Pont-Royal : elles eurent un succès complet, et, depuis, l'usage du mastic bitumineux s'est répandu dans toute l'Europe.

La matière première se présente sous différentes formes, le plus souvent sous celle de sable bitumineux, quelquefois sous celle d'un calcaire asphaltique ou d'un grès bitumineux, enfin sous celle de bitume amené au jour par des eaux de sources, comme dans le département des Landes. Le mélange de ces matières donne les produits aujourd'hui si recherchés. Et pour le mastic bitumineux, par exemple, on mélangeait au commencement, à Seyssel, le calcaire asphaltique avec un bitume liquide provenant d'un grès bitumineux exploité à Seyssel même ; mais la préparation de ce bitume étant fort dispendieuse, on lui a substitué plus tard du bitume des Landes dont le prix est moins élevé, malgré l'éloignement de la source. Dernièrement enfin, on a transporté la préparation du mastic à Paris, où l'on n'expédie plus que le calcaire asphaltique brut. Dans la mine de Lobsann (Bas-Rhin), qui produit du grès bitumineux et du calcaire asphaltique, le procédé de fabrication du mastic est encore celui qu'on suivait jadis à Seyssel. Celle de Lampertsloch (Bas-Rhin) ne fournit que du sable bitumineux dont on retire du pétrole ou bitume liquide pour le graissage des essieux, des roues hydrauliques ; pour le goudronnage des câbles, etc.

Un autre produit est le *noir minéral* obtenu dans le Puy-de-Dôme par le minéral bitumineux soumis à la torréfaction, et qu'on emploie, soit comme engrais, soit comme matière décolorante, dans les mêmes circonstances que le noir animal.

Il est remarquable qu'en 1836, à une époque où l'engouement pour le bitume commençait déjà, la valeur réelle totale du produit n'était encore que de 224,428 fr., enregistrée de la manière suivante par l'Administration des mines (mais avec addition inexacte corrigée ici) :

Mastic bitumineux. .	6,935	quint. métr., valant	103,444 fr.
Bitume minéral . . .	3,053	—	117,505
Dalles bitumineuses .	50	—	600
Noir minéral. . . .	250	—	2,879
Totaux. . . .	10,288		224,428

En 1839, la valeur totale des produits était de 552,952 fr. Le mastic bitumineux s'était élevé à une quantité de 11,483 quint. métr.; le bitume minéral à 16,130 ; quantités auxquelles on ajoutait 1,530 quint. métr. de roches bitumineuses et autres produits ; extraction très faible et certainement insuffisante, mais à laquelle supplée l'importation qui se fait des exploitations suisses, et qui, en 1839, s'élevaient à 33,221 quint. métr., valant 171,672 fr.

§ 3. PRODUIT DES CARRIÈRES. Nous avons donné plus haut (page 107) le détail des carrières de la France et leur répartition sur les départements. Les Comptes-rendus des ingénieurs des mines entrent à ce sujet dans des détails bien plus grands, où il nous serait impossible de les suivre : ils nous font connaître une masse de produits commerciaux ayant une valeur qui excède celle de presque tous les autres produits minéraux. Les chiffres de tous ces Comptes-rendus, d'ailleurs approximatifs seulement, se rapportent à 1835, année dans laquelle fut fait le premier relevé et le seul qu'on ait entrepris jusqu'à ce jour. En résumé, les carrières exploitées, au nombre de 21,794 (sans compter 1,236 non exploitées), occupaient 75,396 ouvriers, et leurs produits avaient une valeur de 40,348,419 fr. Voici comment cette valeur se composait :

Pierres taillées ou polies pour les arts et pour l'ornement	4,704,772 fr.
Matériaux de construction	19,626,258
Dalles et ardoises	4,405,254
Kaolin et argile fine ou réfractaire	867,264
Argile commune	2,201,743
Pierre à chaux	2,860,230
Pierre à plâtre	4,271,903
Marnes, argiles, sables, engrais.	1,410,995
Total.	40,348,419

1. Dans la rubrique des **PIERRES TAILLÉES OU POLIES POUR LES ARTS ET POUR L'ORNEMENT.** l'Administration des mines réunit le marbre, les pierres lithographiques, à fusil, à polir, à aiguiser, à meules, les meulières, les serpentines, les basaltes, etc., exploités, en 1835, par 4,979 ouvriers dans 645 carrières à ciel ouvert, indépendamment de 120 carrières souterraines qui sont celles d'où l'on tire les pierres à fusil et en partie les pierres lithographiques. Restaient inexploitées 111 carrières du même genre.

On trouve du *marbre* dans la plupart des provinces de France ; mais, bien souvent, le manque de chemins praticables en empêche l'exploitation : aussi le produit qu'on obtient ne figure pas dans ce tableau pour une bien grande valeur. Les carrières de l'Aude, de l'Ariège et quelques autres, renferment du marbre statuaire. On a employé les marbres de la Haute-Garonne dans la construction du palais de Versailles ; ceux des Bouches-du-Rhône sont extraits en blocs considérables; ceux de la Côte-d'Or sont rouges et gris, veinés de blanc. Les marbres produisent une valeur considérable que dans le Pas-de-Calais (857,500 fr.) ; dans les Bouches-du-Rhône (210,000 fr.), et dans le Nord (200,000 fr.). En général, les marbres les plus riches en couleurs se rencontrent dans le midi, et notamment dans le Languedoc, la Provence, le Dauphiné, dans la chaîne des Alpes et dans celle des Pyrénées. On connaît particulièrement ceux de Sarrancolin et de Saint-Béat (Ariège), de Villefranche (Pyrénées-Orientales), et le marbre Campan (Hautes-Pyrénées).

On tire les *pierres lithographiques* des départements de l'Ain et de l'Indre; mais elles ne forment pas un objet important.

Il n'en est pas de même des *meulières* qui rapportent 2,500,000 fr. au seul département de Seine-et-Marne où on les exploite, surtout à la Ferté-sous-Jouarre, dans la forêt de Sénart, à Rubelles et à Nangis, dans 320 carrières. Une meule se compose de plusieurs fragments reliés par un cercle de fer. Les *pierres à meules* ne rapportent pas une aussi forte somme : le département où l'on en exploite le plus est celui de la Marne; mais on recherche surtout les meules de Seine-et-Oise qui se payent de 100 à 150 fr., suivant la grandeur.

On ne tire guère les *pierres à fusil* que des départements de l'Ardèche, de l'Indre, et surtout de Loir-et-Cher dont les 60 carrières souterraines en ont donné, en 1835, pour 57,570 fr. en masse brute ; mais cette valeur est presque doublée par la taille. Un mètre cube de silex peut produire 17,600 pierres de diverses grandeurs, à 2 fr. 50 c. le millier. Ainsi, la quantité extraite en 1835 a pu produire 40 millions de pierres à fusil, représentant une valeur de 100,000 fr.

La *serpentine* se trouve surtout dans le département des Vosges, où elle forme une masse irrégulière au milieu du granite.

2. On a classé comme **MATÉRIAUX DE CONSTRUCTION**, la pierre de taille, les moellons, les pavés et un calcaire qui approche du marbre. Indépendamment de 657 carrières non exploitées, il y en avait 7,759 à ciel ouvert et 1,352 carrières souterraines, occupant ensemble 35,010 ouvriers. Le seul département de l'Ariège ne renfermait pas, en 1835, de carrière en exploitation permanente. Celui de la Seine créait par ses exploitations la valeur la plus forte, 2,354,782 fr., et cependant il occupait moins d'ouvriers (1,452) que la Sarthe (2,010), la Mayenne (1,890) et la Gironde (1,736). Après la Seine, la valeur la plus forte est créée par les mêmes exploitations dans Seine-et-Oise (1,358,939 fr.), dans la Gironde (1,065,880 fr.), dans la Sarthe (764,500 fr.), dans l'Isère (704,147 fr.); et dans le Puy-de-Dôme (701,100 fr.).

3. Les **DALLES ET ARDOISES**, provenant de différentes espèces de schistes et calcaires, occupaient 5,728 ouvriers dans 434 carrières à ciel ouvert et 36 souter-

raines; 65 carrières étaient inexploitées. Seulement 27 départements prenaient part à ces travaux qui créaient, dans celui des Ardennes, une valeur de 1,793,945 fr., et de 1,420,056 fr. dans Maine-et-Loire. Aux environs de Paris, 36 carrières souterraines ont fourni les dalles connues sous le nom de *pierres de liais*.

4. Le **KAOLIN ET LES ARGILES FINE ET RÉFRACTAIRE,** comprenant les *terres à pipe*, *à faïence*, *à porcelaine*, la *craie*, la *marne*, l'*ocre rouge*, etc., occupent 1,646 ouvriers, travaillant dans 153 carrières à ciel ouvert et dans 110 souterraines et produisant une valeur de 867,264 fr. Mais ces données relatives à 33 départements et où figurent pour la plus forte part la Haute-Vienne (où l'on extrait l'excellent kaolin de Saint-Yrieix,) la Seine et l'Ardèche, ne paraissent pas complètes. Il y avait en outre 80 carrières non exploitées. On observe à l'occasion de la craie de Meudon que 833 mètres cubes de blanc d'Espagne représentent 2,500,000 pains de cette marchandise.

5. L'**ARGILE COMMUNE** se trouve dans plus de 50 départements et produit une valeur de 2,201,745 fr. Elle occupait 8,502 ouvriers dans 4,355 carrières, presque toutes à ciel ouvert; 93 autres carrières restaient inexploitées. L'exploitation est surtout productive dans les départements de Seine-et-Marne, de la Somme et du Nord. Celui de la Seine n'y prend aucune part.

6. La **PIERRE A CHAUX,** exploitée dans près de 50 départements, occupait 8,567 ouvriers, dans 2,440 carrières, presque toutes à ciel ouvert, et sans compter 172 carrières inexploitées. La valeur créée était de

2,837,230 fr., et c'est la Somme qui y a pris la plus forte part; puis, après ce département, le Calvados, Maine-et-Loire, la Mayenne et Seine-et-Marne.

7. La **PIERRE A PLATRE**, exploitée seulement dans 38 départements, dont ceux de Saône-et-Loire, de Seine-et-Marne, de la Seine et de Seine-et-Oise donnent les plus forts produits, a eu, en 1835, une valeur de 4,271,903 fr. Elle occupait 4,055 ouvriers, travaillant dans 274 carrières souterraines, et dans 593 à ciel ouvert; il y avait en outre 58 carrières inexploitées.

8. Enfin, sous la rubrique de **MARNES**, **ARGILES**, **SABLES**, **ENGRAIS**, on a réuni encore avec ces différentes substances le *lignite pyriteux* et le *bois fossile*, les *chaux* et les *marnes* employées comme engrais, le *merle*, détritus de coquilles marines qu'on recueille près de Morlaix et de Landerneau (Finistère), et la *tangue*, qui est un sable silicéo-calcaire imprégné de vase servant d'engrais et aussi pour la construction des routes, surtout dans le département de la Manche. Cette substance minérale, si utile et qu'on trouve encore dans le département du Calvados, à l'embouchure de la Vire, est très recherchée. Elle ne paye aucun droit, et n'a par elle-même aucune valeur; mais elle donne lieu à des frais de transport très considérables. Cette rubrique n'embrasse pas au-delà de 16 départements dont l'Aisne et le Loiret sont les plus forts; 2,109 ouvriers, travaillant dans 375 mines à ciel ouvert et 169 souterraines, ont créé, en 1835, une valeur de 1,207,495 fr.

**
*

Tous les travaux des mines et carrières sont placés sous la surveillance du *Corps des mines*, dont nous ferons connaître ailleurs l'organisation. Créé par les arrêts du conseil des 21 mars 1781 et 19 mars 1783, il a subi de graves modifications en vertu de l'arrêté du 13 messidor an II, de la loi du 20 vendémiaire an IV et de celle du 21 avril 1810; différentes ordonnances royales ont en outre ajouté de nouvelles attributions à celles que les lois avaient déjà conférées aux ingénieurs des Mines.

Il existe à Paris une *école des Mines*, fondée en 1783, puis réorganisée en 1794, et définitivement constituée en 1816. Elle reçoit 9 *élèves ingénieurs* sortis avec les premiers numéros de l'École Polytechnique, et un même nombre d'*élèves externes* qui participent à tous les travaux des premiers et reçoivent, à leur sortie de l'école, un diplôme constatant leur degré d'instruction, tel qu'il résulte des examens annuels. La durée des cours d'étude est de deux ans; mais la plupart des élèves passent 3 ans à l'école. Elle possède une collection de minéraux, une collection de modèles et une série de dessins et de plans relatifs à l'exploitation des mines et au traitement des minéraux. En 1834, ces diverses collections contenaient ensemble 102,850 échantillons.

Outre cette école, il faut nommer celle *des mineurs*, fondée à Saint-Étienne (Loire) en 1816, époque où la France venait de perdre les écoles pratiques des mines des départements du Mont-Blanc (Pesey) et de la Sarre (Geislauter). C'est une école pratique dont le but et l'enseignement ont été fixés par une ordonnance du 7 mars 1831 et par le règlement du 28 mars de la même année.

L'instruction, qui est gratuite, est de deux degrés très différents suivant les auditeurs. A la fin de 1834, l'école comptait 31 élèves commissionnés, 6 élèves libres, 83 ouvriers; ce qui fait un total de 120 personnes. Le cours est de deux ans; les élèves commissionnés sont soumis à des examens fréquents et reçoivent, à leur sortie, des brevets de capacité qui sont de 3 degrés différents.

CHAPITRE IV.

DE L'INDUSTRIE PROPREMENT DITE.

On sait quel immense développement a pris cette branche de la richesse nationale depuis la révolution de 1789, par diverses causes, dont l'abolition des maîtrises et jurandes, le système continental[1] et les relations nouvelles créées par la mobilité universelle qui caractérise notre époque, ne sont pas les plus éloignées. Moins fatigante et plus productive que le travail de la terre (cette principale source de notre richesse nationale), l'industrie semble convenir davantage au caractère de la nation à laquelle on a souvent reproché le défaut de persévérance, et dont les travailleurs ont besoin, pour conserver l'ardeur nécessaire, de voir des résultats immédiats et des succès qui ne soient pas réservés seulement aux sueurs d'une main-d'œuvre infatigable. L'in-

(1) Pour les détails que nous sommes obligés de passer ici sous silence, le lecteur peut consulter l'*Encyclopédie des Gens du Monde*, aux articles *Industrie*, *Manufactures*, *Métiers*, *Maîtrises*, *Continental* (système), etc., etc.

dustrie est d'ailleurs intimement liée à l'agriculture : à l'exception du coton, refusé à nos climats, celle-ci fournit à l'autre, il est vrai souvent en quantité insuffisante, la presque totalité des matières premières qu'elle met en œuvre ; et, en revanche, elle-même doit à l'industrie le placement d'une grande partie de ses récoltes excédant les besoins de la consommation sous leur forme primitive.

L'industrie française, itérativement éprouvée par des crises qui ont ébranlé la société jusque dans ses fondements, est en voie de prospérité ; elle a réussi à intéresser toutes les classes à ses produits, et se montre jalouse de joindre au mérite de la bonne fabrication celui du bon marché, qui en rehausse infiniment le prix, et pour elle-même et pour les consommateurs. Cependant la routine, des communications insuffisantes et la cherté du combustible lui opposent encore des obstacles difficiles à surmonter. Elle soutient avec peine la concurrence étrangère, celle des Anglais surtout, favorisée par l'instinct des affaires mercantiles dont ce peuple semble doué, par les capitaux immenses dont il dispose, et par une marine commerciale d'un développement prodigieux. En entretenant, d'une part, l'émulation, cette concurrence devient, de l'autre, une entrave de plus contre laquelle les industriels français luttent avec d'autant moins d'avantage sur les marchés étrangers que la mauvaise qualité des marchandises souvent réservées aux pays lointains et l'intermédiaire de maisons peu habituées à porter dans les transactions avec des peuples moins civilisés peut-être, mais toujours attentifs à leurs intérêts, la même probité rigoureuse [1], ont fait naître en quelques lieux la défiance et gâté le marché. Très peu de produits de l'industrie française sont à l'abri de cette concurrence : sauf la fabrique de soie et celle des articles Paris, on peut dire que, vis-à-vis des Anglais, nous sommes encore dans l'infériorité pour la plupart des autres. Aussi notre industrie, du moins à entendre les producteurs, ne peut-elle se passer encore de protection ; ses vives réclamations et ses cris de détresse ont fait maintenir toutes sortes de prohibitions ou des droits équivalents contre les articles étrangers, dont la libre ou facile importation, suivant les mêmes témoignages, la menacerait de mort. Comme en 1786, on avait fait un essai en 1814 ; les privations insupportables imposées par le système continental, et peut-être aussi une complaisance assez explicable pour les étrangers, sans lesquels la Restauration n'aurait jamais eu lieu, avaient fait ouvrir nos ports : peu de mois après, il fallut fermer de rechef toutes nos issues [2], et une nouvelle réaction nous jeta plus que jamais dans le système prohibitif [3]. Dans ces dernières années, toutefois, ce système a subi d'heureuses modifications, et l'on en a préparé d'autres auxquelles nos producteurs finiront sans doute par se résigner, au grand profit des consommateurs.

(1) Voir au Tableau du commerce p. 291, 293, 311 et 322.

(2) Voir *ibid.*, p. 55.

(3) Voir, en outre, l'Exposé des motifs des projets de lois sur les douanes présentés à la Chambre des députés par M. Thiers, ministre du commerce et des travaux publics, dans la séance du 3 février 1834.

Il est bien difficile d'évaluer avec quelque exactitude la valeur dont la création est due à l'industrie; cependant le comte Chaptal l'a fait pour l'année 1819[1], et ses calculs méritent confiance, bien qu'ils soient encore fort loin, tout le monde le sent bien, de la certitude mathématique. Les chiffres que M. Lewis Goldsmith[2] donne, *d'après des sources officielles* et dont il rapporte les détails à l'année 1828, sont absolument les mêmes que ceux du savant administrateur auquel la statistique est redevable de tant de lumières. Nous les reproduirons ici, mais sans nous rendre garant de leur authenticité: à plusieurs égards au moins, il est certain qu'ils ne se rapportent plus à la période actuelle.

L'industrie française emploie des matériaux indigènes pour.	fr. 416,000,000
Et des matériaux importés pour	186,000,000 [3]
Elle paie en salaires d'ouvriers.	844,000,000
Ses autres frais, comme usage et détérioration des outils et machines, réparations, combustible, éclairage, intérêt des capitaux engagés dans la fabrication, etc., s'élèvent à.	192,000,000
Ce qui forme une dépense totale de.	1,638,000,000
Le produit total de la vente étant évalué à. .	1,820,105,409 [4]
Il reste un bénéfice net de	182,105,400

(1) Voir au Tableau du commerce, p. 27.

(2) *Statistique de la France*, p. 170.

(3) Ce chiffre est fort au-dessous de l'importation spéciale actuelle des matières nécessaires à l'industrie, dont on trouvera l'état spécifié dans le Tableau du commerce, au volume suivant, p. 89. Quant aux sommes, nous les donnerons tout à l'heure pour plusieurs périodes.

(4) Le produit total de l'industrie britannique (sans compter

M. Charles Dupin [1] a évalué, pour 1826, de la manière suivante les produits de l'industrie dans son acception la plus vaste (bâtisses comprises) :

Industrie des particuliers.	fr. 1,972,602,400
Travaux officiels (constructions, etc.). . .	658,601,250
Transport, manipulation et vente en détail des produits agricoles	420,411,710
Bénéfices du trafic sur les produits d'industrie.	280,890,360
Bénéfices de la pêche, du commerce maritime, de la construction des navires . . .	361,977,950
Total.	3,694,483,670
Bénéfice des capitaux	369,448,367
Fruits du travail industriel	3,325,035,303

Il ajoute que le salaire annuel de l'industriel est en moyenne de 540 fr. $\frac{1}{3}$, et celui de la journée, à 260 jours par an, de 2 fr. 06 cent.

Nous pourrions donner ici, d'après diverses autorités plus ou moins sûres, et notamment d'après M. L. Goldsmith [2], un aperçu général des produits des principales branches de l'industrie française, au moins en sommes rondes; mais les tableaux que nous avons sous les yeux se rapportent à des époques trop reculées, et les chiffres

l'Inde et les autres colonies) est évalué à la somme énorme de 3,700 millions de fr., que M. Schnabel (*L'Europe vers* 1840, p. 164) porte même jusqu'à 5,136,875,000 fr.

(1) *Forces product. et commerciales de la France*, t. II, p. 265.

(2) *Loco citato.*

ne sont pas justifiés. Il vaudra mieux, par conséquent, examiner d'abord séparément chaque branche de l'industrie, confronter entre elles les différentes évaluations, et les réunir à la suite de cet examen dans un tableau récapitulatif.

Nous avons posé en fait, au commencement de ce chapitre, que l'industrie française a pris, dans ces derniers temps, un grand accroissement. Vingt-cinq années de paix ont dû amener ce résultat; mais pour ceux qui conserveraient encore des doutes à cet égard nous consignerons ici les données suivantes.

L'importation des matières premières, pour la consommation en France, est aujourd'hui d'une valeur d'environ 500 millions de fr., chiffre dont elle n'avait jamais approché. En 1827, cette importation, au commerce spécial, avait été seulement de 276 millions; pendant la période décennale de 1827 à 1836, elle ne fut encore que de 315 millions en moyenne. En prenant la moyenne de la période quinquennale de 1834 à 1838, on a 402 millions; en avançant cette période d'une année, 1835 à 1839, on trouve près de 421 millions; et, tandis que le chiffre de 1839 n'est encore que de 451 millions environ, celui de 1840 s'élève jusqu'à près de 507 millions[1].

(1) Voir dans le volume suivant, Tableau du commerce, p. 89. — En Angleterre, les importations se sont élevées, de 997,424,500 fr., moyenne des années de 1820 à 1831, jusqu'à 1,531,708,000 fr., chiffre de 1839. Voir au volume suivant, p. 62, et 274.

C'est là une preuve incontestable de progrès[1], une preuve à laquelle nulle autre ne pourrait suppléer, parce qu'elle se rapporte au commerce intérieur, si difficile à apprécier, non moins qu'au commerce extérieur, pour lequel les moyens d'évaluation ne nous manquent pas.

Cette preuve si précieuse n'est cependant pas la seule que nous puissions fournir : plusieurs autres viendront la renforcer.

Ainsi nous avons vu plus haut (p. 136) que la consommation de la houille, qui était seulement de 11 millions de q. m. en 1815, et qui ne dépassa pas 13 millions avant 1820, s'élève depuis 1837 à une quantité au-delà de 40 millions. L'extraction indigène a suivi la même marche progressive : en 1829, elle produisait environ 17 millions et demi de q. m., et en 1839, près de 30 millions. « Et, chose remarquable, ajoute le ministre de l'agriculture et du commerce[2], cet immense progrès de l'exploitation indigène s'est réalisé en présence de la concurrence toujours croissante des houilles étrangères. En somme, la consommation de la houille en France a doublé depuis 10 ans. Nos foyers industriels emploient aujourd'hui 42 millions de q. m. de combustible minéral, dont les trois quarts sont tirés des exploitations françaises. »

De la houille, le ministre passe à notre exploitation

(1) De 1829 à 1839, le progrès a été de 70 p. %.

(2) Dans son exposé des motifs du projet de loi sur les douanes, présenté à la Chambre des Pairs dans la séance du 1er mars 1841.

métallurgique : elle lui donne les mêmes résultats ; et des progrès semblables, dit-il, se sont accomplis dans la généralité de nos productions industrielles. Il ajoute que la culture du mûrier s'est étendu, et que la soie a été l'objet d'améliorations capitales ; puis, que des succès non moins remarquables ont été obtenus par nos deux grandes industries des laines et des cotons.

« La conséquence naturelle de ces progrès faits par tant de productions diverses, dit-il, a été d'amener des adoucissements de prix qui les rendent de jour en jour plus accessibles à la masse des consommateurs. »

Une preuve non moins convaincante du progrès de notre industrie, ce sont les états d'exportation des objets manufacturés en France.

Après avoir été (au commerce spécial) d'une valeur moyenne de 373 millions de fr. pendant la période décennale de 1827 à 1836, elle s'est élevée à 416 millions pendant la période quinquennale de 1834 à 1838, pour arriver même, en 1840, jusqu'à 511 millions[1].

Enfin une dernière preuve peut être tirée de la progression exactement semblable qu'a suivie le développement de notre navigation, ainsi qu'on le fera voir dans le volume suivant (p. 311 et suiv.).

On a vu que sous le rapport des matières premières, dont elle décuple la valeur, la France dépend des pays étrangers ; et cette sujétion-là, elle n'a pas à en rougir. Sous tous les autres rapports, à quelques légères excep-

(1) Voir au Tableau du commerce, p. 137. — En Angleterre, la même exportation est de 750 à 800 millions de fr. ; M. Costaz la porte même à 810,850,000 fr.

tions près, elle se suffit à elle-même par son industrie. En effet, on verra dans le volume suivant[1] que l'importation spéciale (c'est-à-dire destinée à la consommation française) des objets fabriqués n'a été que de 36 millions dans la période décennale; de 48 millions dans la période quinquennale de 1834 à 1838, et d'environ 50 millions en 1840. Les principaux articles de cette importation sont les tissus de lin et de chanvre fabriqués en Angleterre à bien meilleur marché que chez nous; les machines et mécaniques, pour lesquelles cependant nous sommes aujourd'hui beaucoup moins tributaires de l'étranger que nous ne l'étions autrefois; certains tissus de soie; les chapeaux de paille; la mercerie et la bimbeloterie; les instruments aratoires, limes, scies, outils de toute espèce.

La consommation de la France, en produits industriels, est, d'après les évaluations de M. Costaz, de 1,560,102,000 fr.[2]

Toute personne exerçant une industrie en France étant soumise au droit de patente, on peut savoir ainsi au juste le nombre des chefs d'atelier, mais sans distinction bien précise de classes. Ce nombre qui, avant la Révolution, n'était encore que de 659,712 (en y comprenant les marchands)[3], s'était élevé en 1802 à 791,500;

(1) Ibid. p. 116.

(2) *Histoire de l'adm. en France de l'agriculture, des arts utiles, du commerce, des manuf.* etc. t. I., p. 320.

(3) Macarel et Boulatignier, *De la fortune publique en France*, t. III, p. 499.

en 1817, on comptait 847,100 patentés; en 1821, 955,000; en 1829, 1,101,195; en 1832, 1,118,500; en 1837, 1,290,231. « Le nombre des individus assujettis à cette taxe n'était encore, en 1821, que de 955,000, a dit le comte Chabrol dans le *Rapport au Roi sur l'administration des finances*, *année* 1830 (p. 50): il est aujourd'hui de 1,100,000, dont 285,000 appartiennent à une population de 5,085,675 placés dans les villes de 5,000 âmes et au-dessus, et 815,000 font partie d'une population de 26,772,719, comprise dans les communes au-dessous de 5,000 âmes. »

Chaptal avait évalué à 1,747,000 le nombre total des individus activement employés à l'industrie; on estime que ce nombre a depuis augmenté d'un tiers, en sorte qu'il serait maintenant de 2,300,000 individus. M. Costaz parle de 6,352,000 ouvriers employés dans l'industrie manufacturière en France, et de 11,396,858 dans la Grande-Bretagne; mais les femmes et les enfants sont sans doute compris dans ces chiffres élevés. L'emploi des machines a dû modifier depuis les chiffres, quels qu'ils fussent, surtout en ce qui concerne la Grande-Bretagne.

Les départements qui avaient le plus grand nombre de patentés étaient dans l'ordre décroissant les suivants, d'après le recensement de 1829, tel que nous le trouvons dans le Rapport au Roi du comte de Chabrol.

Nos d'ordre.	NOMS DES DÉPARTEMENTS.	Nombre des patentables.	Proportion par mille habit.	Produit des patentes.
1.	Seine.	52,837	52	6,562,145
2.	Nord.	33,447	34	808,422
3.	Seine-Inférieure	29,171	42	1,099,667
4.	Aisne.	25,580	52	347,573
5.	Seine-et-Oise.	24,503	55	531,916
6.	Rhin (Bas-).	23,688	44	358,566
7.	Gironde.	23,499	43	1,038,844
8.	Pas-de-Calais	21,521	33	443,363
9.	Meurthe	20,670	51	278,002
10.	Meuse	20,549	67	247,670
11.	Marne	19,688	60	416,130
12.	Oise.	19,609	50	244,175
13.	Côte-d'Or.	18,960	51	340,847
14.	Eure.	18,721	44	310,726
15.	Somme.	18,641	35	346,577
16.	Rhône	18,042	43	1,030,035
17.	Ardennes.	17,884	63	281,494
18.	Charente-Inférieure.	17,798	61	336,115
19.	Moselle.	17,655	43	238,568
20.	Isère.	16,958	32	299,743
21.	Seine-et-Marne.	16,006	50	239,721
22.	Yonne	15,845	46	253,570
23.	Rhin (Haut-).	15,771	38	304,844
24.	Calvados	15,569	31	317,046
25.	Aube.	15,316	64	204,221
26.	Sarthe	14,562	32	214,523
27.	Maine-et-Loire	13,997	29	215,839
28.	Marne (Haute-)	13,940	56	225,874
29.	Garonne (Haute-).	13,706	33	306,449
30.	Gard.	13,497	38	299,923
31.	Saône-et-Loire.	13,470	26	234,534
32.	Bouches-du-Rhône	13,105	40	715,409
33.	Saône (Haute-).	12,920	39	195,983
34.	Loiret.	12,900	42	296,590
35.	Manche.	12,858	21	185,326
36.	Hérault.	12,758	37	334,028
37.	Vosges	12,462	32	150,098
38.	Indre-et-Loire	12,362	42	202,662
39.	Eure-et-Loir.	12,213	43	185,334
40.	Gers.	11,931	38	133,105
41.	Var	11,721	37	268,326
42.	Loire-Inférieure	11,620	25	441,946
43.	Ille-et-Vilaine	11,310	20	197,021

Nos D'ORDRE.	NOMS DES DÉPARTEMENTS.	Nombre des patentables.	Proportion par mille habit.	Produit des patentes.
44.	Orne.	11,298	26	179,320
45.	Puy-de-Dôme	11,193	19	163,128
46.	Charente	11,045	31	183,657
47.	Tarn.	10,792	32	158,934
48.	Dordogne.	10,581	22	149,894
49.	Lot-et-Garonne.	9,989	29	137,677
50.	Ain.	9,913	28	124,807
51.	Aude.	9,790	36	154,056
52.	Loir-et-Cher.	9,727	42	156,307
53.	Drôme	9,543	33	126,480
54.	Nièvre	9,267	37	162,951
55.	Pyrénées (Basses-).	9,117	22	144,614
56.	Jura.	9,111	29	122,221
57.	Côtes-du-Nord.	9,101	15	141,630
58.	Vaucluse.	8,941	38	187,038
59.	Finistère.	8,913	17	202,376
60.	Vienne.	8,822	32	126,206
61.	Vendée.	8,423	25	108,450
62.	Aveyron.	8,277	23	94,348
63.	Ardèche.	7,832	23	140,310
64.	Morbihan.	7,819	18	136,725
65.	Sèvres (Deux-)	7,776	27	132,914
66.	Cher.	7,430	29	143,867
67.	Loire.	7,426	19	202,029
68.	Doubs.	7,341	28	160,330
69.	Allier.	7,235	15	104,406
70.	Mayenne	7,104	20	114,167
71.	Tarn-et-Garonne.	7,062	29	108,645
72.	Indre.	7,042	29	121,423
73.	Vienne (Haute-)	6,957	25	140,725
74.	Ariége	6,863	27	88,995
75.	Lot.	6,786	24	76,796
76.	Landes.	6,603	24	99,008
77.	Pyrénées (Hautes-).	6,575	29	87,997
78.	Corrèze.	5,642	19	61,888
79.	Cantal	5,590	21	74,018
80.	Pyrénées-Orientales. . . .	5,257	34	80,305
81.	Alpes (Basses-).	4,637	30	51,128
82.	Creuse	4,614	18	53,633
83.	Loire (Haute-).	4,515	15	63,484
84.	Corse.	3,467	18	46,514
85.	Lozère.	3,340	23	39,949
86.	Alpes (Hautes-).	3,174	25	42,433

En prenant la moyenne des cotes pour les divers départements, on peut se faire une idée du degré d'importance que l'industrie a atteint dans chacun d'eux. Dans ce but, MM. Macarel et Boulatignier donnent l'extrait suivant du tableau de 1837, dans lequel les départements sont classés d'après l'ordre d'importance des cotes moyennes de tous les patentables.

En tête sont : Seine, cote moyenne 100 fr. 78 c.; Rhône, 54 fr. 97 c.; Bouches-du-Rhône, 52 fr. 55 c.; Seine-Inférieure, 39 fr. 58 c.; Gironde, 38 fr. 46 c.; Loire-Inférieure, 29 fr. 62 c.; Loire, 25 fr. 71 c.; Nord, 23 fr. 28 c.; Var, 22 fr. 63 c.; Hérault, 22 fr. 11 c.; Gard, 21 fr. 62 c.; Haute-Garonne, 21 fr. 44 c.; Doubs, 20 fr. 95 c.; Somme, 20 fr. 56 c.; Calvados, 20 fr. 50 c.; Finistère, 20 fr. 27 c., Haut-Rhin, 20 fr. 20 c.; Haute-Vienne, 19 fr. 34 c.; Seine-et-Oise, 19 fr. 18 c.; Loiret, 18 fr. 96 c.

A la fin se trouvent : Corrèze, 9 fr. 40 c.; Lot, 9 fr. 43 c.; Creuse, 9 fr. 54 c.; Gers, 9 fr. 55 c.; Lozère, 10 fr. 03 c.; Basses-Alpes, 10 fr. 38 c.; Aveyron, 10 fr. 70 c.; Meuse, 10 fr. 72 c.; Ariège, 11 fr. 02 c.; Corse, 11 fr. 12 c.; Ain, 11 fr. 13 c.; Aube, 11 fr. 57 c.; Hautes-Alpes, 11 fr. 57 c.; Cantal, 11 fr. 58 c.; Hautes-Pyrénées, 11 fr. 61 c.; Vosges, 11 fr. 63 c.; Landes, 11 fr. 65 c.; Meurthe, 11 fr. 83 c.; Jura, 11 fr. 92 c.; Puy-de-Dôme, 11 fr. 94 c.

Pour dix des autres départements, la cote moyenne est de 12 fr. et des centimes; pour onze, de 13 fr. et des centimes; pour cinq, de 14 fr. et des centimes; pour dix, de 15 fr. et des centimes; pour six, de 16 fr. et des centimes ; pour deux, de 17 fr. et des centimes, et pour quatre, de 18 fr. et des centimes.

A la fin de l'année 1834, on comptait parmi les propriétés bâties imposées, 82,946 moulins à vent et à eau ; 4,425 forges et fourneaux ; 38,314 fabriques, manufactures et autres usines [1] ; en tout 125,685 établissements appartenant à l'industrie, sans compter les ateliers de diverses professions d'arts et métiers ; et 42,739, en comptant seulement les établissements relatifs à l'industrie manufacturière. Il y avait, en 1839, 3,257 établissements industriels renfermant des appareils à vapeur, chaudières ou machines. C'étaient 1,011 filatures, 424 sucreries et raffineries de sucre, 123 manufactures de draps, 107 ateliers de machines, 99 teintureries, 85 papeteries, 72 scieries, etc. etc.

Beaucoup d'établissements industriels appartiennent aux trois classes de ceux que la loi a qualifiés de dangereux, insalubres ou incommodes, et qui, par cette raison, ont besoin d'une autorisation spéciale. Ont été autorisés de 1823 à 1835 inclusivement : 1,072 ateliers et établissements de la 1re classe ; 7,245 de la 2e ; 7,471 de la 3e, et en tout 15,786 établissements.

Les départements qui prenaient la plus grande part aux chiffres ci-dessus indiqués étaient, à la fin de 1834, les suivants dans l'ordre décroissant.

Pour les forges et fourneaux : Pas-de-Calais, 917 ; Seine-Inférieure, 244 ; Somme, 219 ; Seine-et-Marne, 180 ; Pyrénées-Orientales, 175 ; Maine-et-Loire, 167 ;

(1) *Statistique* officielle *de la France*, t. I, *Territoire*, *Population*, p. 131, 125 et suiv.

Bouches-du-Rhône, 152; Sarthe, 142. Il n'en existait point dans 9 départements, qui étaient les suivants : Aube, Cantal, Charente-Inférieure, Hérault, Lozère, Puy-de-Dôme, Seine, Seine-et-Oise et Vendée.

Pour les fabriques, manufactures et autres usines : Nord, 2,358; Yonne, 1,705; Seine-Inférieure, 1,467; Seine-et-Oise, 1,451; Var, 1,195; Puy-de-Dôme, 1,035; Pas-de-Calais, 1,025; Isère, 969; Haut-Rhin, 951; Oise, 929; Haute-Marne, 905; Hérault, 861; Rhône, 770; Charente-Inférieure, 757; Voges, 755; Eure, 727; Loire, 714; Drôme, 711; Bas-Rhin, 691; Bouches-du-Rhône, 673; Manche, 622; Marne, 620. Il en existait dans tous les départements; mais la Lozère n'avait qu'un seul de ces sortes d'établissements; puis venait la Corse, avec 27; la Sarthe, avec 51; le Cantal et le Cher, chacun avec 56; la Creuse, avec 57; Ille-et-Vilaine, avec 63; la Loire-Inférieure, avec 76; les Pyrénées-Orientales et Maine-et-Loire, avec 84; Finistère, avec 87; la Corrèze, avec 88, etc., etc.

Il ne s'agit là sans doute que de grands établissements; car nous trouvons ailleurs qu'il existait, le 31 décembre 1835, dans le département du Rhône, par exemple, auquel on ne donne ici que 770 usines, 1,167 établissements industriels en activité.

Un très grand nombre de ces établissements importants sont fondés sur l'*association*, ce puissant levier du mouvement industriel, nécessaire surtout dans un pays où les grands capitalistes sont, relativement, plus rares. De 1815 à 1836 inclusivement, le gouvernement a autorisé 148 sociétés anonymes pour des exploitations de toute nature, ayant leurs siéges sur tous les points du royaume, mais surtout à Paris, à Bordeaux, à Lyon, au Havre, à Nantes, à Strasbourg, à Saint-Étienne[1].

Un autre levier non moins important, et qui tend à restituer à la terre une partie des bras que l'industrie, dans son enfance, lui avait enlevés, c'est la mécanique, ce sont les machines avec leurs divers moteurs, les animaux domestiques, l'eau, et la vapeur, le plus puissant de tous.

En France, la première machine à vapeur a été établie, dès l'année 1749, aux mines de Littry (Calvados), pour l'extraction de la houille. Elle a été remplacée en 1799, et jusqu'en 1816 il n'en a été établi que fort peu. Les Comptes-rendus de l'Administration des mines nous font connaître avec certitude le nombre total actuel des machines et appareils à la vapeur employés soit sur terre, soit à la navigation. Nous n'avons à nous occuper ici que des premiers, et voici ce qui résulte de ces publications.

Il existait, en 1839, dans 75 départements, 5,100 chaudières, dont 4,330 d'origine française. Sur ce nombre, réparti, comme on l'a vu (p. 174), sur 3,257 établissements, 1,789 chaudières fournissaient de la vapeur pour différents usages, et les 3,311 autres donnaient le mouvement à 2,547 (en 1836, seulement à 1,749) machines à vapeur, dont 593 à basse pression et 1,954 à haute pression. Les 2,547 machines à vapeur prises ensemble représentaient la force de 33,779 chevaux, dont 24,347

(1) Voir *Archives statistiques* (officielles), 1837, p. 290.

pour les machines à haute pression et 11,432 pour celles à basse pression. On suppose la force d'un cheval égale à celle qui élèverait un poids de 75 kilogr. à un mètre de hauteur par seconde; mais cette force, considérée comme étant celle d'un cheval, lui est en réalité de beaucoup supérieure [1].

La force de la plus faible de toutes ces machines était de 0.2 chevaux (à basse pression), et la plus puissante

(1) Il faut d'ailleurs faire cette distinction qu'un cheval ordinaire ne travaille qu'environ 8 heures par jour, au lieu qu'un cheval de vapeur est toujours en mouvement. — Dans un cours fait en Angleterre, il a été avancé par M. Webster qu'en 1826 la Grande-Bretagne possédait 15,000 machines à vapeur. Plusieurs de ces machines sont de la force de 600 chevaux. En admettant que, l'une dans l'autre, elles n'aient que celle de 25 chevaux, il reste pour résultat une force totale de 375,000 chevaux. Suivant Watt, un cheval a la force de 5 hommes ½. Ces appareils donnent donc une force à peu près égale à celle qui serait procurée par 2 millions d'individus. A cet immense avantage se joint celui de pouvoir disposer tous les ans de 750,000 acres de terrain qu'il faudrait employer à la production du fourrage nécessaire pour nourrir les chevaux (2 acres pour chacun), de sorte qu'on est fondé à conclure, comme l'ont fait quelques statisticiens, notamment M. Ch. Dupin, que si la Grande-Bretagne ne se servait point de machines à vapeur et qu'elle voulût avoir une quantité de marchandises manufacturées qui fût la même que celle qu'elles contribuent à produire, il faudrait non-seulement le travail de près du dixième de sa population, mais encore l'adoption de procédés de fabrication qui causeraient une dépense de plus de 5 milliards (Costaz, t. II, p. 434). D'après d'autres données (Schubert, *Manuel de Statistique générale*, t. II, p. 435), les machines à vapeur de la Grande-Bretagne auraient déjà représenté, en novembre 1824, 450,000 chevaux ou 3,600,000 hommes.

de 120 chevaux (également à basse pression). Cette dernière se trouve, depuis plusieurs années, aux forges d'Imphy (Nièvre), où elle est employée pour le martelage et le laminage du fer et du cuivre.

Beaucoup de ces machines datent de l'année 1820 ; il en existait 523 avant 1830 ; il en fut établi (les locomotives comprises) 128 dans la seule année 1833 ; 185 en 1834, 245 en 1835, 277 en 1836, 254 en 1837, 241 en 1838 et 548 en 1839, d'une force de 6,877 chevaux, ce qui donne un accroissement de un cinquième sur 1838.

Voici, dans l'ordre décroissant, la liste des départements où l'on employait le plus grand nombre de ces machines en 1839 :

Nord.	500 de	7,014 chevaux.
Seine.	413	4,689
Seine-Inférieure	260	2,537
Loire.	256	6,787
Rhône.	96	801
Haut-Rhin.	86	1,808 [1]
Saône-et-Loire.	86	1,654
Gard	80	1,388
Aisne.	69	816
Pas-de-Calais	52	584
Loire-Inférieure	48	497
Seine-et-Oise.	43	504
Marne	43	343
Somme.	42	375

Voici de quelle manière les machines à vapeur étaient

(1) En septembre 1838, 79 machines à vapeur ayant une force nominale de 1,632 chevaux.

réparties sur les principales industries, à commencer par celle qui en emploie le plus grand nombre :

Filatures.	606 machines	7,331 chevaux.
Exploitation des mines, minières et carrières.	398	9,116
Fabriques et raffineries de sucre.	212	2,419
Fonderies, forges, laminoirs, aciéries.	188	4,764
Ateliers de construction de machines.	111	846
Manufactures de draps. . .	82	795
Minoteries.	73	1,024
Scieries	73	567
Huileries	61	771
Teintureries.	50	425
Manufactures d'indiennes. .	45	443
Apprêtage d'étoffes	41	288
Élévation de l'eau pour divers services	33	514
Fabriques de produits chimiques	9	47

Mais l'industrie ne se sert pas seulement de la vapeur comme force motrice, elle l'a employée en outre, à partir de 1803, au chauffage, à la cuisson, au raffinage du sucre, au décatissage des draps, à la fixation des couleurs sur les étoffes, etc. « Les chaudières, dit le Compte-rendu de 1837 (p. 41), dans lesquelles se développe, sous une pression plus ou moins grande, la vapeur nécessaire à ces divers usages, sont disposées comme celles des machines à vapeur; elles sont aussi divisées en chaudières à basse et à haute pression, et soumises aux mêmes conditions de sûreté. »

Il existait, dans l'année 1839, 1,789 chaudières calorifères, la plupart établies depuis 1820, et 47 seulement avant cette époque ; les unes à basse, les autres à haute pression.

Ces chaudières calorifères à vapeur étaient employées dans diverses industries, dans les proportions suivantes : Fabriques et raffineries de sucre, 605 ; filatures, 486 ; papeteries, 80 ; teintureries, 75 ; décatissage, 53 ; manufactures d'indiennes, 49 ; impression sur étoffes, 45 ; apprêtage d'étoffes, 43 ; bains, 42 ; fabriques de bougies, de chandelles, etc., 25 ; produits chimiques, 20 ; blanchisseries, 16, etc., etc.

Les 15 départements où il en fonctionnait le plus grand nombre, étaient les suivants : Seine, 279 ; Gard, 251 ; Nord, 235 ; Pas-de-Calais, 133 ; Hérault, 84 ; Haut-Rhin, 82 ; Drôme, 81 ; Aisne, 56 ; Rhône, 54 ; Somme, 47 ; Ardèche, 46 ; Isère, 45 ; Seine-et-Oise, 43 ; Seine-Inférieure, 38 ; Vaucluse, 34 ; etc., etc.

En réunissant les chaudières calorifères aux chaudières motrices des machines à vapeur, on trouve, comme nous l'avons dit, 5,100 appareils à vapeur répartis sur 3,257 établissements de 159 espèces différentes, dont 607 renferment des machines seulement ; 2,612 des machines et des chaudières calorifères, 38 seulement des chaudières calorifères. Douze départements, qui ne sont pas tout-à-fait ceux qu'on vient de nommer, possédaient à eux seuls 3,781 chaudières des deux espèces ; et les 74 autres départements ensemble, seulement

1,319. Voici la liste des douze départements, en commençant par celui où fonctionne le plus grand nombre de ces appareils : Nord, 857 ; Seine, 763 ; Loire, 477 ; Gard, 368 ; Seine-Inférieure, 353 ; Haut-Rhin, 202 ; Pas-de-Calais, 186 ; Rhône, 157 ; Aisne, 130 ; Somme, 104 ; Hérault, 96 ; Drôme, 88.

Le combustible employé sous les chaudières à vapeur est devenu ainsi un des grands agents de l'industrie. Sa consommation est énorme ; mais il est difficile d'en donner une évaluation, même approximative.

* * *

Après ce coup d'œil rapide sur l'état général de l'industrie en France et sur les moyens divers dont elle dispose, il faut en étudier séparément les différentes branches. Nous commencerons par l'une des plus importantes d'entre elles, la seule de l'industrie métallurgique qui ajoute d'une manière notable à la richesse du pays.

§ 1. Industrie du fer. Dans le chapitre précédent, nous avons dit tout ce qu'il était essentiel de savoir concernant l'extraction et la première préparation de ce métal. Nous avons vu que, dans l'état où la nature nous l'offre, il était d'une faible valeur ; que tout le minerai extrait en 1836, après avoir reçu la préparation nécessaire, ne valait pas encore plus de 14,359,598 fr. ; mais que l'industrie s'en emparait pour augmenter prodigieusement cette valeur, et que, dans la même année, celle du fer a produit une somme totale de 124,385,616 fr., formant ainsi l'un des principaux éléments de la richesse nationale. Le combustible entrait dans cette somme pour 50,994,208 fr.

La consommation de la fonte, en France, est d'environ 3,500,000 quint. métr., et celle du fer en barres, de 2,300,000 quint. métr., quantité produite, pour les neuf dixièmes au moins, par la France elle-même, dont l'industrie est protégée par des droits fort élevés.

Les quantités actuelles de la production de la *fonte* constituent un progrès marqué comparativement à celles des premières années de la Restauration. En 1818 [1], on n'obtenait encore que 1,140,000 quint. métr. de fonte et 800,000 quint. métr. de fer forgé. En 1828, M. Pasquier, rapporteur de la commission d'enquête sur les fers, évaluait déjà la production annuelle de la fonte en France à 2,200,000 quint. métr. Elle devint encore beaucoup plus forte dans les années suivantes, ainsi qu'on le verra par les chiffres ci-après, qui toutefois constatent en même temps que la progression de l'accroissement s'est un peu ralentie dans les dernières années [2].

(1) En 1787, on ne fabriquait encore qu'environ 1 million de q. m. de fonte, et 273,339 q. m. de fer forgé.

(2) En 1836, les usines belges réunies ont fourni 1,350,000 q. m. de fonte. Proportionnellement à la population, le chiffre belge est supérieur même à celui de l'Angleterre, dont la production, en 1825, était de 6,281,279 q. m., chiffre qui, en 1839, s'est élevé jusqu'à 10,245,163 q. m. En Russie, d'après M. Peltchinsky, la production de la fonte aurait été seulement de 1,902,449 q. m. en 1830.

Années.	1833.	1836.	1839.
	Quint. métr.	Quint. métr.	Quint. métr.
Production de la fonte. .	2,360,998	3,083,630	3,501,718
— du fer forgé.	1,522,651	2,105,805	2,268,397
Valeur créée par l'industrie du fer	Fr. 96,044,293	Fr. 124,385,616	Fr. 127,484,726

Avant d'examiner les éléments dont se composent ces valeurs si considérables, prenons note de quelques observations préliminaires pleines d'intérêt, qui se trouvent consignées dans le Compte-rendu de l'Administration des mines pendant l'année 1837 (p. 6).

« La France occupe aujourd'hui le premier rang parmi toutes les puissances du continent européen, et par conséquent parmi toutes celles du monde, la Grande-Bretagne exceptée, sous le rapport de l'industrie du fer. Cette suprématie subsiste, même lorsque l'on réunit dans un seul groupe tous les États qui composent la Confédération germanique, et il y a de fortes raisons de croire à la durée de cette supériorité. Il faut avouer, cependant, que l'essor de cette industrie n'est pas comparable à celui qu'on a pu remarquer depuis dix ans dans plusieurs groupes de forges de la Grande-Bretagne et de Belgique.

« Jusque vers 1821, la fonte et le fer n'étaient fabriqués dans nos forges, à une seule exception près, qu'au moyen du combustible végétal. Depuis cette époque, l'affinage de la fonte, au moyen de la houille, a pris un développement considérable, au point qu'en 1836 la production des forges à la houille a presque égalé celle des affineries au charbon de bois. Mais malheureusement la fabrication de la fonte au coke, qui doit prendre inévitablement un très grand accroissement, a été entravée jusqu'à présent par une foule de causes au nombre desquelles il faut mettre, au premier rang, les difficultés d'une industrie naissante et le manque de bonnes voies de communication dans les localités appelées à devenir les principaux centres de production. Ces causes, que nous voyons en ce moment cesser pour la plupart, n'ont point permis encore à la production des fourneaux au coke de dépasser le dixième de la production des fourneaux au charbon de bois.

« Il est résulté de cet état de choses que les moyens pour la conversion de la fonte en fer sont devenus illimités, tandis que la production de la fonte a été contenue entre des limites qu'elle n'a pu dépasser, par suite de la fixité des approvisionnements en combustible végétal, etc., etc. »

Aussi les propriétaires de bois gagnent-ils beaucoup plus que les consommateurs à cet état de choses. Le prix des fers, en effet, est en France à un taux qui fait vivement désirer, à défaut de l'abaissement des droits sur l'importation des fontes et des fers étrangers, la création de nouvelles usines, afin qu'une plus grande concurrence intérieure s'établisse dans toutes les transactions commerciales relatives à ce métal. Il en résulterait une baisse de prix qui, ne devant être que progressive, ne pourrait, par cela même, entraver la marche des grandes usines à fer actuellement existantes.

Il faut distinguer quatre classes dans les usines consacrées à la fusion des minerais et à la fabrication du fer et de l'acier de forge. Les trois premières de ces classes sont caractérisées par la fabrication de la fonte et par la conversion de ce produit intermédiaire, soit en fer malléable, soit en acier. Ces diverses opérations sont pratiquées, dans les usines de la première classe, avec l'emploi exclusif du charbon de bois; dans celles de la deuxième, avec l'emploi simultané ou alternatif du charbon de bois et des autres combustibles; et dans celles de la troisième classe, par l'emploi exclusif du combustible minéral. Ce qui caractérise la quatrième classe, c'est que le minerai y est converti directement en fer malléable ou en acier, exclusivement au moyen du charbon de bois.

Les usines appartenant à une même classe ne sont point toutes concentrées dans une seule partie du royaume : ordinairement, au contraire, elles sont disséminées dans diverses provinces éloignées l'une de l'autre, où elles forment une série de groupes distincts par leur situation géographique et différant conséquemment par les conditions si nombreuses et si importantes qui dépendent de la nature des lieux et qui varient avec elle.

Dans les groupes d'usines où l'on emploie exclusivement le charbon de bois, ou encore, comme on le pratique depuis peu, le bois cru ou en partie carbonisé, la fabrication ne peut dépasser une certaine limite, qui est nécessairement fixée par les ressources qu'offrent les forêts voisines. Cette limite peut, au contraire, être reculée indéfiniment par l'emploi du combustible minéral, quand la contrée présente d'ailleurs, en minerai, des ressources suffisantes. La conservation des anciens procédés de fabrication, au moyen du combustible végétal, est donc, en général, l'indice d'une industrie qui n'a guère de disposition à s'accroître.

Cette classe d'usines présente une grande multiplicité de méthodes (comtoise, champenoise, bergamasque, nivernaise, wallonne, etc.), tandis qu'au contraire, celle qui se caractérise par l'emploi exclusif des combustibles minéraux (houille et coke), se distingue par une grande uniformité dans leurs méthodes de fabrication. C'est que toutes les usines de cette classe sont récentes et qu'elles ont naturellement adopté, dès leur fondation, tous les perfectionnements connus à cette époque, soit en France, soit à l'étranger.

Nous ne pouvons décrire ici toutes les opérations dont se compose l'industrie du fer, ni les méthodes suivant lesquelles ce métal s'élabore[1]. Bornons-nous à dire quelques mots de chacune des trois grandes catégories dans lesquelles l'industrie du fer en France peut se diviser depuis l'introduction de la méthode anglaise qui emploie le charbon de terre, presque inconnu encore dans les usines, il y a 25 ans, pour cette élaboration.

1° Usines donnant des produits tout au bois analogues aux fers de Suède qui ne sauraient être remplacés par d'autres qualités pour certains emplois spéciaux. Ce fer est livré au prix de 600 à 450 fr. la tonne, mal-

(1) Pour ces détails, le lecteur peut consulter l'article *Forges* de l'*Encyclopédie des Gens du Monde* et les ouvrages que nous citerons à la fin du présent paragraphe.

gré une augmentation moyenne de 50 p. % sur le prix des bois. On obtient aujourd'hui 1 kilogr. de fonte avec 1 kilogr. de charbon de bois, là où l'on consommait autrefois un kilogr. et demi; cela constitue un progrès bien réel.

2° Usines à produits mixtes, fontes au bois et affinage à la houille suivant les méthodes champenoise et anglaise. Ces produits occupent la plus grande place sur les marchés. Leur prix moyen de 500 fr. la tonne, en 1829, est descendu à 340 fr., en 1841; et, comme en l'absence des nouvelles voies de navigation promises et de l'abaissement des droits sur les canaux toujours attendu[1], presque toutes les usines payent pour leur combustible minéral des frais de transport qui souvent en triplent et sextuplent la valeur, nulle part l'économie du combustible minéral n'a été poussée aussi loin.

3° Usines donnant des produits tout à la houille. Elles fournissent aujourd'hui à plus du quart de la consommation, et là les réductions survenues sur les prix ont surtout été sensibles. En 1829, le chemin de Saint-Étienne a été construit avec des rails payés 540 fr. la tonne, et en 1841 ce même chemin de fer a traité d'une fourniture importante à raison de 365 fr. la tonne, et cela au moment où plus de 40,000 tonnes sont demandées presque à la fois pour les lignes d'Alsace, d'Orléans et de Rouen.

Nous avons vu qu'en 1836, une valeur totale de

(1) Un hectolitre de charbon de Saint-Étienne paye environ 75 c. de droits sur les canaux pour arriver sur la Seine, c'est-à-dire beaucoup plus que sa valeur à la mine.

124,385,616 fr. a été créée dans 868 usines de fer. Arrêtons-nous à cette année pour étudier les différentes opérations et manipulations qui ont concouru à cette création de valeur (voir aussi plus haut, p. 121).

La *fabrication de la fonte* a occupé 6,774 ouvriers, auprès de 444 hauts-fourneaux; 78 autres hauts-fourneaux sont restés inactifs.

Le minerai sur lequel on a opéré était d'une valeur de 11,647,829 fr., et le produit qu'on en a retiré s'est élevé à 60,916,669 fr.; reste, après défalcation, une valeur de 49,268,840 fr.

Le produit s'est composé de la manière suivante :

Fonte brute. . . .	2,663,929 quint. métr.,	valant	48,509,252 fr.
— moulée (1re fusion)	419,701	—	12,407,417
Totaux. . . .	3,083,630[1]		60,916,669

La somme de 49,268,840 fr. comprend la valeur du combustible consommé, dont voici le détail :

(1) La production de la fonte s'éleva en 1839 à 3,502,000 q. m. Pour obtenir 1,000 kilogr. de fonte, il faut de 2,500 à 4,000 kilogr. de minerai lavé, et de 1,100 à 1,600 kilogr. de charbon de terre ou de 3,500 à 5,000 kilogr. de charbon de bois. Le prix moyen de revient de la fonte était, en 1841, de 150 fr. la tonne. C'était une diminution de 20 p. % sur le prix de l'année 1828. Il est en Angleterre de 100 fr. En Belgique, d'après l'enquête industrielle de 1840, le prix moyen n'est que de 121 fr., mais d'après d'autres, de 200 fr. En France, les transports varient de 40 à 75 fr. par tonne; mais les Belges peuvent faire arriver leur fonte pour 20 fr. par tonne sur les marchés de Paris. Nous avons dit que leur production en fonte a été, en 1836, de 1,350,000 q. m.

Charbon de bois. .	3,790,170 quint. métr.,	valant	26,282,624 fr.
Coke	643,458	—	1,494,513
Houille	542,211	—	356,201
Bois.	36,487 stères.		167,645
		Total.	28,300,983

Pour connaître la véritable création de valeur due à la fabrication de la fonte, il faut donc défalquer cette somme de la précédente : il reste alors 20,967,857 fr.

La *fabrication du gros fer* (fer malléable) a occupé 8,678 ouvriers dans les foyers d'affinerie, près des feux de chaufferie, aux foyers de mazéage, près des fours à puddler et à corroyer.

Nous avons dit, p. 121, quelle en était la valeur totale; mais la valeur nouvellement créée était seulement de 37,656,171 fr., avant défalcation de celle du combustible. Cette valeur a été créée par les méthodes suivantes :

Par les affinages catalan et corse. . . .	3,347,716 fr.
— l'affinage comtois.	19,394,189
— l'affinage wallon.	2,318,119
— les affinages nivernais et bergamasque.	461,774
— l'affinage champenois.	5,948,106
— l'affinage anglais.	6,186,267
Total.	37,656,171

Ou, d'après une variante que nous trouvons dans le Compte-rendu, 38,933,932 fr.

Le produit représenté par cette valeur consistait en un

total de 2,105,805 quint. métr. (210,580 tonnes) de fer malléable ou gros fer qui est ensuite forgé[1].

Pour les obtenir, on a employé dans cette fabrication:

Minerai (aff. par la méth. cat. et corse)	311,312	quint. mét., valant	1,104,331 fr.
Fonte brute	2,711,117	—	48,752,610
Ferraille	42,064	—	852,609
		Total.	50,709,550

Outre cette somme, il faut, pour trouver le bénéfice, déduire encore la valeur des combustibles consommés, qui était comme suit :

Charbon de bois.	2,145,256	quint. métr., valant	13,769,462 fr.
Coke.	195,028	—	272,726
Houille.	1,832,519	—	4,396,857
Bois.	478	stères.	1,912
Tourbe	3,035	quint. métr.	6,246
		Total.	18,447,203

(1) Depuis 1834, notre consommation de fer forgé qui restait à peu près stationnaire à 155,000 tonnes, suit une progression toujours croissante. En 1838, elle s'est élevée à 229,000 tonnes; en 1839, à 237,000. La production augmente dans la même mesure : en 1835, elle a dépassé 200,000 tonnes, et elle était arrivée déjà, en 1839, à 231,800 tonnes. L'importation varie de 50 à 65,000 q. m.; celle de l'Angleterre, qui a été de 109,585 q. m. en 1821, a prodigieusement baissé depuis et n'était plus en 1830 que de 3,779 q. m. ; elle était en 1840 de 4,768. — Le fer marchand revenait en France, en 1841, à 343 fr. la tonne, ou à 34 fr. 37 c. les 100 kilogr. C'est sur 1828 une diminution de 28 ½ p. %. En Angleterre, la tonne de fer ne vaut pas plus de 170 fr. ; en Belgique, son prix ne dépasse pas 230 fr. — L'Angleterre a produit en 1830, 689,270 tonnes (de 1,000 kilogr.) de fer, et en 1839, 1,024,516 tonnes. La Prusse, en 1836, seulement 83,000 tonnes.

Ici la véritable création de valeur n'était donc que d'environ 20 millions de fr.

La forgerie française a fait des progrès incontestables dans ces derniers temps : parmi eux, il faut compter l'emploi chaque jour plus répandu de la tourbe sèche, et celui du bois vert et du bois torréfié dans quelques usines; la rénovation d'un grand nombre d'appareils; l'admission de l'air chaud d'après les procédés usités en Écosse; la substitution de la soufflerie à vapeur à celle qui s'opère par les moyens hydrauliques; et surtout l'emploi de la *flamme perdue*, perfectionnement dont on attend les effets les plus avantageux pour la réduction des frais de combustible, et qui consiste à recueillir les gaz qui s'échappent du gueulard, dans des tuyaux où ils sont utilisés.

Viennent ensuite diverses *élaborations du gros fer et de la fonte*, employant au total 8,128 ouvriers aux foyers et fours de chaufferie et aux fours à réverbère. La somme de la production de ces élaborations ne peut être exprimée par le poids total des produits, parce que ces derniers sont de nature très diverse et que plusieurs d'entre eux figurent souvent comme produit et comme matière première dans des élaborations successives. Quelques-unes de ces élaborations se pratiquent dans des usines qui leur sont spécialement consacrées; mais la plupart ne sont que des opérations accessoires, dans de grands établissements affectés principalement à la fabrication du fer. Dans quelques-uns de ces derniers, comme dans les grandes usines du Doubs, du Jura et de la Haute-Saône, on met à profit pour ces élaborations secondaires, à l'aide d'appareils convenablement appropriés, la chaleur perdue dans d'autres fourneaux, et notamment dans les forges d'affinerie au charbon de bois. Quant à la valeur créée par toutes ces élaborations, sans défalcation de la matière première employée, ni du combustible, voici ce que nous apprend le Compte-rendu de 1836 :

Étirage du fer au marteau et au laminoir.	2,081,209 fr.
Fenderies	2,586,954
Tireries	666,978
Tréfileries	2,200,310
Tôleries	3,418,896
Ferblanteries	1,423,122
Traitement des riblons	1,062,408
Moulage de 2e fusion	6,872,274
Total	20,312,151

Le combustible consommé était comme suit :

Charbon de bois	32,625	quint. métr.	valant	200,118 fr.
Bois	47,658	stères.	—	133,849
Fagots	480	cents.		
Houille	663,510	quint. métr.	—	2,087,344
Coke	111,325	—	—	606,485
Tourbe	4,911	stères.	—	11,107
Total				3,038,903

L'*étirage* et la *fenderie* ont pour but la fabrication du fer de petit échantillon. Le premier se fait au martinet et au laminoir, soit au charbon de bois, soit à la houille. Les usines où l'on emploie la houille ont plus d'importance que celles qui sont alimentées par le combustible végétal. Ces dernières, étirant seulement au martinet, sont dans le Jura, les Pyrénées-Orientales, la Moselle, le Bas-Rhin, la Haute-Saône, et surtout dans les Vosges. Les autres, qui réunissent les deux opérations, sont dans les Ardennes, le Doubs, la Loire, la Haute-Marne, la Moselle, la Nièvre, le Bas-Rhin, le Haut-Rhin, Tarn-et-Garonne, etc. Quelquefois on fabrique immédiatement le petit fer à la suite du corroyage des fers obtenus par le puddlage de fontes au coke, et alors on emploie naturellement comme feux de chaufferie les fours qui servent au corroyage proprement dit; mais dans les usines où la fabrication du petit fer est distincte de l'affinage on fait presque toujours usage de petits foyers de chaufferie.

Le fer à fendre est réchauffé dans de petits foyers ou dans des fours à réverbère, au bois, au charbon de bois, à la tourbe, et à la houille partout où l'on emploie les fours. Lorsque le fer en barres est réchauffé, on le soumet à l'action des machines à fendre. Les fenderies au combustible végétal se trouvent dans le Cher, les Côtes-du-Nord, l'Eure, l'Indre, le Jura, la Loire-Inférieure, la Mayenne, l'Orne et la Sarthe; celles au combustible minéral, formant ordinairement des subdivisions aux grandes usines où l'on traite le fer par les procédés anglais, sont dans les Ardennes, la Loire, la Moselle, le Nord, et dans Saône-et-Loire.

En 1836, on employait à ces deux opérations réunies 1,520 ouvriers; en 1834, 1,225 ouvriers. On comptait, outre les nombreux feux de martinet, fours et foyers de chaufferie actifs ou inactifs, 181 machines à fendre actives et 58 inactives.

La *tirerie* n'est autre chose qu'un tréfilage grossier, produisant un gros fil de fer (*fer de tirerie*) qu'on obtient soit à l'aide de laminoirs, soit à l'aide de bancs à tirer. Dans le *tréfilage* proprement dit, dans lequel on obtient les fils de toutes grosseurs, on passe le fer de tirerie à la filière. La première opération se fait à la houille ou au bois, dans les départements du Doubs, de la Haute-Marne, de la Haute-Saône, de l'Oise, de l'Eure, du Jura, du Haut-Rhin et des Vosges. La seconde, à laquelle on n'emploie qu'une très faible quantité de combustible et qui est presque toujours liée à la fabrication du fer de tirerie, se fait surtout au bois et au charbon de bois, comme dans le Doubs, l'Eure, le Jura, la Haute-Marne, l'Oise, l'Orne, le Haut-Rhin, la Haute-Saône et les Vosges ; mais dans les Ardennes et la Côte-d'Or elle se fait à la houille.

Les deux opérations ont occupé, en 1836, 1,763 ouvriers ; en 1834, 1,189 ouvriers. Outre les fours de chaufferie, on employait 12 cylindres étireurs (plus 1 en inactivité) et 18 bancs à tirer (plus 1 en inactivité) ; enfin 902 bobines actives et 142 inactives.

Dans les *tôleries*, le fer en barres est platiné et laminé. Au bois et au charbon de terre, elles ne produisent que de la tôle, comme dans le Jura, la Haute-Saône et les Vosges ; à la houille, elles donnent en outre le fer platiné servant comme tel, et cette industrie est principalement répandue dans l'Aisne, les Ardennes, le Doubs, la Loire, la Moselle, la Nièvre, l'Oise, la Haute-Saône, Saône-et-Loire et les Vosges.

En 1834, les tôleries ont occupé 516 ouvriers, dont 471 à la houille; en 1836, 733.

Les *ferblanteries* n'emploient pas seulement la tôle, mais encore l'étain et le plomb. Il existait à la même époque, dans les départements du Doubs, de la Moselle, de la Nièvre, de l'Oise, de la Haute-Saône et des Vosges, neuf usines de ce genre en activité; et, en outre, deux en chômage, dans le département des Ardennes et celui de la Nièvre. Toutes ces usines marchent à la houille; elles ont employé 257 ouvriers en 1834, et 374 en 1836.

Le *traitement des riblons* produit du fer de riblons, et occupait, en 1836, 366 ouvriers.

Le *moulage de la fonte de* 2e *fusion* en occupait 3,368 et produisait 315,062 q. m. de fonte moulée de 2e fusion valant 15,347,076 fr.

Enfin, *la fabrication et le travail de l'acier* constituent une dernière branche de l'industrie du fer. Concentrée dans un petit nombre de localités, elle occupait, en 1836, 2,149 ouvriers, et créait une valeur de 3 à 4 millions de fr. (voir p. 121), mais des éléments de laquelle nous ne pouvons pas nous rendre raison. Car voici ce qu'on lit dans le Compte-rendu de 1837 : « On ne peut considérer dans ce résumé ni les matières premières ni *les produits;* sinon, une même substance devrait souvent, par suite des élaborations successives qu'elle subit, figurer doublement, et comme produit et comme matière première. » Voici en quoi consistent les matières premières, elles-mêmes déjà transformées en produits, dont on parle ici :

Acier de forge	27,648	quint. métr. valant	2,041,779 fr.
Acier de cémentation.	21,617	—	1,494,405

Les chiffres des trois années suivantes sont supérieurs à celui de 1835. En 1839, on a produit 35,000 quint. métr. d'acier de forge et 31,000 de cémentation.

La fabrication de l'acier que nous avons d'abord à considérer, avant de nous occuper du travail de l'acier (acier ouvré), comprend quatre industries distinctes[1] : 1° la fabrication de l'acier de forge, dans laquelle on emploie diverses espèces de fonte, tantôt seule, tantôt mélangée d'une certaine quantité de riblons, et qui est affinée soit en une seule opération, soit après avoir été préalablement soumise au mazéage; 2° la fabrication de l'acier de cémentation, dans laquelle on traite dans les fours dits *de cémentation* le fer en barres et l'acier naturel; 3° celle de l'acier fondu, où l'acier brut de forge et celui de cémentation, ou aussi quelquefois de la vieille fonte et du fer non aciéreux sont remis en fusion dans des fours; enfin 4° l'affinage, le corroyage et l'étirage de l'acier, où l'on réchauffe l'acier dans des feux de martinets qui lui donnent un dernier apprêt.

On en fabrique ensuite, toujours dans les grandes usines, et sans parler de son emploi dans les arts et métiers ou dans les petits ateliers, des faux et des limes.

Voici de quelle manière ces divers produits sont notés dans le Compte-rendu de 1837 :

(1) Voir *Encyclopédie des Gens du Monde*, article *Fer*, p. 655.

Fabrication de l'acier de forge.	1,054,650 fr.
— de l'acier de cémentation . .	401,707
Corroyage de l'acier.	1,161,987
Fusion de l'acier.	389,799
Grandes fabriques de faux.	733,381
Grandes fabriques de limes	931,660
Total.	4,673,184

Le meilleur acier de forge se fabrique dans le département de l'Isère, au moyen de ces fontes blanches lamelleuses qui ressemblent à celles du pays de Siegen, de la Styrie et de la Carinthie, si éminemment propres à la fabrication de l'acier; on en fabrique encore dans les départements de la Côte-d'Or, de la Moselle, de la Nièvre et des Vosges, et aussi, mais seulement en petite quantité, dans ceux des Ardennes, de la Drôme et de la Haute-Vienne.

Pour l'acier de cémentation, les plus importantes usines sont situées dans l'Ariège, la Haute-Garonne, Indre-et-Loire, la Loire, le Loiret, le Haut-Rhin et le Tarn.

La fabrication de l'acier fondu a lieu dans les départements de la Loire, de Seine-et-Oise et du Tarn.

L'affinage, le corroyage et l'étirage de l'acier se pratiquent surtout dans les départements de l'Ariège, de la Côte-d'Or, de la Haute-Garonne, de la Loire, d'Indre-et-Loire et du Tarn.

Les principales usines pour la fabrication des faux sont situées dans l'Ariège et la Haute-Garonne; mais il y en a en outre dans l'Indre, le Jura, le Puy-de-Dôme, le Bas-Rhin, le Var et la Haute-Vienne. Elles produisaient, en 1833, 273,066 pièces de faux, au prix moyen de 2 fr. 25 c.

Celles pour la fabrication en grand des limes sont réparties dans l'Ariège, la Haute-Garonne, Indre-et-Loire, la Loire, le Loiret, la Haute-Marne, la Moselle, le Bas-Rhin, la Seine et Seine-et-Oise. Le produit, en 1833, a été d'une valeur de 1,719,976 fr.

En résumé, la somme de 124,385,616 fr., valeur créée en 1836 par l'industrie du fer dans son ensemble et en y comprenant toutes ses branches, se décomposait de la manière suivante :

Extraction et préparation des minerais	12,515,795 fr.
Fabrication de la fonte.	49,228,315
Fabrication du gros fer.	37,656,171
Élaborations principales du gros fer et de la fonte	20,312,151
Fabrication et élaborations principales de l'acier.	4,673,184
Total.	124,385,616
En déduisant la valeur du combustible, charbon de bois, bois, coke, houille et tourbe, laquelle a été de.	50,994,208
Il reste une valeur créée de	73,391,408

dont il faut déduire encore la valeur des minerais extraits et transportés.

En 1835, la valeur totale des combustibles consommés dans l'industrie du fer avait formé les 0.391 de la valeur totale créée par cette industrie; en 1836, ce rapport était de 0.410, répartie de la manière suivante sur les différentes branches de l'industrie du fer :

Préparation des minerais	0.004
Fabrication de la fonte	0.575
Fabrication du gros fer	0.489
Élaborations principales du gros fer et de la fonte	0.159
Fabrication et élaborations principales de l'acier	0.249

Les dix départements qui ont pris le plus de part dans cette création de valeur, sont, dans l'ordre décroissant, les suivants : Haute-Marne, Côte-d'Or, Haute-Saône, Ardennes, Nièvre, Moselle, Meuse, Doubs, Cher et Loire. Ils en revendiquent à eux seuls les $\frac{486}{1000}$, c'est-à-dire plus de la moitié.

Voici de quelle manière on évaluait, en 1828, les capitaux engagés dans l'industrie des fers :

379 hauts-fourneaux au bois, à 100,000 fr. le haut-fourneau	37,900,000 fr.
14 hauts-fourneaux au coke, à 175,000 fr. . .	2,450,000
1,125 feux d'affinerie à 40,000 fr. l'un. . . .	45,000,000
130 forges à la catalane, par évaluation. . .	4,500,000
Total.	89,850,000
Capital pour fonds de roulement.	93,000,000
Total.	182,850,000

En 1833, le total des forges ou usines à fer de toute nature était de 1,187, occupant 22,830 ouvriers. Sur ces usines, il existait 3,262 machines hydrauliques, représentant une force de 20,737 chevaux, et 58 machines à vapeur, équivalant à 2,036 chevaux. Il y avait 6,365 feux en activité et 1,497 en non activité[1]. En 1834, il y avait dans 868 usines consacrées à la fusion des minerais et à la fabrication du fer et de l'acier de forge, 393 hauts-fourneaux et 1,295 foyers d'affinerie. Ces nombres augmentèrent successivement; et, en 1839, on compta 569 hauts-fourneaux, et 2,022 forges et foyers d'affinerie. Dès l'année 1836, il existait dans les fonderies, forges et laminoirs, 106 machines à vapeur, au lieu des 58 de 1833.

On assure que l'établissement de *Fourchambault* (Nièvre) est la première usine à fer du continent européen; il peut aujourd'hui fournir 10,000 tonnes de fer forgé, et, l'on sait que la consommation de tout le royaume n'est que de 200,000. Outre le principal établissement, fondé par Louis Boigues, il y a, à Fourchambault, une fonderie produisant par mois 250,000 à 300,000 kilogr. de fontes brutes; c'est la seule fonderie de seconde fusion qui soit montée en France pour une très grande fabrication.

Abainville (Meuse) se distingue par la perfection de ses produits, surtout par ses tuyaux en fer creux étiré; il y a 2 hauts-fourneaux, 6 feux d'affinage, et 2 d'étirage et de corroyage, et l'on y fabrique annuellement 3,000 tonnes. Dans l'établissement, aujourd'hui très

(1) Voir *Encyclopédie des Gens du Monde*, art. *Forges*, p. 281. En 1836, il existait en activité sur le territoire Belge 89 hauts-fourneaux dont 66 au charbon de bois et 23 au coke. On sait qu'un haut-fourneau au coke rend 3 à 5 fois autant qu'un haut-fourneau au charbon de bois.

florissant, du *Creuzot* (Saône-et-Loire), où il y avait, en 1835, 4 hauts-fourneaux, dont un en chômage, et, de plus, en activité, 13 feux d'affinage, et 8 feux pour l'étirage et le corroyage du fer, il y avait 6 machines à vapeur de la force de 258 chevaux; et, dans ce moment, 2,000 ouvriers y trouvent de l'occupation. Les fonderies d'*Alais* (Gard) produisent, par mois, 250,000 kilogr. de moulages qui ne le cèdent ni en qualité ni même en bon marché aux moulages anglais. *Decazeville* (Landes), création récente, pourrait déjà fabriquer annuellement 10 millions de kilogr. de rails. Venaient ensuite les établissements de la Moselle, savoir: *Hayange*, avec 3 hauts-fourneaux en activité, et, de plus, 9 feux d'affinage, 4 d'étirage et de corroyage, et 13 machines hydrauliques de la force de 206 chevaux; *Moyeuvre*, avec 2 hauts-fourneaux, 9 feux d'affinage, 4 d'étirage et de corroyage, tous en activité, et 10 machines hydrauliques de la force de 152 chevaux; *Mutterhausen*, avec 2 hauts-fourneaux, 6 feux d'affinage, et 17 machines hydrauliques de la force de 99 chevaux. Enfin, *Bærenthal*, près de Niederbronn (Bas-Rhin), a 2 hauts-fourneaux, 6 feux d'affinage et 10 machines hydrauliques de la force de 98 chevaux. A *Fourchambault* et à *Imphy* (Nièvre), il n'y avait pas de hauts-fourneaux, mais seulement des marteaux et laminoirs. Dans le premier de ces établissements, on comptait 17 feux d'affinage, 4 d'étirage et de corroyage, et 2 machines à vapeur de la force de 100 chevaux; dans le second, on comptait 10 feux d'affinage, 2 d'étirage et de corroyage, tous en activité, et 8 machines, dont 5 hydrauliques, de la force de 110 chevaux, et 3 à la vapeur, de la force de 158 chevaux. Rive-de-Gier produit d'excellent acier. Il faut citer, en outre, dans la Meuse, l'établissement de *Thuzey;* dans l'Eure, ceux des *Vauxgoins* et de *la Poultière*, et dans la Côte-d'Or, les forges qui entourent Châtillon-sur-Seine, et qui, à ce qu'on assure, produisent annuellement 8 à 9 millions de kilogr. de fonte et 4 ½ à 5 millions de kilogr. de fer. Il y existe 13 hauts-fourneaux, sans compter tous les autres foyers. Les départements où se trouvent les principaux établissements étaient, en 1836, les suivants, avec le nombre qu'ils en contiennent. Celui de la Haute-Marne est en tête : il renferme aujourd'hui plus de 70 hauts-fourneaux, c'est-à-dire environ un huitième de ce que le royaume en possède.

	Hauts-fourneaux en activité.	Inactifs.	Feux pour l'affinage.	F. pour l'étir. et le corroy.	F. pour la fabr. de l'ac.
Haute-Marne. .	62	2	83	25	»
Haute-Saône. .	31	6	50	»	5
Nièvre	23	3	117	6	62
Moselle.	14	1	64	9	4
Dordogne. . . .	27	9	90	2	»
Ardennes. . . .	25	5	68	16	»
Meuse	30	4	61	»	»
Côte-d'Or. . . .	37	2	7	4	»
Ariège	»	»	47	»	»
Cher	16	»	33	»	»

Dans l'industrie du fer et de l'acier, nous compterons la quincaillerie, la coutellerie, l'épinglerie (à cause des aiguilles), la fabrication des armes, etc.

Quincaillerie. On a évalué à 225 millions le produit de cette industrie, mais en faisant entrer dans cette somme la valeur de beaucoup de marchandises en fer, acier, etc. qui figurent déjà dans les rubriques précédentes. Nous en excluons ici la grosse ferraille, la grosse taillanderie, la chaudronnerie, la tôlerie, etc., ainsi que la serrurerie qui se pratique dans des ateliers isolés.

Une de ses principales branches est la fabrication des outils pour menuisiers, ébénistes, charpentiers, etc., qui se fait avec succès dans le Bas-Rhin, dans les établissements de Molsheim et de Saverne. Molsheim fabrique aussi de bonnes limes, ainsi que Pamiers (Ariège), Valentigny et Montbéliard (Doubs), etc. On en trouve aussi des manufactures à Amboise, l'une des plus importantes, à Orléans, à Brévannes (Haute-Marne), à Toulouse, etc.

La *coutellerie*, qui occupe, dit-on, 50,000 ouvriers, a son principal siége à Langres, Nogent, Châtellerault, Moulins, Thiers et Saint-Étienne; Paris y prend part également. Langres et Paris ont surtout la renommée pour la coutellerie fine et pour les instruments de chirurgie. La coutellerie commune se fait à Châtellerault et surtout à Thiers; cette ville donne des fourchettes à 50 cent. la douzaine, des canifs et des ciseaux à 75 cent. la douzaine, des couteaux à 90 cent. la douzaine, des rasoirs de 5 à 10 fr. la douzaine. Les couteaux fermants de Thiers, dits *eustaches*, sont répandus dans toutes les campagnes. On assure que Thiers a plus de 6,000 ouvriers, tant dans la ville que dans les villages environnants. Pendant plus de 3 lieues, le cours de la Durolle présente une suite de cascades formées par les écluses des usines où l'on fabrique des couteaux, des canifs et des rasoirs; on dirait un long escalier sur lequel cette rivière glisse en faisant mouvoir mille machines. La coutellerie française a exporté, en 1835, pour une valeur de 1,527,000 fr.; en 1840, pour 1,308,264 fr.

Les aiguilles à coudre, dont la fabrication française laisse encore beaucoup à désirer, se font à Rugles, à Laigle (Orne), à Amboise et à Paris; la fabrication des épingles est presque entièrement concentrée à Laigle et à Rugles.

Les *armes* se fabriquent ou par l'industrie privée des armuriers ou dans les manufactures royales, parmi lesquelles celles de Charleville, de Tulle, de Maubeugé et de Mutzig, et, pour les armes blanches en particulier, celles de Châtellerault et de Klingenthal (Bas-Rhin) sont très renommées; mais c'est Saint-Étienne qui est le grand centre de la fabrication des armes à feu en France. En 1840, notre pays a exporté pour 170,892 fr. d'armes blanches et pour 423,885 fr. d'armes à feu fabriquées dans son sein[1].

§ 2. L'ÉLABORATION DU CUIVRE, DU ZINC ET DU PLOMB a ajouté au cuivre brut (voir p. 112), en 1836, une valeur de 4,999,524 fr. La valeur totale, y compris la matière première, était comme suit :

Cuivre et zinc ouvrés.	21,136,156 fr.
Cuivre martiné.	2,178,395
Plomb ouvré	3,203,270
Total.	26,517,821

Cette industrie a employé 1,597 ouvriers, dans 119

(1) Voir Héron de Villefosse, *De la richesse minérale*, 1810-19; nouv. éd. composée d'un (de l'ancien) atlas in-fol. de 65 plan-

usines actives et 17 en non-activité. Les usines où on élabore le cuivre séparément, montées sur une petite échelle, se composent en général d'un petit foyer dans lequel on raffine le cuivre brut ou des fragments de vieux cuivre, et de un ou plusieurs martinets, à l'aide desquels on donne diverses formes à ce métal. On y fabrique particulièrement des coupes pour les chaudronneries, des appareils distillatoires, des chaudières pour diverses industries, telles que les fabriques de savon, etc. Souvent ces usines sont groupées, comme dans l'Aveyron, le Tarn, le Cantal et la Manche, dans certains districts qui se livrent exclusivement à cette industrie et à celles qui s'y rattachent immédiatement. En 1833, il existait environ 60 martinets à cuivre élaborant près de 10,000 q. métr. de métal par an, d'une valeur de 3 millions; mais la valeur ajoutée au cuivre brut par les élaborations était seulement d'environ 600,000 fr.

Très différentes de ces usines-là, celles où l'on élabore à la fois le cuivre, le zinc, le laiton et le bronze, sont, pour la plupart, de très vastes établissements, comme, par exemple, celui d'Imphy (Nièvre) dont nous avons parlé à propos du fer; celui de Romilly (Eure) et celui de Béfort (Haut-Rhin). Indépendamment de la Nièvre et de l'Eure, les principales usines de ce genre sont situées dans les départements des Ardennes, de la Haute-Garonne,

ches gravées et d'un nouveau texte descriptif, par M. Lecoq, ingénieur des mines, 1838. — Guenyveau, *De l'état de la fabrication du fer et de l'avenir des forges en France et sur le continent de l'Europe*, etc., Paris, 1838, 1 vol. in-8°. — Walter, *Métallurgie pratique du fer*, Paris, 1840, un vol. in-4°. avec un bel atlas, etc.

de l'Oise, de l'Orne et de la Seine-Inférieure ; leurs produits consistent en cuivre, laiton, zinc laminé, fils de cuivre et de laiton, canons de bronze, etc. ; et la valeur totale de ces produits, y compris celle de la matière première, peut s'élever annuellement à 20 millions de fr.

§ 3. VERRERIES, CRISTALLERIES ET FABRIQUES DE GLACES. Cette industrie, très avancée en France et supérieure à ce qu'elle est en Angleterre[1], si ce n'est pour la fabrication du flint-glass inventé par les Anglais, continue d'être protégée (au moins en ce qui concerne les cristaux et les verres à vitres) par la prohibition qui remonte à la loi du 15 mars 1791, dont elle réclame toujours le maintien. Il est certain que la prohibition a profité à cette industrie. « L'art du verrier, dit le Rapport du jury sur l'exposition de 1839, marche dans toutes les directions vers le beau et le bon. Il améliore sa matière par une application judicieuse des règles de la chimie ; il perfectionne ses moyens de travail par l'adoption de machines puissantes ou par l'invention de procédés et de tours de main ingénieux ; enfin il abaisse tous les jours ses prix, et étend ainsi le cercle de sa consommation au-delà de toute espérance. »

Cette branche d'industrie occupait, en 1836, 10,497 ouvriers, dans 165 usines, réparties sur une cinquantaine de départements ; il y avait en outre 15 usines en chômage. La valeur produite était de 47,474,301 fr. Il y a quelques années, on l'avait estimée seulement à

(1) Voir Porter, *Progrès de la Grande-Bretagne*, p. 311.

29 millions, qui se décomposaient de la manière suivante :

Bouteilles	14,000,000 de fr.	Fabriquées dans	90 fours.
Verre à vitres. .	3,500,000	—	25
Gobleterie, verroterie	6,000,000	—	75
Cristal.	3,500,000	—	8
Glaces.	2,000,000	—	4
Total.	29,000,000		202

Le progrès se remarque aussi dans l'exportation des produits. Ainsi, de 1827 à 1840, l'exportation des grands miroirs s'est élevée de 577,000 fr. à 989,000 ; celle des bouteilles vides a doublé : de 1,140,000 kilogr. elle s'est élevée à 2,197,000 ; celle des cristaux a passé de 233,000 kilogr. à 682,000. Dans l'ensemble, le progrès a été de 43 p. % environ (de 6,532,000 fr. en 1827, à 9,335,000 en 1840) [1]. Voir au vol. suivant, p. 148.

La consommation annuelle des usines françaises en combustible peut être évaluée comme suit : houille, 314,860 q. m.; bois, 225,770 stères et 10,334 fagots.

La fabrication des bouteilles, répandue dans presque toute la France, et qui se fait en 92 fours, a particulièrement lieu à Rive-de-Gier (Loire), à Alais (Gard), à Souvigny (Allier), à Folembray (Aisne), à Auzat (Ariège), à la Gare (Seine), à Sèvres (Seine-et-Oise), à Bordeaux, dans la vallée d'Argonne, en Picardie, en Flandre, etc. Prises en fabrique à Folembray, on vend les bouteilles cham-

(1) L'exportation belge a été, en 1839, de 4,512,000 fr., et l'exportation britannique de 9,280,000. Cette dernière avait été de 13,178,000 en 1827.

penoises 23 fr. le 1er choix, 18 fr. le 2e choix; les bouteilles parisiennes ordinaires, 16 fr. le 1er choix, 14 fr. le 2e choix. La gobleterie a particulièrement son siége dans le département du Nord[1], où un gobelet n° 4, l'article le plus courant, se vend 32 fr. le cent. La Lorraine, la Champagne, la Normandie, les départements qui longent le Rhône, y prennent aussi part.

Le verre à vitre a ses principaux points de fabrication à Rive-de-Gier, Prémontré (Aisne), Choisy (Seine-et-Oise), Monthermé (Ardennes), Miélin (Haute-Saône), etc. Gœtzenbruck (Moselle) fabrique des verres de montres, et en outre un verre qui tient le milieu entre le cristal et le verre commun, et fait concurrence au premier. Le verre à vitre se vend 60 cent. la feuille de 28 pouces sur 18, ce qui équivaut à 3 $\frac{1}{2}$ pieds carrés: c'est donc 17 cent. $\frac{1}{2}$ le pouce carré.

Il y a en France quatre cristalleries : deux grandes, celles de Baccarat (Meurthe) à 3 fours, et de Saint-Louis (Moselle); et deux petites, celles de Choisy-le-Roy (Seine) et de Bercy (*id.*); ensemble avec 7 fours en activité; leurs produits sont réunis en un seul dépôt. La fabrication totale peut s'élever à 2,700,000 fr., dont 1,300,000 se rapportent à Baccarat et 950,000 à Saint-Louis. Total des capitaux employés, 4 millions.

Enfin les deux grandes manufactures de glaces sont celles de Saint-Gobain (Aisne) et de Saint-Quirin (Meurthe); leurs produits étant réunis dans un seul dépôt, elles possèdent un monopole réel. Puis viennent celles de Cirey (Meurthe), de Prémontré et de Vaucelles (Aisne).

(1) *Enquête commerciale de* 1834, t. II, p. 191, et suiv.

De tous les départements, c'est celui de la Meurthe qui donne les produits les plus considérables en ce genre; celui de la Seine vient après, et puis celui de la Moselle; au quatrième rang paraît être le département du Nord.

§ 4. Fabrication de la porcelaine, de la faience et de la poterie en général. L'Angleterre seule surpasse la France dans cette branche d'industrie; depuis quelques années, l'art céramique a fait chez nous de très grands progrès[1]. La matière première, le kaolin, les argiles fines et réfractaires, se trouve en abondance sur notre territoire (voir p. 158); elle est généralement de bonne qualité, et le kaolin de Saint-Yrieix, près de Limoges, est même plus pur qu'aucun autre connu.

La fabrication de la porcelaine et de la faïence comptait, en 1836, 229 usines en activité et occupant 10,052 ouvriers; il y avait en outre 7 usines en chômage. Cette fabrication créait une valeur de 11,517,501 fr., et le total de la valeur créée par la poterie était de 27,418,112 fr.

C'est sur les assiettes qu'il faut se régler pour juger des prix de la fabrication. Relativement à la porcelaine, les prix moyens étaient de 5, 6, et 10 fr. la douzaine; 8 et 9 fr. pour le premier choix, 2 fr. et 2 fr. 50 cent. pour le rebut. Quant à la terre de pipe, la douzaine d'assiettes (de 8 pouces, 8 $\frac{1}{4}$, 8 $\frac{1}{2}$) revenait à 1 fr. 70 c., 1 fr. 75 c., 1 fr. 80 c.

Sur les 11 millions et demi de valeur créée par la poterie fine, près de la moitié revenait à la fabrication de la porcelaine seule. On en produisait, en 1834, pour

(1) *Enquête de* 1834, t. II, p. 21, et suiv.

4 millions à 4 millions ½ de fr. C'est la Haute-Vienne qui fabrique le plus de porcelaine, quoiqu'il n'y ait pas d'établissement très important. Il existe en France une trentaine de manufactures, dont les principales sont celles de Sèvres (Seine-et-Oise), Limoges (Haute-Vienne), Saint-Yrieix (*id.*), Toulouse, Giey-sur-Aujon (Haute-Marne), Conflans, près Paris (Seine), Lurcy-Levy (Allier), Bayeux (Calvados), Bourganeuf (Creuse), Fœcy (Cher), Condom (*id.*), Isle-Adam (Oise), et Chantilly (*id.*). Cette dernière est la plus considérable de toutes; mais la manufacture royale de Sèvres, qui possède cette qualité privilégiée depuis 1760, la surpasse, ainsi que les autres, par l'art du dessin et de la peinture, et par le goût des ornements.

La porcelaine est pour la France un article de commerce important, ainsi qu'on le verra à la page 148 du volume suivant. On y trouvera que l'exportation de 1836 a été de près de 10 millions de fr. Voici les chiffres pour 1840, au commerce spécial : 3,028,551 fr. pour la porcelaine commune, et 2,984,555 fr. pour la porcelaine fine; exportation totale, 6,013,106 fr.

Sous la dénomination de faïence fine, on comprend la porcelaine opaque (en anglais *ironstone*), sorte de porcelaine tendre ou du deuxième degré, avec laquelle on veut au moins la comparer, mais qui est un produit propre à la France; et la terre de pipe, ou cailloutage, dans la fabrication de laquelle nous sommes de beaucoup surpassés par l'Angleterre. Il existait en 1834, indépendamment de quelques petits établissements en Flandre, en Lorraine, en Normandie, 12 fabriques de ces produits, savoir : à Creil (Seine-et-Oise), Montereau (Seine-et-Marne), la plus forte de toutes, Choisy-le-Roi (Seine), Gien (Loiret), Forges-les-Eaux (Seine-Inférieure), Arboras, à 4 lieues de Lyon (Rhône); puis deux petites à Nîmes (Gard) et à Sarreguemines (Moselle); deux du côté de Thionville (*id.*), une à Toulouse et une petite à Bordeaux. Ces 12 fabriques établissent par an pour 5 millions de produits; elles occupaient, en 1834, environ 3,000 ouvriers. Sur ces nombres, Montereau seul établissait des produits pour 700,000 fr. et occupait 350 ouvriers; les produits de Choisy-le-Roi, obtenus avec 300 ouvriers, étaient d'une valeur de 500 à 550,000 fr. La manufacture de Sarreguemines fabrique des terres polies imitant le porphyre, le jaspe, etc., et qui sont peut-être, au dire de ces fabricants, le dernier terme de la poterie. On n'en avait jamais fabriqué de semblables en Angleterre.

La fabrication de grès fin, avec lequel on imite les vases étrusques et d'autres objets de l'antiquité, est encore presque nulle en France ; mais on fait en grès commun des pots, des cruches, des bouteilles, des fontaines, des jarres, etc., et l'on exhausse ces produits grossiers par le luxe des ornements.

Les poteries grossières sont en général d'une mauvaise qualité et ne peuvent être comparées à celles qui se fabriquent dans la Grande-Bretagne et même dans une partie de l'Allemagne. Cette fabrication occupait, en 1836, 10,433 ouvriers dans 2,350 usines en activité, auxquelles il faut en ajouter 21 autres restées inactives. La valeur créée était de 15,900,621 fr. C'est dans l'intérieur du royaume que ces produits sont consommés : on verra à la page 148 du volume suivant que l'exportation est peu de chose ; les états de 1840 ne donnent pas, à cet égard, d'autres résultats que ceux de 1836.

§ 5. TUILERIE, BRIQUETERIE, FABRICATION DE LA CHAUX ET DU PLATRE. Nous avons fait connaître, p. 158, les ressources que les différentes industries réunies dans ce paragraphe trouvent dans notre territoire. Elles occupaient, en 1836, 48,604 ouvriers, dont la seule industrie du plâtre, 4,298. Les usines en activité étaient au nombre de 12,502, auxquelles il faut en ajouter 404 restées inactives. Quant aux produits, voilà comment on en spécifie la valeur :

Fabriques de tuiles, briques, carreaux.	28,111,845 fr.
— de chaux.	23,827,394
— de plâtre.	14,713,796
Totaux.	66,653,035

Les départements où la fabrication de la chaux et du plâtre avaient le plus d'importance étaient ceux de la Seine, de Maine-et-Loire, de Seine-et-Marne et du Calvados.

§ 6. FABRICATION DE PRODUITS CHIMIQUES, c'est-à-dire de divers acides, alcalis, sels et autres substances de ce genre. Il y a quarante ans, cette industrie était dans l'enfance parmi nous, mais elle a pris son essor ; maintenant on prépare parfaitement en France toutes ces diverses substances, et notamment l'ammoniaque, l'alun, le minium, le blanc de plomb, la céruse, etc. Cette industrie produit une valeur assez considérable dans les départements des Bouches-du-Rhône, de la Seine, de la Meurthe, de l'Hérault, de la Seine-Inférieure, du Var et de l'Aisne. On cite principalement les fabriques de Rouen, Deville (Seine-Inférieure), Clichy-la-Garenne (Seine), Bouxwiller (Bas-Rhin), Montpellier, Béziers (Hérault), Strasbourg, Lyon, Lille, Marseille, Pouilly (Nièvre), Dieuze (Meurthe), et plusieurs localités des environs de Paris. En 1836, il y avait 355 usines en activité et 5 en chômage; les premières occupaient 2,216 ouvriers. La valeur créée était de 22,045,732 fr.

Quant à la branche spéciale à laquelle on se livre dans les diverses localités, nous pouvons donner là-dessus quelques rapides indications. A Saint-Gobain (Aisne), se prépare le sel de soude; à Vichy (Allier), le bicarbonate de soude; à Marseille, se font les soudes factices, des savons, le carbonate de soude, l'ocre, l'acide sulfurique, l'acide hydrochlorique, le muriate de chaux, l'acide tartrique; à Honfleur (Calvados), l'acide nitrique et sulfurique, le sulfate de fer; à Dijon, le chlorure de chaux, les acides sulfurique et hydrochlorique, le sulfate de soude, la soude factice; à Saint-Vallier (Drôme), des produits applicables à la teinture; à Pont-Audemer (Eure), les acétates de plomb et les vernis; à Bordeaux, les acétates d'alumine, les sels de plomb, l'acide acétique; à Montpellier, l'alun, les acides sulfurique et nitrique; à Dieuze (Meurthe), la soude, le chlorure de chaux, l'acide sulfurique, la gélatine, le muriate d'étain, le carbonate de soude, l'acide hydrochlorique, la colle de peau; à Loos (Nord), l'acide sulfurique de soude; à Lyon, l'orseille, les acides, le chlorure de chaux, les couleurs pour la teinture; à Strasbourg, l'alun, les acides sulfurique et nitrique, la céruse (chromate de plomb); à Pontoise (Seine-et-Oise), le sulfate de cuivre, l'alun, le minium, l'acide sulfurique, l'acide nitrique, le chromate de potasse; à Rouen, les acides sulfurique et nitrique, le sulfate de fer, le chlorure, la céruse, le minium, l'alun; à Elbeuf, les acides, le sulfate de cuivre, le soufre en canon; à Amiens, les acides, le chlorure de chaux, etc.

§ 7. Industrie du chanvre et du lin. Nous avons évalué plus haut à 175 millions le produit brut (la graine comprise) de 180,000 hectares plantés en chanvre et en lin. Si l'on peut admettre que le filage et le tissage triplent la valeur de ces produits (et cette proportion n'est certainement pas exagérée), on trouve la somme de 525 millions pour représenter l'importance totale de la production linière, somme dont 350 millions reviennent spécialement à l'industrie domestique ou manufacturière, produisant le fil et le convertissant en tissus. Disons cependant que Chaptal[1] n'avait évalué cette industrie qu'à 242,796,012 fr., et voici le calcul qu'il a fait. L'état moyen des récoltes en chanvre donne 30,941,840 fr.; l'importation du chanvre et du fil étranger est de 4,757,163 fr.; total 35,699,003 fr. L'industrie qui s'exerce sur le chanvre donne une valeur triple à ce produit de l'agriculture : il en résulte donc pour le chanvre une valeur de 107,097,009 fr. Les ré-

(1) Dans son excellent livre *De l'Industrie française*, t. II, p. 142.

coltes en lin donnent en moyenne 19,000,000 fr.; l'importation, déduction faite de l'exportation, 1,000,000 environ; total, 20,000,000 fr. La valeur du lin manufacturé est de 75,000,000 fr. Tout le monde, au moins, est d'accord à élever la valeur de l'industrie linière, dans son ensemble, au-dessus de 200 millions de fr.; elle occupe, assure-t-on, 600,000 ouvriers.

D'après Herbin (t. II, p. 86-104), elle n'était, avant la Révolution, que de 130 millions environ : ainsi, elle serait à peu près doublée aujourd'hui, et elle est appelée à prendre par la suite une bien plus grande importance encore.

Nous parlerons, dans le volume suivant, de l'importation (p. 102 et 118), et de l'exportation (p. 144) des matières linières, fils et tissus; bornons-nous à dire ici qu'on importe maintenant pour environ 5 millions de chanvre non filé, et que, d'un autre côté, on exporte du lin teillé et des étoupes de lin, produits du pays, pour une valeur de 1,200,000 fr. à un million et demi.

L'industrie du chanvre et du lin date, en grande partie, du ministère de Colbert; longtemps ses procédés, appropriés au manque de ressources matérielles et intellectuelles chez les populations des campagnes qui s'en occupaient, restèrent extrêmement simples et sans progrès bien sensibles. Aussi tirait-on de l'étranger, d'Allemagne, de Russie, une grande quantité de toile pour suffire aux besoins du pays. Tandis qu'il existait, depuis la fin du siècle dernier, dans le nord de l'Angleterre et en Écosse, des moulins à filer le lin, et que, dès 1814, les tisseurs anglais avaient établi de véritables filatures, en France, on continuait à filer à la main. C'était un avantage pour les campagnes, car les loisirs que laissent les travaux des champs et les longues veillées d'hiver étaient ainsi utilisées; le patient travail des chaumières trouvait sa récompense. D'un autre côté, la production était constamment bien au-dessous de la consommation, et une grande quantité de toiles était importée de la Belgique; d'ailleurs, les tissus de toile, restant à un prix trop élevé, faisaient place peu à peu dans l'usage (pour le linge de table aussi bien que pour le linge de corps) aux tissus de coton, beaucoup moins chers. Enfin, le filage mécanique fut introduit en 1826. En même temps, l'Angleterre jetait en France d'énormes quantités de fil de lin, produit de ses machines; au lieu de 161 kilogr. de fil qu'elle a importés en 1825, elle nous en envoya, en 1839, 6,167,731 kilogr.[1]; et, dans le premier mois seulement de l'année 1842, 1,143,492 kilogr., dont 1,136,000 ont été mis immédiatement en consommation. Ainsi, la Grande-Bretagne[2] entre pour les $\frac{8}{9}$ dans l'importation totale de cette marchandise, importation qui s'élevait, dans l'année 1825, à 983,000 kilogr. et qui dépassa 7 millions de kilogr. en 1839. Et cet accroissement, prodigieux dans les fils, se fait encore sentir dans l'importation des tissus de lin. Aussi l'agriculture française a-t-elle poussé un cri de détresse. Dans les environs de Roanne seulement, 25,300 fileuses produisaient en-

(1) Voir au volume suivant, p. 102.

(2) On assure qu'elle exporte des fils ou tissus de lin pour 50 millions de fr. Les manufactures, dans ce genre, établies surtout en Irlande et en Écosse, occupent 300,000 ouvriers,

core, en 1835, 632,500 kilogr. de fil ; en 1837, il n'y avait plus que 5,000 fileuses produisant 180,600 kilogr. Et indépendamment de ce que le travail des chaumières pendant la morte saison du cultivateur perdait son débouché, le lin même qu'il produit restait sans placement.

Ce dernier mal, la législation en trouvera le remède ; mais la cause du filage domestique paraît perdue sans retour, car, s'il cesse d'être ruiné par l'importation du fil étranger, il le sera par le fil fabriqué à la mécanique en France même. Depuis 1826, les mécaniques anglaises furent introduites en France : M. Scrive, filateur à Lille, établit ses ateliers d'après le procédé de M. Marshal, à Leeds ; et, dès 1831, cette ville renfermait 12 filatures de ce genre. A la mêmeépoque, il y en avait 37 dans toute la France. Les mécaniques anglaises furent même bientôt remplacées par des mécaniques françaises fabriquées, à Paris, par M. Decoster et autres ; ce dernier mécanicien livre régulièrement à l'industrie française 1,800 à 2,000 broches par mois.

Cependant cette fabrication eut peine à soutenir la concurrence britannique : les 37 filatures mécaniques de la France sont aujourd'hui réduites à moins de 15 ou 16, et, au lieu de 12 ateliers, il n'en existe plus que 8 à Lille. Outre ces dernières, les établissements qui sont encore aujourd'hui en activité se trouvent à Dunkerque, à Essonne (Seine-et-Oise), à Pont-Remy (Somme), à Bel-air (Seine-et-Oise), au Blanc (Indre), à Vernon (Eure), et à Alençon (Orne). Ensemble, ils ont 14,880 broches pouvant filer annuellement, en moyenne, 45 kilogr. ; ce qui ne donne encore au total que 669,000 kilogr. de fil. Les capitaux qui y sont engagés peuvent être estimés à 20 millions de fr. Le plus bel établissement est celui de M. Liénard, à Pont-Remy, dont les machines sont toutes de construction française, et qui fait tourner 4,380 broches. Celui du Blanc a 3,440 broches.

Cependant le fil étant devenu bon marché en France aussi, l'importation des toiles diminue[1].

Cette industrie mérite, par son importance, la protection la plus efficace du gouvernement. Tous les départements de la France y prennent part, mais la Flandre surtout y excelle; elle a fait de grands progrès dans la filature fine et dans le tissage des belles toiles. Lille, comme nous l'avons vu, est le principal centre de la fabrication; son linge de table, celui de Saint-Quentin, d'Armentières, etc., est recherché; on le fait uni et damassé. La Normandie vient après : elle verse annuellement sur Paris 18 à 20,000 pièces de toile, et, depuis environ 15 ans, cette consommation n'a pas varié. Pour cette province, le centre est Lisieux dont les *cretonnes* ont une vieille renommée. Dans le département des Côtes-du-Nord, sur 600,000 habitants, l'industrie des lins, par ses diverses branches, donne du travail et du pain à 200,000 individus. La valeur des toiles fabriquées dans ce département, en 1836, se montait à 19 millions. Dans l'Orne, on trouve 45,000 ouvriers tisseurs et fileurs de lin, sans compter les cultivateurs. Il faut ensuite citer la Sarthe et la Mayenne dont les

(1) Voir au volume suivant, p. 118.

qualités spéciales sont la solidité et le bon marché; les *toiles de Laval*, longtemps renommées, occupaient autrefois, dans la ville et les environs, 25,000 ouvriers. Comme la Mayenne, la Bretagne a vu diminuer son exportation à l'étranger; mais, d'un autre côté, il se consomme maintenant plus de toile de Bretagne dans l'intérieur de la France pour les usages de ménage[1].

Les toiles fines de lin forment ce qu'on appelle les toiles de *mulquinerie* : ce sont la batiste, le linon, la gaze de fil, etc. Les principales fabriques de mulquinerie étaient établies dans les départements de l'Aisne et du Nord. Du temps de Chaptal, celle de Saint-Quentin était la plus considérable; celles de Valenciennes, Cambrai, Douai, Chauni, Guise venaient après. Avant 1790, Saint-Quentin fabriquait jusqu'à 100,000 pièces de toiles fines de 15 à 17 mètres de long sur environ $\frac{3}{4}$ de large.

Encore aujourd'hui, Saint-Quentin, Cambrai, Valenciennes, Solesmes, produisent avec grande perfection les toiles si fines, connues sous les noms de *batiste* et de *linon*. On en exporte annuellement pour l'Angleterre de 70 à 80,000 pièces. La broderie, appliquée à la batiste, a produit des effets nouveaux et charmants : cet art élégant triple la valeur des tissus auxquels on l'applique; il occupe près de 13,000 individus dans les seuls environs de Nancy[1].

Les *dentelles*, moins recherchées que celles de Ma-

(1) *Enquête de* 1834, t. III, p. 503.

(2) Ch. Dupin, *Rapport du Jury central*, sur l'exposition de 1834, t. I, p. 145.

lines et de Bruxelles, sont cependant estimées pour leur solidité et occupent de nombreux ouvriers dans les départements du Nord et de l'Orne. Valenciennes, Lille et Alençon (points d'Alençon), sont les principaux siéges de cette industrie, qui s'exerce encore avec succès dans les villes de Dieppe, de Saint-Lô, d'Avranches. Le Puy en Velai fabrique des dentelles communes et des dentelles noires.

Les *coutils*, tissus croisés de pur fil et coton ou tout coton, se fabriquent dans le département de la Mayenne, où 4,500 tisserands sont occupés de cet article, à Lille, à Roubaix, à Rouen et à Mulhouse. Les coutils pour lits se fabriquent plus particulièrement à Saint-Lô, Verneuil, Condé-sur-Noireau (Calvados), Flers (Orne), la Ferté-Macé (*id.*), soit en pur fil, soit en fil et coton ou tout coton.

§ 8. Industrie du coton. C'est une conquête toute nouvelle, due en grande partie au système continental. En effet, cette industrie, aujourd'hui si brillante, était presque nulle avant la Révolution, et elle avait encore très peu d'importance au commencement de ce siècle. Les premières toiles de coton tissées à Mulhouse, alors république suisse, le furent en 1762 pour le compte de Mathias Risler; c'étaient des tissus communs faits à l'imitation de ceux de Suisse, en coton du Levant filé à la main dans les vallées des Vosges, et l'on y employait des chaînes n° 12 métrique et des trames n° 15. Les tisserands, disséminés dans les villages d'alentour, étaient des pères de famille travaillant chez eux avec leurs enfants sur un métier unique, et l'on ne connaissait pas encore les grands ateliers. En France, Amiens fut le berceau de l'industrie du coton : on y établit, en 1775, sur des dessins qu'on s'était procurés en Angleterre, les premières machines à filer le coton, machines mettant en action 18 à 20 broches; et en 1784 un fabricant de cette ville reçut l'autorisation d'établir à l'Épine, près d'Arpajon (Seine-et-Oise), une manufacture privilégiée. Trois ans après, l'importation du coton en laine, qui dépasse maintenant en moyenne (au commerce général) 60 millions de kilogr. [1], n'allait pas encore au-delà de 4,466,000 kilogr.; elle était en 1805, sans compter celle des colonies, de 10,711,665 kilogr., et suivit depuis une marche presque constamment ascendante, et de beaucoup accélérée à partir de l'année 1820, où elle s'élevait déjà à 20,205,314 kilogr., valant 36,825,157 fr. Cette importation avait dépassé 35 millions de kilogr. en 1835, et voici les chiffres des années 1839 et 1840, seulement pour le commerce spécial, c'est-à-dire pour la consommation française :

(1) Nous verrons dans le volume suivant, p. 91, qu'en Angleterre elle est de 150 millions de kilogr. D'après Schnabel (*L'Europe en* 1840, p. 163), la consommation de la Grande-Bretagne serait dans la proportion de 17, celle de la France étant 2, celle de l'Autriche 1.05, et celle de l'association douanière allemande 1. Au reste, en Angleterre même il y a eu une diminution dans ces dernières années; mais elle s'explique en partie par la fabrication des mousselines de laine. Sur le coton et les matières qu'il sert à fabriquer, on peut voir aussi, dans le vol. suivant, p. 131, 119, 142 et 157. Le coton s'expédie en ballots dont le poids moyen est de 150 kilogr. Longtemps la part de la France était estimée à 300,000 ballots: elle est bien supérieure aujourd'hui. On fixe à 1,500,000 balles la part de l'Angleterre.

Années.	Quantité de cotons importés.	Valeur en masse.
1839.	40,534,278 kilogr.	71,204,784 fr.
1840.	52,941,581	94,005,975

A ces chiffres, il faudrait d'ailleurs ajouter une quantité considérable de fils retors, de qualité supérieure, que la fraude introduit systématiquement chaque année. Avant l'ordonnance du 8 juillet 1834, qui a permis l'entrée libre des fils de coton au-dessus du n° 143 métrique, moyennant un droit de 7 à 8 fr. par kilogr., on n'évaluait pas à moins de 5 millions de kilogr. l'introduction illicite de ce produit. La fraude continue à s'exercer sur cet article.

La livre de coton brut vaut en général 1 fr. 75 cent., terme moyen ; mais, à son arrivée dans les ports de mer, elle ne revient pas encore si cher. Ce sont les distances et la difficulté des communications qui augmentent ensuite considérablement son prix.

La cherté de la matière première dans les fabriques de l'intérieur du pays, et surtout celle du combustible, sont les principaux obstacles contre lesquels cette industrie a à lutter. Pour ne citer qu'un exemple du second, nous rappellerons que le charbon employé à Gisors, dans la filature de MM. Samson-Davillers, et qu'ils font venir de Mons, coûtait, en 1835, 47 fr. la voie, et par conséquent près de *dix* fois plus cher qu'il ne coûte à Manchester. Le fer, et par conséquent les machines, sont également d'un prix trop élevé.

Prise dans son ensemble, l'industrie cotonnière, protégée par la prohibition, occupe plus de 600,000 personnes. Les anciennes provinces de Normandie, de Picardie et d'Alsace en sont le principal siége. Son produit, avant la Révolution, n'était peut-être pas de 25 millions : aujourd'hui, s'il faut s'en rapporter aux calculs des principaux fabricants[1], un peu suspects toutefois d'exagération, elle s'élève à la somme de 600 millions de fr.[2]. Dans cette somme, les salaires, y compris les frais de transport, entreraient pour 400 millions de fr.; les matières premières, avec le blanchiment et les matières colorantes, pour 110 millions. Les capitaux employés représentent 30 millions; la dépréciation des usines, à 5 p. %, peut être évaluée à 15 millions, et l'entretien de ces mêmes usines à 15 autres millions. En temps ordinaires, les bénéfices des producteurs montent à 30 millions.

Dans les temps de prospérité, ajoutent ces fabricants, la production va au-delà de 600 millions de fr., et l'excédant se partage entre le producteur et l'ouvrier; mais, en revanche, elle reste souvent au-dessous de cette somme.

(1) *Enquête de* 1834, t. III, p. 183.

(2) Cette somme, qui se rapporte à l'introduction, si considérablement dépassée aujourd'hui, de 36 millions de kilogr. de coton brut, est encore reproduite dans le cahier que le ministère de l'agriculture et du commerce a fait imprimer, en 1841, pour la session des conseils généraux de l'agriculture, des manufactures et du commerce. Ces 36 millions, dit-on dans ce cahier (p. 65), représentaient une valeur officielle de 65 millions de fr., laquelle était transformée en 180 millions de fr. de coton fil, et produisait annuellement, tant en fils qu'en tissus, pour une valeur de plus de 500 millions de fr., dont les deux tiers étaient absorbés par les salaires et les frais de transport.

En 1829, la production n'a présenté que 450 millions. Il y a eu réduction de 100 millions de salaires et perte réelle pour le producteur de plus de 20 millions[1].

(1) Les produits des fabriques anglaises sont évalués par M. Baines (*History of cotton manufacture*) à 31,400,000 liv. sterl. (785 millions de fr.), dont plus de la moitié (18,541,926 liv. sterl.) est exportée. M. Mac-Culloch les porte à 860 millions de fr. En effet, l'exportation seulement a été, en 1839, de 620 millions de fr. : savoir, 173 millions en cotons filés et 447 millions en tissus de coton. Le salaire des 724,000 ouvriers est de 330 millions de fr. Il existait dans la Grande-Bretagne, en 1834, 100,000 métiers mécaniques et 250,000 métiers à main. Les fabriques anglaises occupaient :

Au filage et tissage mécanique.	237,000 ouvriers.
Au tissage à la main	250,000
Tulle et broderie	159,000
Bonneterie.	33,000
Impression	45,000
Total.	724,000

En comptant les teinturiers, blanchisseurs, brodeurs de mousseline, plieurs, mesureurs, aides, graveurs, dessinateurs, emballeurs, etc., etc., ce nombre serait considérablement augmenté. M. Baines l'évalue, tout compris, à un million et demi.

En 1832, il existait en Angleterre 11,500,000 broches occupées au filage du coton, produisant annuellement 115,700,000 kilogr. de *filés*. Le capital engagé en machines et ateliers était de 12 millions de livres sterl. ou 300 millions de fr.; et les machines employées à l'industrie du coton seulement représentaient 37,000 forces de chevaux. Elle y occupe pour moitié la navigation; car on importe annuellement 300 millions de livres

On peut diviser en deux groupes les départements dans lesquels l'industrie cotonnière est le plus répandue, le groupe de Normandie et le groupe d'Alsace.

Au groupe de Normandie appartiennent les départements de la Seine-Inférieure, de la Somme, du Pas-de-Calais, de l'Aisne, de l'Eure et de la Manche; mais c'est surtout dans le premier que cette industrie est concentrée.

On évalue le nombre d'ouvriers qu'elle occupe dans tout ce groupe à près de 150,000, et l'on verra par le tableau suivant ce qui en revient au seul département de la Seine-Inférieure.

A la fin de 1833, il y existait, suivant M. Lelong, ancien manufacturier et membre de la Chambre de commerce de Rouen,

280 établissements de filature de coton, faisant mouvoir un million de broches et qui occupaient	21,000 ouvriers.
A reporter. . . .	21,000 ouvriers.

(150 millions de kilogr., comme nous l'avons dit p. 221), de coton destinés à la fabrication et à être après réexportés.

En 1831, les fabriques américaines occupaient 62,159 ouvriers dont 38,927 femmes et 4,691 enfants. Il y avait, en outre, 4,760 tisseurs à la main, et le total du personnel s'élevait à 117,626. Les fabriques comptaient 1,246,503 broches et 33,506 métiers. Elles produisaient 211 millions de mètres d'étoffes et vendaient, en outre, 4,300,000 kilogr. de fil que l'on tisse l'hiver dans les ménages. La consommation de coton était alors de 35 millions de kilogr. La valeur des produits était estimée à 138 millions de fr., dont 55 millions servaient à payer les salaires. (*Voir* Pitkin, *Statistics*, etc., p. 526.)

Report. . . .	21,000 ouvriers.
Les ateliers de construction de machines et l'entretien des machines occupaient. . .	5,000
Le tissage.	65,000
La teinture, grand et petit teint.	5,000
Les fabriques d'indiennes.	9,000
Le travail du boutage et de la fabrication des cardes	2,000
Total	107,000 ouvriers.

Et si l'on veut énumérer, ajoutait M. Lelong, tous les habitants du département qui trouvent leur existence dans l'industrie cotonnière, tels que blanchisseurs, apprêteurs, roussisseurs, couvreurs de rouleaux, canneleurs, brossiers, quincailliers, commissionnaires et fabricants de produits chimiques, mouliniers de substances tinctoriales, fonderies, aciéries, ferblanteries, tanneries, corroyeries, bonneterie, etc., etc., on verra que plus de 150,000 familles, plus de 400,000 individus sont intéressés aux succès comme aux revers de l'industrie cotonnière.

Le groupe d'Alsace, outre le Haut et le Bas-Rhin, embrasse encore la lisière des départements des Vosges, de la Meurthe, de la Haute-Saône et du Doubs. M. Roman de Wesserling[1] en a évalué la part dans la fabrication du coton à environ 80 millions de fr. On y emploie plus de 100,000 ouvriers de tout âge et de tout sexe, sans compter les professions indirectement intéressées à cette industrie, comme les ouvriers occupés à la construction des bâtiments ou à la réparation des

(1) *Enquête de* 1834, t. III, p. 349.

machines, ceux qui effectuent les transports, etc. On peut détailler de la manière suivante le total des ouvriers :

Filature	17 à 18,000
Tissage	70,000
Impression.	12 à 15,000
Blanchisserie	1,000
Total. . .	104,000

Ces données méritent confiance, sans doute ; mais elles se rapportent à un maximum plutôt qu'à une moyenne et peuvent paraître un peu enflées.

1. **FILAGE DU COTON** [1]. Nous venons de voir (p. 220) que jusqu'après le milieu du siècle dernier la plupart des cotons employés dans nos fabriques et manufactures étaient encore filés à la main, au rouet. C'est en 1733 qu'on obtint en Angleterre les premiers fils de coton filés par des moyens mécaniques. En France, cela n'eut lieu que bien plus tard, et l'on assure que la première filature continue (par mécanique) a été établie en 1785, à l'Épine, près d'Arpajon. Depuis, les *mull-jenny* ont remplacé les métiers continus. Aujourd'hui, la filature mécanique est généralement répandue. D'abord les machines étaient importées d'Angleterre, et l'on en tire encore beaucoup de ce pays ; mais on en fabrique aussi de très bonnes en France, et notamment dans les ateliers de M. Pihet, à Paris, qui en a fourni, en 1835, pour 2,526,665 fr. MM. Risler frères et Dixon ont établi à Cernay, en 1818, un vaste établissement pour

(1) Voir l'art. *Filature* de l'*Encyclopédie des Gens du Monde.*

la construction et l'exécution de toutes les pièces dépendant d'une filature. Depuis 1826, on fabrique chez nous les bancs à broche et en fin. Ce fut en 1812 qu'on essaya d'abord de la vapeur comme force motrice; MM. Dollfuss-Mieg établirent les premières filatures ainsi montées.

« En 1816, a dit M. Mimerel [1], un tiers de nos filatures existait déjà; nous produisions alors 12 millions de kilogr. de coton filé. De 1817 à 1825, le second tiers fut créé, et notre production s'éleva à 24 millions de kilogr. De 1826 à 1829, nous avions achevé les établissements que nous possédons aujourd'hui, et notre consommation en coton (dans les filatures) est de 36 millions de kilogr. Mais de 1829 à 1832, nous avons été étreints par la crise la plus violente et la plus longue que nous ayons encore subie. »

Le prix du filage augmentant d'une fois et demie la valeur de la matière première, on peut évaluer le coton filé annuellement produit à 180 millions de fr.

Cette branche de l'industrie cotonnière emploie à elle seule de 80 à 90,000 ouvriers. On les distingue en *fileurs* et en *rattacheurs* : l'emploi de ces derniers consiste à renouer les fils brisés dans le filage. Un fileur a généralement 4 aides de ce genre. La moyenne des salaires est de 1 fr. 50 cent. par individu (homme, femme ou enfant).

Le travail se fait au moyen de 3,500,000 broches [2]

(1) *Enquête de* 1834, t. III, p. 184.

(2) Nous ne savons pourquoi, dans le cahier imprimé pour les conseils généraux (p. 65), on parle seulement de 600,000 broches

réparties sur un millier de filatures. En évaluant avec M. Nic. Kœchlin la broche à 30 fr., on peut estimer à 105 millions de fr. la valeur réduite et actuelle des machines et ateliers.

Les filatures furent introduites en Alsace en 1806, et les principaux établissements y sont à Guebwiller, Mulhouse, Wesserling, Sainte-Marie-aux-Mines. Dans le reste de la France, les principales filatures sont à Saint-Quentin, Rouen, Caen, Amiens, Bar-le-Duc, Lille, Roubaix, Turcoing, Lyon, Paris, Darnetal, Bolbec, Troyes, Gisors, Nonancourt, etc.

En Angleterre, les *mull-jennys* sont de 300 à 400 broches ; en France, elles sont plus généralement de 216 à 400. Chaque force de cheval fait mouvoir 500 broches filant du n° 30 à 40 ; 800 broches filant du n° 80 à 100 ; 1,000 broches filant du 110 et au-dessus. On voit que la quantité de broches que fait mouvoir une force donnée varie en raison de la finesse du fil que l'on veut obtenir. Cette variation est produite par la différence des vitesses.

Il y a des fabriques françaises où un ouvrier conduit 432 broches ; mais généralement il en conduit moins. Dans le Nord, les métiers n'ont que 216 broches ; dans la Seine-Inférieure, la plupart en ont 240. En Angleterre, un ouvrier peut conduire de 800 à 1,000 broches. Un bon fileur français, avec un rattacheur, peut au moins facilement conduire un métier de 400

pour 1834 : à Rouen seul, il y en avait un million en mouvement, ainsi que nous l'avons dit p. 225. Dans la note de la p. 224, nous avons donné le chiffre pour le royaume-uni.

broches, avec lequel il produit 11 à 12 kilogr. en n° 30-35; un mauvais ouvrier en produit $\frac{1}{3}$ de moins. Un bon ouvrier fileur gagne 2 fr. 50 c. à 3 fr. 50 c. par jour, et son rattacheur est payé de 75 à 90 c.

En 1816 et 1817, on ne filait encore sur un métier de 240 broches que 3 kilogr. par jour, en n° 30, tandis qu'aujourd'hui on obtient 8 à 10 kilogr. ou le triple, et en meilleure qualité.

Dans les filatures, on évaluait à 500 broches la force d'un cheval mécanique. La force réunie des moteurs de filatures, dans les trois arrondissements du Haut-Rhin, donnerait ainsi pour résultat, à raison de 1,171 chevaux, environ 600,000 broches de filature (voir p. 234).

La force de tous les moteurs du département est de 3,899 chevaux mécaniques, ou de 8,000 chevaux ordinaires, ce qui équivaut à la force de 50,000 hommes.

Le filage produit des fils dont la finesse est reconnue par le n° qu'on donne à ce fil et qui dépend du nombre d'écheveaux de 10 échevettes (chacune de 100 mètres) qu'il faut pour avoir le poids d'une livre. Ceci est le numérotage métrique introduit le 1er mai 1820. Au lieu de se baser sur l'écheveau de 1,000 mètres, l'ancien numérotage français variait de 625 à 700 aunes [1].

Le n° 100 métrique français correspond au n° 132 ancien système français, et ce n° 132 correspond au n° 120 anglais, à cause de la différence de la livre anglaise avec le demi-kilogramme français. Il y a entre

(1) On peut voir la concordance des deux systèmes dans le *Dict. du Commerce et des Manuf.*, t. II, p. 721, où nous recommandons aussi de lire l'article très substantiel sur le *Coton*.

le système anglais et l'ancien système français une différence de 10 p. % en moins pour le premier.

En l'an VI, le plus haut degré de finesse qu'eût atteint le filage du coton s'arrêtait au n° 110; dès l'an IX, il atteignit le n° 250. Cependant la grande masse des filés, ceux qu'on emploie aux calicots, se fait dans les n°s 30 à 45; puis il se fait encore une assez grande quantité dans les n°s 80 à 150. Aujourd'hui, on ne fait plus rien d'important au-delà de ce numéro.

Quoique en général la filature française laisse à désirer et reste bien au-dessous de la filature anglaise, celle des n°s 40 à 70 en chaîne a fait de grands progrès en France sous le rapport de la qualité qui est, on peut le dire, égale à celle des mêmes numéros en Angleterre : aussi ces n^os ne s'introduisent-ils pas en France par contrebande. Nous avons fait de grands progrès aussi sous le rapport de l'économie, car il a été établi par l'enquête de 1834 que le prix moyen des ventes en coton filé n° $\frac{30}{33}$ qui, en l'an 1819, s'élevait encore à 9 fr. 30 cent. le kilogr., était descendu à 5 fr. 15 cent., ce qui fait un progrès de 45 p. % environ. Il eût incontestablement été plus marqué encore si la filature française avait été aidée par des moyens qui lui manquent, entre autres par le bas prix du combustible et celui des matériaux servant à la fabrication des machines dont elle fait usage. La différence du prix entre la filature anglaise et la filature française est de 10 p. % en faveur de la première [1]. C'est l'Alsace qui peut produire avec le plus d'économie.

(1) Le n° 180, dit M. Porter, p. 282, qui en France se vend 39 ou 40 fr., ne coûte en Angleterre que 18 fr.

C'est aussi en Alsace qu'on file le mieux. M. Nic. Schlumberger y possède à Guebwiller, depuis 1819, une filature de 54,000 broches qui travaillent depuis le nº 80 jusqu'aux numéros les plus élevés. Cet industriel, qui file parfaitement jusqu'au nº 200, est arrivé même jusqu'au nº 300. M. Hartmann de Munster a exposé de ses filés jusqu'au nº 320, numéro qu'il a depuis dépassé. On emploie pour ces filés fins des cotons de Géorgie, longue soie. Cependant aujourd'hui la fabrication de M. Nic. Schlumberger n'est pas considérable dans les nºs au-dessus de 143. On sait que les cotons filés retors du nº 143 et au-dessus sont admis (depuis l'année 1834) en payant un droit d'entrée de 8 fr. par kilogr. La grande masse des filés se fait dans les nºs 30 à 45; une assez grande quantité depuis le nº 80 jusqu'au nº 150; 7 à 8 filatures seulement de ce groupe filent dans les nºs fins de 140 à 150.

C'est dans le groupe de Normandie que la filature a le plus d'importance, et celle du seul département de la Seine-Inférieure, c'est-à-dire de Rouen et de son ressort, dépasse déjà le produit de celle de l'Alsace.

Dans le département de la Seine-Inférieure il y avait, au temps de l'enquête de 1834, 240 filatures grandes et petites, comprenant ensemble 960,000 broches. Elles emploient 13,400,000 kilogr. de coton brut, et filent 248,000 kilogr. par semaine, soit 12,896,000 par an. Les trois quarts de la fabrication sont répartis entre les nºs 28 à 34, et l'autre quart entre 16 et 24. Le prix est, terme moyen, de 4 fr. 60 c. à 4 fr. 80 c. le kilogramme.

Vient ensuite l'arrondissement de Lille où l'on

comptait environ 150 filatures, comprenant ensemble 600,000 broches et employant 82 machines à vapeur qui sont répartis de la manière suivante :

A Lille . . . 28,	ayant la force de	400	chevaux.
A Roubaix. . 36	—	300	
A Turcoing. 18	—	150	
Total.		850	chevaux.

On consomme 5 kilogr. de charbon à l'heure par force de cheval.

A Saint-Quentin et dans son rayon de l'Aisne et de la Somme, il y avait 37 filatures réunissant 210,000 broches, la force de 200 chevaux de vapeur et de 100 chevaux en machines hydrauliques, et filant environ 3 millions de livres pesant, à 4 fr. la livre terme moyen. On voit qu'on y file beaucoup plus fin qu'à Rouen. La plus grande masse de la fabrication est entre le n° 60 et le n° 120 ; ce sont les n^os^ généralement employés dans le tissage des mousselines, des jaconas façonnés et d'autres étoffes légères. Mais on file depuis le n° 40 jusqu'aux n°s 150 et 180.

A Amiens et dans le reste du département de la Somme, il y avait 340 métiers à filer le coton, répartis entre 30 usines qui sont mues par des manéges ou par des machines hydrauliques. Quelques-uns de ces métiers sont à bras de 180 à 216 broches. Les produits, en n^os^ de 25 à 60, sont d'environ 600,000 kilogr., et le nombre des ouvriers employés de 12 à 1,500.

Le groupe d'Alsace comprenait, en 1834, 56 filatures,

dont 40 dans le Haut-Rhin, 4 dans le Bas-Rhin, et 12 dans les départements environnants.

Ces 56 filatures se composaient, a dit M. Roman de Wesserling (près de Thann), au nom de tous ses confrères de l'Alsace[1], de 700,000 broches en activité et de plus de 120,000 en construction. Chaque broche pouvant employer par an, terme moyen, 10 kilogr. de coton en laine, la production de ces broches, en en supposant 800,000 en activité, est de 8 millions de kilogr. de coton filé, pour lesquels il faut employer 9 millions à 9,500,000 kilogr. de coton brut, dont 15,000 balles viennent d'Égypte et 38 à 40,000 d'Amérique. Le coton brut revient, terme moyen, à 3 fr. le kilogr.; lorsqu'il sort de la filature, il vaut, en moyenne, 5 fr. 6 cent. En multipliant par ce prix les 8 millions de kilogr. filés, on a, pour la valeur totale de la production, 45 à 50 millions de fr.

La filature alsacienne occupait 17 à 18,000 ouvriers de tout âge et de tout sexe.

En 1838, on comptait, dans le Haut-Rhin seul, 49 filatures avec 694,506 broches; dans le nombre, 37 établissements avaient 48 machines à vapeur, car c'est dans la filature que se rencontre l'application la plus habituelle de ce moteur. Les machines étaient ensemble de la force réelle de 1,135 chevaux; 13 établissements de filature, exclusivement mus par la vapeur, avaient 19 machines de la force nominale de 471 chevaux, de la force réelle de 469. Ces machines donnaient l'impulsion à 211,800 broches, ce qui fait, par force de cheval, environ 430 broches, y compris les machines pour la pré-

(1) *Enquête de* 1834, t. III, p. 347.

paration du coton, telles que les batteurs, cardes, banc-broches, etc. En France comme en Angleterre (p. 229), on comptait autrefois (ainsi que nous l'avons dit p. 230) environ 500 broches par force de cheval; mais les nouvelles machines de la préparation étant plus difficiles à mouvoir, on ne compte guère que 440 à 460 broches en moyenne; plus pour les numéros fins, moins pour les gros numéros.

Les filatures de coton filent à peu près toute la matière première employée dans nos manufactures; cependant ces dernières en tirent aussi une certaine quantité, aujourd'hui très faible, de la Belgique et de l'Angleterre. C'étaient, en 1840, environ 50,000 kilogr., valant un peu plus de 1,200,000 fr.

A la filature se rattache la *teinture* du coton, qui se pratique dans nos principales villes manufacturières, et particulièrement à Rouen. Dans cette ville et dans les vallées environnantes, on compte 87 établissements, dont 42 exclusivement occupés pour la teinture en grand teint. Ces établissements produisent chaque année 2,496,000 kilogr. de coton teint.

2. **TISSAGE DU COTON.** Nous avons commencé plus haut (p. 220) l'historique de cette industrie. Quoique peu lucrative, a dit M. Nicolas Kœchlin, et n'ayant été exercée durant de longues années que par des ouvriers disséminés, elle se propagea cependant assez rapidement, parce que la vente des étoffes de coton était facile et devenait de jour en jour plus considérable. C'est sans doute à cette facilité de réaliser ses produits qu'il faut attribuer le peu de perfectionne-

ment apporté à cette industrie durant les 40 à 50 premières années de son existence en France. L'invention de la filature mécanique en Angleterre[1], et son introduction dans notre pays vers la fin du dernier siècle, ne manqua pas d'exercer une heureuse influence sur le tissage, qui partagea le bénéfice des avantages et améliorations obtenus successivement par la filature. Plus tard, l'emploi de la navette volante fut généralement adopté. Mais une nouvelle ère est ouverte au tissage et a déjà opéré sa révolution presque complète en Angleterre : le parage et le tissage à la mécanique, également inventés dans ce pays, depuis l'année 1801, furent introduits en France vers 1820. Cependant l'usage des métiers à tisser n'y est pas encore très répandu; ils ne peuvent guère marcher que dans les ateliers considérables, et il faut de grands capitaux pour monter ce genre d'établissement, spécialement consacré à la fabrication du calicot. Pour les articles fins et de fantaisie, le tissage à la main convient mieux, et il est d'un grand avantage dans les campagnes, où l'ouvrier partage son temps entre le métier et les travaux des champs : aussi le tissage mécanique ne nuira-t-il pas beaucoup au tissage à bras. Cependant le premier produit des toiles plus régulières; il permet d'ailleurs de régler à volonté l'épaisseur que doit avoir le tissu. D'abord on n'employa que les mécaniques tirées d'Angleterre; mais plusieurs fabricants français, nommé-

(1) En 1770. Voir l'art. *Arkwright* dans l'*Encyclopédie des Gens du Monde*. La *mull-jenny* fut inventée, en 1779, par Crompton.

ment MM. Josué Heilmann, André Kœchlin, Jourdain, Risler frères et Dixon, inventèrent des métiers à tisser plus simples et d'un prix beaucoup moins élevé.

On a calculé que le nombre des métiers à tisser doit s'élever à au moins 270,000[1] et occuper 385,000 ouvriers, qui reçoivent un salaire dont la moyenne est d'environ 75 centimes par jour[2]. La plupart des métiers sont à la main; dans le Haut-Rhin, sur environ 30,000 de cette nature, il n'y avait, en 1832, que 2,125 métiers mécaniques, appartenant à 17 établissements.

Le tissage du coton, qui a son principal siége en Normandie, en Alsace, à Amiens, à Saint-Quentin, à Troyes, etc., est arrivé maintenant à une assez grande perfection pour qu'on puisse se contenter des produits du pays dans les tissus fins : aussi l'introduction des percales, des jaconas, des madapolams, des *façonnés*, est-elle presque nulle; elle ne peut d'ailleurs avoir lieu que par fraude[3]. Mais ces produits, parfaits surtout dans le Haut-Rhin, laissent cependant à désirer sous le rapport du blanchiment et des apprêts, du ployage, de l'enveloppe, des soins minutieux donnés à la marchandise et qui en facilitent tant la vente.

Les tissus de coton donnent lieu à une exportation très considérable, ainsi qu'on peut le voir dans le volume suivant, p. 142 et 157; l'Espagne en est le principal pays de destination. En comparant entre elles diffé-

(1) Nous avons dit plus haut (p. 224) quel était le nombre des métiers dans la Grande-Bretagne et l'Irlande.

(2) *Enquête de* 1834, t. III, p. 620.

(3) Voir le Tableau du commerce, vol. suivant, p. 119.

rentes années de cette exportation, on se fera une idée de l'immense progrès que cette fabrication a fait chez nous depuis vingt ans. En 1829, l'exportation des tissus de coton, au commerce spécial, n'était encore que de 47,500,000 fr., et, pendant la période décennale de 1827 à 1836, elle ne s'élevait pas, en moyenne, au-dessus de 54 millions de fr. La moyenne de la période quinquennale de 1834 à 1838 était déjà de 65 millions; en avançant cette période d'une année (1835 à 1839), on trouve près de 72 millions de fr. Le chiffre de 1839, 85,800,000, est presque le double de celui de 1829, et il alla, en 1840, jusqu'à 108 millions de fr.[1], représentant 4,340,000 kilogr. Ce progrès dans l'exportation des cotons est remarquable, car personne n'ignore quelles difficultés leur fabrication rencontre dans la concurrence que lui font deux fabrications également nationales, celle des étoffes de laine légère, qui sont un produit nouveau (voir p. 221, la note), et celle des toiles de lin, développée par l'emploi des procédés mécaniques.

Les principaux produits du tissage sont le *calicot*, destiné en majeure partie à l'impression; la *rouennerie* (tissus de couleur: *guingams, siamoises* et autres, coton-

(1) La Grande-Bretagne a exporté en 1830, des tissus de coton pour 382 millions de fr. (valeur déclarée, laquelle se rapproche beaucoup plus de notre valeur officielle que la valeur officielle anglaise), et pour 332 millions en 1831. C'étaient (sans compter la bonneterie) 405 millions de mètres (le *yard* a 0.91) dans la première année, et 383 millions dans la seconde. En 1835, la quantité exportée s'élevait à 438 millions de mètres, et en 1839, à 447 millions de fr. (valeur déclarée), c'est-à-dire le quintuple de notre exportation dans la même année (voir p. 224, note).

nades de Sainte-Marie, etc.); les *mousselines*, le *velours de coton*, les *molletons*, les *tulles de coton*, la bonneterie, etc. On ne fait presque plus de guingams ou tissus fins en couleur; on employait les nos de 44 à 100.

Nous nous occuperons d'abord des deux premières espèces de ces tissus de coton, et nous ne toucherons ensuite aux autres qu'après avoir parlé de l'impression, en vue de laquelle les calicots sont en grande partie fabriqués.

En Normandie, la fabrication des cotonnades produit une valeur de 105 millions environ, savoir : 80 millions de tissus rouenneries et 25 millions de calicot. Pour la confection des premiers, elle occupe environ 60,000 métiers, et 20,000 pour le tissage du calicot, employant ensemble 11,500,000 kilogr. de coton filé, dont 4 millions pour les calicots. Le nombre des ouvriers travaillant pour Rouen, tant dans la Seine-Inférieure que dans une partie des départements de la Somme, du Pas-de-Calais, de l'Aisne, de l'Eure et de la Manche, a été estimé à 129,170, savoir : 60,000 tisserands pour la rouennerie ; 20,000 tisserands pour le calicot ; 49,170 employés divers, comme bobineuses, trameuses, ourdisseurs, dépeinteurs, chineurs, apprêteurs, fabricants de colle, etc.

Les calicots, compte 30, en $\frac{3}{4}$ de large, se vendaient, en 1831, 45 à 55 centimes, et, en 1834, 75 à 80 cent. ; les toiles bleues, même largeur, en 1831, 60 à 65 cent., et, en 1834, 75 à 85. Une pièce de calicot de 32 à 33 aunes, largeur 33 pouces, compte 30, peut peser, en bonne marchandise, de 3 $\frac{1}{2}$ kilogr. à 4 kilogr.

Un métier simple peut valoir 20 fr ; il y en a avec

chasse à plusieurs navettes qui coûtent 50 fr. Il en existe rarement plus de deux dans une famille d'ouvriers.

En Alsace, la production en calicots fins et communs, en mousselines et tissus de couleurs variées, s'élève de 1,800,000 à 2 millions de pièces, dont la valeur, calculée à raison de 40 fr. par pièce, prix moyen, serait de 80 millions de fr. On a vu, plus haut, le nombre d'ouvriers employés, savoir : 70,000 au tissage; 12 à 15,000 à l'impression; 1,000 dans les blanchisseries.

Il y a peu de grands ateliers de tissage, et les métiers étant disséminés dans la zone alsacienne comme dans celle de Rouen, on n'en peut guère apprécier la quantité autrement que par l'emploi du coton. « Nous calculons, d'après différentes expériences, a dit M. Roman, qu'un métier à main ne peut mettre en œuvre que 100 kilogr. de coton par an, c'est-à-dire 25 pièces. L'industrie du tissage, répandue dans les campagnes, ne s'exerce pas d'une manière suivie : les ouvriers tisseurs, au moment de la récolte, laissent là leurs métiers pour les travaux des champs. Nous arrivons donc, par approximation, au nombre de 58 à 60,000 métiers battants, dans lesquels sont compris 3,000 métiers mécaniques. » Ce chiffre nous paraît élevé; car, dans le Haut-Rhin seul, on ne comptait, en 1827, pas plus de 22,077 métiers à tisser, occupant 30,352 ouvriers et produisant pour une valeur de 20 millions.

L'Alsace peut entrer pour $\frac{1}{3}$ dans l'exportation des produits de la fabrique de coton; cependant elle n'exporte ni filés ni calicots, mais seulement des toiles peintes. La masse de la fabrication d'Alsace est un calicot destiné pour l'impression, dont on n'exporte une partie pour les imprimeurs de Suisse que dans certains cas, par exemple lorsque les filés sont meilleur marché en Alsace qu'en Suisse. Les tissus en couleur qui, depuis 1755, époque où Reber de Mulhouse alla y fonder un établissement, se fabriquent à Sainte-Marie-aux-Mines, sont, par contre, presque exclusivement destinés à l'exportation. Tant qu'il n'y a qu'une faible différence dans le prix des filés, la perfection et le bon goût des étoffes de cette ville leur assurent la préférence sur les marchés étrangers.

« *L'art d'imprimer les tissus*, dit M. Porter[1], n'est pas d'origine récente. Anderson remarque, dans son *Histoire du commerce*, que, dès 1676, cette industrie était connue et pratiquée à Londres. On assure que le premier indienneur fut un Français qui avait établi des presses à Richmond, sur la Tamise; mais bientôt l'intervention du parlement vint paralyser cette industrie. » Il est certain, en effet, que l'industrie des toiles peintes est ancienne : elle semble connue de toute antiquité dans l'Inde. Cependant, introduite en Europe vers la fin du XVIIe siècle seulement, elle n'y fit d'abord que des progrès très lents. Nous la trouvons, en 1746, à Mulhouse, alors petite ville de la Suisse, limitrophe de la France, où elle avait été introduite par Samuel Kœchlin, Jean-Jacques Schmalzer et Jean-Henri Dolfuss[2]. C'était un bien faible commencement, car la première maison, Kœchlin-Schmalzer, travaillait avec un capital de

(1) *Progrès de la Grande-Bretagne*, etc., trad. fr., p. 240.

(2) Voir l'art. *Kœchlin* de l'*Encyclopédie des Gens du Monde*.

40,000 fr. seulement. Vers 1756, elle imprimait environ 30,000 pièces de 16 aunes. En 1760, Christophe Oberkampf, avec un capital d'à peine 400 fr., dit-on, vint lui faire concurrence et jeta les fondements de la célèbre manufacture d'indiennes de Jouy (Seine-et-Oise). Ses produits lui valurent, en 1806, la médaille d'or. Une autre manufacture fut établie à Orange, sur le territoire du pape. L'Alsace était alors au second rang ; mais, peu d'années après, se développa la puissante fabrique de Mulhouse.

A cette époque, les Anglais, les Suisses, les Allemands, avaient déjà introduit dans cette fabrication divers perfectionnements : Mulhouse tira de la Suisse ses graveurs, ses imprimeurs, ses pinceauteuses, et, en général, tous ses ouvriers. Thann, Cernay, Wesserling, Munster et autres localités alsaciennes (et par conséquent françaises) devinrent bientôt autant de succursales pour une industrie dont la métropole n'était pas encore réunie à notre territoire. Dès l'année 1768, on compta en Alsace (Mulhouse compris)[1] 15 manufactures d'indiennes, outre quelques ateliers aussi établis déjà dans les vallées des Vosges. On verra plus loin quelle est actuellement l'importance de chacun des centres de fabrication, relativement à cette industrie. L'accroissement dans l'ex-

(1) Car cette province était encore sous un régime particulier, indépendant de la ferme générale de France; et la ligne de douane était à Bar-le-Duc et à Saint-Dizier. L'industrie y était plus libre que dans la petite république suisse. Voir Achille Penot, *Statistique générale du département du Haut-Rhin*, Mulh., 1831, in-4°, p. 339.

portation des cotonnades a principalement porté sur les toiles imprimées.

Celles-ci furent appelées *indiennes* parce qu'on imprima sur des toiles blanches, tirées de l'Inde, jusqu'au moment de l'invention, par les Anglais, du tissage mécanique : alors les toiles des Indes ne se montrèrent plus sur les marchés européens.

L'impression sur tissus de coton s'exécute de diverses manières : à mains d'homme sur une table, par des machines à planches plates, et au moyen de rouleaux de cuivre gravé.

On combine, dans cette impression, trois et même quatre couleurs, offrant des nuances diversifiées avec finesse. Les toiles de coton reçoivent ainsi les dessins les plus riches, les plus variés, les plus délicats. Les principales matières colorantes employées dans l'impression sont la garance, le quercitron, la gaude, l'indigo, le bois de campêche et de fernambouc, les noix de galle, le chrôme et beaucoup d'autres produits chimiques.

Il serait difficile de spécifier le nombre des pièces d'impression qui se fabriquent annuellement en France : il y a, à cet égard, de grandes différences d'une année à l'autre. Cependant on estime que la fabrication en tissus imprimés ou indiennes est annuellement de 1,100,000 pièces environ, valant 40 millions de fr., la pièce de 33 aunes estimée à 36 fr. Les prix varient de leur côté, non-seulement à raison des qualités et de la richesse des dessins, mais encore suivant le goût du jour et le caprice de la mode. Il faut d'ailleurs distinguer trois classes : 1° l'indienne commune dont s'occupe essentiellement la fabrique de Rouen et qui se vend dans les prix de 70 cent. à 1 fr. 50 cent. le mètre; 2° l'indienne fine qui fait la grande masse de la fabrication d'Alsace, dans les prix de 1 fr. 25 cent. à 3 francs le mètre; 3° les mousselines imprimées, dans les prix de 2 fr. à 5 fr. Naguère, les mousselines anglaises imprimées entraient en fraude et trouvaient chez nous un débouché considérable : on n'en voit plus paraître aujourd'hui. L'Alsace a tellement pris le dessus dans ce genre par l'élégance des dessins, par la netteté d'impression, par la solidité des couleurs, que ses mousselines imprimées sont recherchées sur tous les marchés du monde, y compris ceux de l'Angleterre.

En France, les établissements de toiles peintes les plus importants fabriquent par an 80,000 pièces; les moins importants, 5,000 pièces. En Angleterre, les moins importants produisent encore 50,000 pièces; et les plus importants en fabriquent un million qu'ils portent à 1,500,000 pièces, si la demande l'exige. Avec leurs moyens mécaniques, les Anglais fabriquent à très bas prix les articles courants, et il y a à cet égard une grande différence entre les prix français et les prix anglais. Cette différence a été calculée pour 50,000 pièces d'indiennes, et elle s'est trouvée être de 107,000 fr. au profit des Anglais, soit 2 fr. par pièce, valant en moyenne 40 fr. ou 5 p. %. Dans les articles de goût, la France a une supériorité incontestable.

L'industrie alsacienne occupe aujourd'hui aux tissus de coton 12 à 15,000 ouvriers. Dans le Haut-Rhin, à lui seul, il y avait, en 1827, 27 manufactures de toiles peintes, produisant pour une valeur de 38 millions de fr.

Sans fournir des produits aussi distingués, la fabrique rouennaise dépasse cependant celle de Mulhouse par rapport aux quantités. Le département de la Seine-Inférieure compte de 60 à 70 manufactures d'indiennes qui emploient 11,000 ouvriers et livrent à la consommation près d'un million de pièces, dont la valeur est estimée à 40 millions de fr.

Dans le ressort d'Amiens, l'industrie cotonnière est en souffrance; cependant, en 1834, il s'y est fabriqué encore 180,000 pièces de velours et autres tissus de coton, représentant un capital de 40 millions de fr. Il y est entré environ 1,500,000 livres de coton, et près de 18,000 ouvriers étaient attachés à cette fabrique.

La fabrication des *velours de coton*, qui est concentrée à Amiens, beaucoup plus forte autrefois, est maintenant réduite à environ 70,000 pièces, à 52 ou 53 aunes[1]; et cependant l'aune de velours qui se vendait d'abord 9 à 10 fr. ne coûte plus que 3 fr.

A Saint-Quentin, où il arrive de Lille, de Roubaix et d'Alsace 1,250,000 kilogr. de coton filé, valant, à raison de 9 fr. le kilogr. (car ce sont surtout des n^{os} élevés) 11,025,000 fr., le produit du tissage est de 800,000 à 850,000 pièces, qui présentent une valeur de 38 à 40 millions de fr. de tissus, la pièce étant d'environ 45 fr. en moyenne. On y emploie en tout 1,500,000 kilogr. de filés représentant 1,875,000 kilogr. de coton brut qui, à 3 fr. 50 cent. le kilogr., donnent une valeur de 6,562,500 fr. Voici le nombre des ouvriers employés :

(1) Une aune équivaut à 1^{m}.19; 69 aunes font 82 mètres.

4,000 dans la filature, 1,200 dans les blanchisseries, aux apprêts et grillages, 70,000 aux métiers, tisseurs, brodeuses, raccommodeuses et tout ce qui se rattache à l'industrie du tissage, non compris ce qui a rapport aux tulles.

Les tissus se composent d'articles divers, forts et légers, unis et façonnés; ce sont : calicots et percales, jaconas et nansouks, batistes d'Écosse, mousselines unies, mousselines façonnées de tout genre, pour rideaux et robes, jaconas rayés, à carreaux et brillantés, pour robes et lingeries, guingams de tout genre, linge de table, piqués de toute espèce, basins gaufrés et cablés, tulles unis, mousselines et tulles brodés.

Le tissage se divise en 2 classes : 1° le tissage mécanique qui n'a commencé que depuis très peu d'années et qui tend à prendre de l'accroissement : il se compose de 5 établissements évalués à 600,000 fr.; 2° le tissage à la main, dont les ouvriers sont répandus dans les villages qui sont autour de Saint-Quentin, sur un rayon de 12 lieues environ : il se compose de 50,000 métiers qui, évalués à 100 fr., y compris les emplacements, donnent une valeur de 5 millions. Si l'on était obligé de réunir ces métiers en ateliers, ils coûteraient le triple.

Nous aurons tout à l'heure à revenir sur la fabrique de Saint-Quentin à propos du tulle.

Le *tulle* est, en effet, un article important de l'industrie cotonnière. Il parut d'abord à l'exposition de 1823 : il avait été fabriqué, dans les départements de la Seine-Inférieure, du Nord et du Calvados, à l'imitation des Anglais et par l'emploi primitif de leurs métiers, de leurs fils et de leurs ouvriers [1]. Au lieu des 4 fabriques de 1823, l'année suivante en présente déjà 43 dans les seuls départements de l'Aisne, du Nord, de l'Oise et du Pas-de-Calais. Il n'y avait encore que 400 métiers de tulle de coton en 1827 : d'après le recensement du comité des fabriques, fait en 1833, on en comptait, pour cette fabrication, 600 à Calais ; 450 à Saint-Quentin et aux environs ; 100 à Lyon, Sedan, Paris, Rouen et Caen ; 350 à Lille et Douai ; total 1,500 métiers.

Chaque métier représente un capital d'environ 5,000 f.

Ces 1,500 métiers peuvent produire 13,000,000 *racks* de tulle écru, à 75 cent	9,750,000 fr.
La broderie, qui a été une source de richesse pour les tullistes, et qui occupe toujours un grand nombre de bras, doit y figurer pour une somme de.	20,000,000
En ajoutant de plus les frais de blanc, d'apprêt, de grillage, de raccommodage, etc., qu'on peut évaluer à 10 p. %, on trouvera une nouvelle somme de	2,975,000
Total.	32,725,000

Ces métiers employaient 390,000 ½ kilogr. retors, nº 170 à 200, et une très petite quantité de nº 120 pour lisières et séparations. La quantité d'ouvriers, y compris les brodeuses, était de 50,000 [2].

(1) Ch. Dupin, *Rapport du jury central sur les produits de l'industrie française exposés en* 1834, t. I. p. 144.—L'inventeur fut Heathcoat, vers 1810.

(2) M. Porter (p. 246) assure qu'en Angleterre la fabrication du tulle occupe 200,000 ouvriers dans 837 manufactures. Il en évalue le produit annuel à plus de 45 millions de fr.

Saint-Quentin est l'un des principaux siéges de la fabrication du tulle. « De 1806 à 1819, dit M. Ch. Dupin, cette ville développe sur la plus grande échelle le tissage des cotons, depuis les calicots les plus communs jusqu'aux mousselines les plus somptueuses. En quinze années, par cette industrie, la population de cette ville est accrue d'un quart[1]. »

Il y avait, en 1834, à Saint-Quentin et dans les environs, 12 fabriques principales de tulles, dont 3 à moteurs et un plus grand nombre de 4 métiers et audessous; elles comptaient ensemble 450 métiers, qui produisaient 4,000,000 de *racks* de tulle, consommant 117,000 $\frac{1}{2}$ kilogr. de coton et occupant 16,100 ouvriers, savoir :

800 ouvriers tullistes; 160 servants; 140 ouvriers de blanchisserie, d'apprêt; 15,000 brodeuses et raccommodeuses.

Les 4 millions de racks de tulle à 75 c., valent. .	3,000,000 fr.
La broderie y ajoute.	4,000,000
Le blanc, les apprêts, etc., à 10 p. %	700,000
	7,700,000

On peut admettre une différence entre les prix français et les prix anglais, au profit de ces derniers, par demi kilogr. : pour le coton 5 fr. 45 cent., soit 42 p. %, et pour le tulle 19 cent., soit 35 p. %.

Mais la fabrication la plus importante du tulle a lieu à Calais, à Saint-Pierre-lès-Calais et dans les villages voisins. Lors de l'enquête, il y avait 600 métiers, et 2

(1) *Rapport du Jury central*, t. I, p. 135.

ouvriers par métier, sans compter les contre-maîtres chargés de la surveillance. Aux 1,200 ouvriers il y avait d'ailleurs à ajouter 3,600 femmes et enfants occupés à l'apprêt, au dévidage, au bobinage, etc. Cette fabrication produit par semaine 900 pièces de 33 aunes (l'aune à 1^{m}. 188). Presque tous les tulles sont faits avec les n°s 180 à 190, et même avec les n°s 210 et 220.

Les tissus de coton qui présentent les plus grandes difficultés sont les *mousselines*. A l'exposition de l'an X, on n'en avait encore distingué aucunes; mais elles parurent en 1806, année où Saint-Quentin et Tarare (Rhône) obtinrent des médailles d'or. Ce sont toujours ces deux villes qui en fabriquent les plus belles; puis Lyon, Alençon, etc. On tire encore le fil de l'étranger. On a évalué à 20 millions le produit des mousselines de Tarare. A l'exemple de la Suisse, on en fait de brodées.

Blondes et dentelles. C'est principalement aux environs de Caen, à Bayeux et à Bas-le-Roi (Calvados), puis à Chantilly (Oise), que se fabriquent les blondes. Le seul département du Calvados compte 70,000 individus qui concourent à leur confection; industrie d'ailleurs très active dans l'Orne, la Seine, la Haute-Loire et le Puy-de-Dôme[1]. Parmi les fabriques célèbres, Alençon, Chantilly brillent au premier rang; puis viennent avec distinction le Puy, Arras, Valenciennes, Douai, etc.

La *bonneterie* en coton peut produire à Troyes 7 millions de fr. Il y a 10,000 métiers, occupant 10 à 12,000

(1) Ch. Dupin, *Rapport du Jury central*, t. I, p. 145.

ouvriers. La valeur d'un métier à bas est de 4 à 500 fr. Il y en a quelquefois 2 à 3 par ménage. Après Troyes, c'est à Rouen qu'elle a son principal siége. Nîmes est renommé pour ses bas fins et à jour.

§ 9. INDUSTRIE DE LA LAINE. « La manufacture des laines, dit le savant chef du bureau de statistique commerciale à Londres[1], est depuis longtemps pour la France l'une des branches les plus importantes de son industrie, et l'excellente qualité de ses draps n'a jamais été contestée. *Sur toutes les places du globe, la draperie française occupe le premier rang*, et tous les marchés accueillent avec faveur les tissus de laine de France. »

Cet aveu fait par de loyaux émules est précieux à recueillir.

En effet, l'industrie de la laine, plus ancienne que celle du coton, est l'une des gloires du travail français. Sully, malgré ses préventions contre les arts manufacturiers, s'en montra déjà partisan, et Colbert, voulant nationaliser en France la fabrication des draps fins, façon de Hollande, fit venir à Abbeville Van Robais. La fabrique de Sedan avait récemment été fondée par Nicolas Cadeau. Les progrès de cette nouvelle branche d'industrie furent rapides; mais la révocation de l'édit de Nantes vint lui porter un coup funeste : l'émigration forcée de tant de milliers de protestants en répandit les procédés et les capitaux par-delà la Manche, ainsi qu'en Prusse, en Saxe et dans toute l'Allemagne.

(1) Porter, *Progrès de la Grande-Bretagne*, trad. fr., p. 272.

Cependant, malgré la rivalité que l'intolérance religieuse du gouvernement avait ainsi créée aux dépens des producteurs nationaux, l'industrie de la laine continua de fleurir en France, et, en 1785, un événement de la plus haute importance dont nous avons déjà parlé, l'introduction des mérinos d'Espagne, lui imprima un nouvel élan[1]. L'établissement de la ferme-modèle de Rambouillet eut des conséquences incalculables et qu'on ne devait pas attendre d'une mesure économique ou administrative si simple en apparence. C'est à lui qu'on dut en grande partie ces tissus admirables, rivaux de ceux du Tibet, et que l'on doit aujourd'hui même ces autres tissus qui luttent avec succès contre les tissus de coton les plus fins et tendent à les supplanter dans la production des mousselines. En effet, la draperie n'est plus qu'une des branches de cette fabrication : sans parler des tapis, des flanelles, de la bonneterie, elle produit en outre des châles chauds et somptueux, et ces étoffes légères qui surpassent en éclat, en fraîcheur des couleurs et en solidité tout ce qu'on produisait jusque-là uniquement avec une matière première exotique que la guerre ou quelque autre force majeure peut un jour enlever à nos marchés.

Ainsi qu'on le verra par le tableau ci-après, la consommation de la laine a plus que doublé dans l'espace de dix ans. Elle était, en 1820, d'une valeur de 8,351,000 fr.; en 1830, d'une valeur de 12,872,000 fr.; en 1840, d'une valeur de 29,987,000 fr. Le maximum,

(1) Voir l'art. *Laine* de l'*Encyclopédie des Gens du Monde.*

34,219,000 fr., appartient à l'année 1835; il répond à une quantité d'environ 15 millions de kilogr.[1]

Cette immense consommation dépasse de beaucoup les moyens de la production indigène, qui d'ailleurs n'a été suffisante à aucune époque. La France appelle en aide l'Espagne, la Belgique, l'Allemagne, les États Barbaresques, la Turquie et divers autres pays, et quelquefois l'importation a fourni plus de la moitié de la consommation[2]. Elle est aujourd'hui le double de ce qu'elle

(1) Le lecteur peut voir ce que nous disons de cette importation dans le Tableau du commerce, volume suivant, p. 95. Mais il n'oubliera pas que, dans cette seconde partie du tableau de la *Création de la Richesse en France*, nous devons de préférence envisager le commerce dans son ensemble, et non pas seulement quant à la consommation française, au lieu que c'est cette dernière, et par conséquent le commerce spécial, qui nous intéresse ici presque exclusivement. Au reste, les indications qui vont suivre, ainsi que beaucoup d'autres de ce volume, compléteront celles qui sont renfermées dans le second volume.

(2) L'Angleterre aussi en est là. En 1837, elle a importé 48,388,292 livres de laine. C'est surtout en Allemagne (16 millions de livres), dans l'Australie et en Russie que le commerce britannique va chercher cette matière première. L'importation de 1838 a été de 180,220 ballots d'environ 3 quintaux (non métriques), dont 20,175 pris en Allemagne, et 27,126 amenés d'Australie. L'Espagne est en décadence à cet égard : on préfère à ses laines les laines électorales de Saxe. En 1814, on exportait encore du royaume péninsulaire 9 millions de livres de cette marchandise, et d'Allemagne (même en y comprenant la Hongrie) seulement 3 millions et demi ; mais au lieu de cela, en 1832, l'exportation d'Espagne s'est arrêtée à 3 millions de livres, tandis que celle d'Allemagne (avec la Hongrie) s'est élevée à 33 millions et demi, dont près de 20 millions destinés à l'Angleterre.

était il y a dix ou vingt ans ; de 4,912,000 fr. en 1820, l'importation s'était élevée, en 1830, à 7,214,000 fr., et, en 1840, le chiffre fut de 13,456,000 fr. Le maximum appartient à l'année 1838 : il est resté peu au-dessous de 15 millions[1].

Voici le tableau général des laines mises en consommation depuis 1820 et de leur provenance :

— La France a tiré d'Allemagne, en 1835, 5,900,000 kilogr. de laine. Dans la même année, l'association douanière allemande en a exporté seulement 7,521,400 kilogr. (150,428 quintaux non métriques), chiffre auquel la Prusse a participé pour 115,511 quintaux. Ce pays qui, en 1837, avait plus de 14 millions de têtes de moutons, approche de la proportion proverbiale : *un habitant, un mouton,* qui signifie que tout pays qui veut se suffire à lui-même en lainages, doit avoir autant de moutons que de population.

(1) Nous ferons ici remarquer une erreur qui s'est glissée dans l'ouvrage de M. Porter déjà souvent cité. A la p. 273, on y trouve un tableau des laines en masse *importées en France* dont les chiffres ne cadrent nullement avec ceux que nous venons de transcrire du cahier imprimé par le ministère pour les *Conseils généraux de l'agriculture, des manufactures et du commerce,* session de 1841, p. 104. Mais, au lieu de *importées,* il faut lire sur ce tableau *consommées en France.* On y a mis les poids en regard des valeurs, et nous remarquons que les premiers sont généralement aux seconds, comme 1 est à 2, avec quelques légères fractions, suivant les années. On y donne aussi les chiffres relatifs à trois années antérieures à la révolution, chiffres que nous croyons devoir reproduire.

Années.	Kilogr.	Francs.
1787.	7,842,000	14,392,000
1788.	6,781,000	13,544,000
1789.	6,860,000	17,061,000

ANNÉES.	QUANTITÉS IMPORTÉES de Belgique.	d'Espagne.	des États d'Allemagne.	de Turquie, des États Barbaresques et d'Alger.	des autres pays.	TOTAUX.	Valeur des laines mises en consommation.	DROITS PERÇUS.
	Kilogr.	Kilogr.	Kilogr.	Kilogr.	Kilogr.	Kilogr.	Fr.	Fr.
1820.	178,000	1,531,000	165,000	1,543,000	1,495,000	4,912,000	8,351,000	297,000
1821.	967,000	1,782,000	508,000	862,000	2,758,000	6,877,000	11,690,000	955,000
1822.	964,000	1,922,000	565,000	3,698,000	1,969,000	9,118,000	15,500,000	1,430,000
1823.	815,000	822,000	347,000	2,244,000	1,254,000	5,482,000	9,310,000	1,381,000
1824.	1,316,000	882,000	560,000	778,000	868,000	4,410,000	7,497,000	2,602,000
1825.	942,000	1,206,000	778,000	909,000	804,000	4,639,000	7,886,000	3,100,000
1826.	1,486,000	1,778,000	858,000	1,581,000	732,000	6,435,000	10,940,000	3,447,000
1827.	1,437,000	1,932,000	829,000	1,977,000	1,207,000	7,382,000	11,131,000	3,672,000
1828.	1,322,000	2,148,000	1,104,000	1,597,000	1,516,000	7,687,000	13,391,000	4,417,000
1829.	930,000	1,820,000	809,000	1,224,000	966,000	5,749,000	9,270,000	3,059,000
1830.	929,000	2,276,000	1,064,000	1,705,000	1,240,000	7,214,000	12,872,000	4,246,000
1831.	549,000	826,000	157,000	1,780,000	524,000	3,836,000	5,253,000	1,733,000
1832.	1,388,000	1,202,000	178,000	984,000	870,000	4,622,000	7,802,000	2,594,000
1833.	1,715,000	3,220,000	549,000	2,140,000	1,682,000	9,306,000	19,140,000	6,314,000
1834.	1,219,000	2,637,000	654,000	3,271,000	1,440,000	9,221,000	17,915,000	4,752,000
1835.	2,221,000	3,818,000	1,719,000	4,660,000	2,427,000	14,845,000	34,219,000	7,550,000
1836.	2,691,000	4,365,000	1,420,000	3,676,000	2,014,000	14,166,000	31,891,000	7,116,000
1837.	2,126,000	3,290,000	1,011,000	1,941,000	1,632,000	10,000,000	18,997,000	4,220,000
1838.	3,637,000	3,557,000	2,609,000	3,030,000	2,093,000	14,926,000	34,178,000	7,658,000
1839.	3,035,000	3,676,000	1,946,000	2,746,000	2,209,000	13,612,000	31,937,000	7,069,000
1840.	2,933,000	2,393,000	2,407,000	3,395,000	2,278,000	13,450,000	29,987,000	6,643,000

Quoique nous ayons donné plus haut, dans le chapitre de l'Agriculture, l'état très approximatif de ce qu'il existe actuellement de moutons en France, nous ne nous laisserons pas empêcher par quelques variantes de chiffres de reproduire le calcul suivant, présenté, en 1834, à la commission d'enquête, par M. Cunin-Gridaine, grand fabricant de draps à Sedan, et aujourd'hui ministre de l'agriculture et du commerce.

Suivant sa déposition, on évaluait à 400 millions de fr. la valeur des tissus de laine dans toutes leurs transformations, somme dans laquelle les draps étaient compris pour 250 millions.

Il y a en France 35 millions de moutons, a-t-il dit, et ce n'est certes pas exagérer la valeur moyenne de la dépouille d'un mouton en l'estimant 6 fr., ce qui fait 210 millions. On importe pour 20 et quelques millions [1] de laine étrangère, des qualités supérieures; car la laine française ne suffit pas aux besoins : voilà 230 millions de fr., et pour arriver à 400 millions, il n'y a qu'à ajouter pour la main-d'œuvre 170 millions.

M. Cunin-Gridaine a fait un autre calcul, également approximatif seulement, mais qui corrobore le premier. Nous avons en France 33 millions d'habitants, dit-il, et comme on n'a jamais fait autant qu'aujourd'hui usage des étoffes de laine dont l'enfant et le vieillard sont couverts, je reste, je crois, au-dessous de la vérité en évaluant la consommation de ces étoffes à 12 fr. par individu, ce qui me donne 396 millions de fr., aux-

(1) C'est trop, en parlant du commerce spécial.

quels il faut ajouter 28 millions pour représenter l'exportation des divers tissus.

La laine française est de qualité médiocre. En ce qui la concerne, a dit le même industriel distingué, l'agriculture est chez nous stationnaire ou plutôt rétrograde. Nos agriculteurs, découragés dans un temps par le bas prix, ont cherché à produire une plus grande quantité de laine : cette quantité a été obtenue aux dépens de la qualité qui, plus haute et plus forte en branche, présente dans la fabrication des difficultés que l'on ne surmonte qu'en dépensant plus d'argent pour les apprêts.

Sous l'ancienne monarchie, l'importation des tissus de laine était permise. Le tarif de 1667 admettait les draps de toute origine et leur faisait payer des droits revenant à peu près à 1 fr. 60 cent., 2 fr., et 2 fr. 80 c. le mètre, selon qu'il s'agissait de draps légers ou communs et de draps fins. C'est sous la république que commença le régime de la prohibition, maintenu jusqu'à ce jour contre les fils et tissus de laine autres que les couvertures, la rubanerie et les tapis mêlés de fil. Et la prohibition n'est pas même la seule protection accordée à cette industrie : elle jouit encore, à la sortie des fils et tissus de laine, d'une prime qui doit être, il est vrai, successivement réduite, d'après les dispositions des dernières lois ou ordonnances.

C'est sans doute à la faveur de cette protection que l'industrie des laines a fait de si grands progrès chez nous, qui cependant, pour les prix, ne mettent pas encore ses produits au niveau des produits étrangers similaires.

« L'enquête a fait ressortir, dit le cahier ministériel de 1840 (p. 82), les progrès remarquables qui, sous l'empire du régime actuel, se sont réalisés dans toutes les branches de notre industrie lainière, et, sous ce rapport, elle a complétement justifié nos fabricants des reproches d'incurie ou d'inhabileté qui leur avaient été si légèrement adressés.

« Elle a généralement prouvé que les conditions du travail, en France, s'étaient beaucoup rapprochées de celles de l'industrie étrangère dans les pays de grande production, puisque nos prix de revient n'étaient plus séparés de ceux de l'Angleterre et de la Belgique que par une différence que les uns ont estimée à 30 ou 40 p. %, d'autres à 20 ou 25, d'autres enfin beaucoup plus bas. »

Des draps de bonne qualité qui, en 1814, se vendaient de 26 à 34 fr., étaient descendus à 18 et 24 fr.; et les mêmes étoffes de qualité supérieure dont le prix, en 1812, était de 40 fr., pouvaient se donner à 30 fr. en 1834.

« Depuis cette époque, ajoute le cahier, est intervenue l'exposition de nos produits industriels en 1839, qui a signalé de nouvelles améliorations dans la fabrication française. On y a remarqué surtout des perfectionnements apportés à la confection des apprêts. Dans l'ensemble, le jury a estimé les progrès réalisés, de 1834 à 1839, à 15 p. % au moins, pour la draperie seulement [1]. Cette amélioration, continuée sans doute

(1) *Rapport du Jury*, t. Ier, p. 46.

pendant les trois dernières années, a dû diminuer sensiblement l'intervalle qui pouvait, il y a huit ans, nous séparer de nos rivaux à l'étranger.

« Il est à remarquer, toutefois, que nos exportations se sont ralenties, quant aux draps, depuis quelques années, et que si, au total, le chiffre de l'exportation s'est accru d'une manière assez considérable, cet accroissement a exclusivement porté sur les articles de fantaisie, mérinos et autres tissus légers. »

On trouvera les détails de cette exportation dans le volume suivant, p. 145-147 ; nous dirons seulement ici qu'elle a été en 1840, fils et tissus, d'une valeur de 61,100,000 fr., au lieu qu'elle n'avait été en 1820 que de 42,737,000 fr., et en 1830 seulement de 26,625,000 fr. Le maximum, 64,401,000 fr., appartient à l'année 1838 [1].

Passons maintenant aux détails de cette fabrication éminemment populaire.

Le **FILAGE** de la laine est précédé de deux opérations qui divisent ses produits en deux catégories dif-

(1) L'exportation britannique de lainages a été en 1834 d'une valeur de 149,391,425 fr., et en 1835 d'une valeur de 163,494,525 fr. Elle avait été en 1700 d'environ 80 millions, et en 1815, année d'exportation toute exceptionnelle, de 236 millions. Il y a eu, depuis 1825, une baisse plus apparente que réelle, puisqu'elle était due en grande partie aux réductions successives qu'ont éprouvées les prix des matières premières et de fabrication. — L'exportation de la Belgique a été d'une valeur de 3,846,664 fr. en 1834, année normale et qu'on peut prendre pour terme de comparaison (Heuschling, *Essai sur la Statistique générale de la Belgique*, p. 93).

férentes, nous voulons parler du filage de la laine cardée et de celui de la laine peignée.

On sait que le *cardage* a pour objet de mêler entre eux tous les filaments d'une quantité de laines, de les briser de manière à multiplier les poils, de les rendre plus velus, et d'en faire une masse égale et homogène qui se prête facilement au feutrage et au foulage des étoffes. C'est surtout à la fabrication du drap qu'on emploie la laine cardée.

Le *peignage* fait tout le contraire : il a pour but de rendre le fil de laine uni et formé de brins aussi parallèles que possible pour la fabrication des étoffes rases, mérinos, mousselines de laine, etc., etc.

Avant 1809, les filatures à la mécanique étaient encore inconnues en France : tout se faisait au moyen du grossier rouet. Ce furent des Anglais, MM. John Cockerill et Douglas, qui les importèrent. Aujourd'hui presque toutes les filatures, excepté celles pour la passementerie et la grosse bonneterie, emploient la mécanique, et les filateurs français ont fait de tels progrès, surtout en laine peignée, qu'ils sont presque sans rivaux pour les filés fins, et ils filent la laine aussi fin que le coton. La filature à la main disparaît même des campagnes de la Picardie, de la Normandie et du département du Nord, où elle s'est encore conservée.

Le numérotage des filés en laine est différent suivant les localités : le plus rationnel est le numérotage métrique qui indique combien il faut de mille mètres de ce fil pour peser un demi-kilogr. Ainsi par n° 30, on entend un fil dont 30,000 mètres pèsent un demi-kilogramme.

Les numéros les plus élevés des filés en laine que recherche le commerce sont les nos 80 et 90. Cependant certains tissus les réclament plus fins, et M. Hindenlang a exposé, en 1839, du no 165. M. Melon-Marquant, de Reims, a fait filer à la main une laine admirable au no 180.

Il y a pour la laine deux systèmes de filature, le système continu et le système *mull-jenny:* le premier emploie le métier à filet en gros de 60 broches environ; le second, le filet en fin qui a jusqu'à 180 broches. Le fil pour chaîne est toujours plus tordu; celui pour trame plus moelleux.

Les principaux établissements pour la filature de la laine sont à Reims (Marne), à Rhétel (Ardennes), à Turcoing (Nord), à Essonne (Seine-et-Oise), à Paris, à Amiens, à Saint-Denis, au Cateau-Cambrésis (Nord). A Amiens et dans son ressort, le nombre des métiers à filer la laine s'élevait, en 1834, à 360, divisés entre 42 filatures, lesquelles comprenaient de 3 à 36 métiers et produisaient 550,000 kilogr. de laine dans les nos 25 à 60; les nos 25 à 36 font la plus grande masse de ce produit. Un métier revient à 2,000 fr. Environ 2,000 ouvriers sont occupés tant aux métiers qu'aux préparations. On peut compter 1,500 kilogr. de laine par métier.

Mais le principal foyer de l'industrie des laines en France, c'est Reims. Nous venons de voir que là se trouvent les filatures les plus importantes. En effet, on y emploie la dépouille de 3 millions de moutons, donnant 14 à 15 millions de kilogr. de laines en suint, de 2 fr. 50 à 2 fr. 60 le kilogr., ou près de 4 millions de kilogr. de laines lavées à chaud, qui se divisent comme suit :

	Fr.
2,250,000 kilogr. lavés à chaud, à 9 fr., 20,250,000 fr., donnant naissance à des tissus de laines cardées pour.	35,000,000
700,000 kilogr. lavés à chaud, à 12 fr., 8,400,000 fr. donnant naissance à des tissus mérinos pour.	15,000,000
806,000 kilogr. lavés à chaud, à 10 fr., 8,060,000 fr. donnant naissance à des laines peignées pour	10,000,000
3,756,000 kilogr. lavés à chaud, coûtant 36,650,000 f. créant.	60,000,000

Reims, situé au milieu des pays qui produisent les laines les plus convenables, la Picardie, la Champagne, la Brie, la Bourgogne et la Normandie, est encore le seul centre en France pour la fabrication des laines peignées ; ailleurs, il n'y a que des établissements isolés. Cette industrie prend de l'essor, parce que maintenant la laine peignée ne sert plus seulement à confectionner des tissus épais et chauds, comme les mérinos, mais aussi les tissus les plus légers, les plus transparents, tels que barèges, mousselines de laine, etc.

La fabrique de Reims occupe 275 assortiments en filature de laine cardée, et tout près de 55,000 broches ou 60 assortiments en filature de laine peignée. Il y a dans la ville même 30 machines à vapeur représentant une force de 200 chevaux ; la fabrique emploie en outre une force de 600 chevaux, dont environ moitié en machines hydrauliques situées dans les campagnes, et le reste en machines à vapeur, sauf pourtant quelques manéges qui produisent à peine un vingtième de cette force.

Les ouvriers sont au nombre de 50,000, dont $\frac{1}{4}$ *intra muros* et les $\frac{3}{4}$ dans les campagnes. Une bonne partie ne travaillent pour la fabrique que les deux tiers au plus de l'année, dont ils emploient le surplus aux travaux des champs ; sans cette circonstance, il n'en faudrait pas un si grand nombre pour atteindre la valeur de 60 millions de fr. par an. Le coût de la main-d'œuvre peut être de 15 millions ; celle de la laine peignée non filée coûte beaucoup moins que le surplus.

La France a exporté en 1840 pour près de 2 millions de fr. de fils de laine (107,000 kilogr.). Les quantités de la plupart des autres années sont restées au-dessous de celle-ci, à l'exception des années 1832 et 1834. Cette dernière offre le maximum de la valeur, 2,392,000 fr. ; l'autre offre le maximum de la quantité, 119,000 kilogr.

TISSAGE. Les tissus de laines cardées se composent comme suit : les *napolitaines*, tissu lisse non foulé, teint en pièces et destiné à l'habillement des femmes ; elles entrent pour plus de moitié dans la fabrication totale des tissus en laine cardée, et forment en général l'un des articles les plus importants de la fabrique de Reims qui en produit par an 70,000 pièces de 40 aunes, en $\frac{4}{4}$ et $\frac{5}{4}$ de large : l'aune se vend aujourd'hui 3 fr. ; les *flanelles*, qui sont ou lisses ou croisées, branche de fabrication qui a pris un grand développement depuis le temps du choléra : la qualité dite *genre anglais*, et vulgairement *bolivar*, est un perfectionnement récent ; les *circassiennes*, étoffe printanière qui se compose d'une trame en laine cardée et d'une chaîne en coton, mais à laquelle les *lastings* et les draps légers font maintenant une concurrence formidable ; les *draps* et *casimirs* imprimés pour gilets ; les casimirs et draps unis $\frac{5}{8}$, raz castor, gilets, couvertures, articles aujourd'hui peu importants.

Aux tissus de laines peignées appartiennent le *mérinos*, tissu qui a pris naissance à Reims, dont on fabrique en France annuellement pour 16 à 18 millions de fr., et qui a fait des progrès tels, depuis 25 ans, que ce qui coûtait 50 fr. à l'origine coûte maintenant 8 fr. ; les *mousselines de laine*, ce résultat merveilleux d'un filage poussé jusqu'au plus haut degré de finesse ; le *cuir de laine*, étoffe croisée purement en laine, qu'on a produite à Castres, en 1819. Le perfectionnement du peignage, de la filature, du tissage, de la teinture et des apprêts, assure à la production française une supériorité marquée sur les mérinos étrangers : aussi dans les qualités fines, elle ne rencontre de concurrence nulle part, et un droit de 25 p. % n'empêche pas d'en exporter de 1 à 2 millions de fr. pour l'Angleterre ; mais dans les qualités ordinaires, les Saxons se présentent souvent sur les marchés étrangers avec un avantage de 8 ou 10 p. % dans les prix.

Les *popelines* sont des tissus dont la chaine est en soie, et la trame en laine longue et lustrée.

Roubaix (Nord) est visité par tous les étrangers qui viennent acheter des tissus; on y produit pour 1,600,000 fr. en filature de laine, et pour 8,400,000 fr. en tissus. Turcoing file pour 3,200,000 fr.; mais la valeur de ses tissus ne va pas au-delà de 2 millions. Il y a dans Roubaix 30,000 ouvriers qui sont alternativement employés à fabriquer la laine et le coton. Les métiers pour le tissage de la laine battent pendant les mois de juin, d'août et de septembre, et ensuite on s'occupe de la fabrique du coton. On fait beaucoup de *lastings* et de *stoff*.

Pour la fabrication des *draps*, dont nous avons vu plus haut l'excellence attestée par un Anglais, ce sont Elbeuf, Louviers et Sedan, qui sont au premier rang. La dernière de ces villes produit les draps les plus fins. Nous avons déjà dit (p. 255) qu'on évalue à 250 millions de fr. la valeur de tous les draps fabriqués en France; la consommation intérieure s'élève à environ 200 millions. L'exportation, comme on l'a également dit plus haut (p. 258), a été plus considérable autrefois qu'elle n'est aujourd'hui.

La production d'Elbeuf (Seine-Inférieure), consistant surtout en draps à bon marché, est évaluée à 50 millions de fr., et forme de 60 à 70,000 pièces[1]. La pièce renferme environ 40 aunes à $\frac{5}{4}$ de large. On y emploie peu de laine étrangère : le principal agent de cette industrie est la laine

(1) Vervins en Belgique produit annuellement environ 100,000 pièces de drap d'une valeur approximative de 25 millions de fr.

française ; celle d'Espagne y entre dans une proportion plus forte que celle d'Allemagne.

Il faut, pour une pièce de drap de 40 aunes, 40 kilogr. de laine lavée à blanc, et pour toute la fabrication d'Elbeuf 2,800,000 kilogr. de laine lavée à blanc, qui représentent environ 30 millions de fr. La fabrique occupe 25 à 30,000 ouvriers.

En 1814, on n'y fabriquait encore que 15 à 18,000 pièces de draps, à cause des fabricants de la Belgique, jusque-là française. On avait établi 25 à 30 manéges en 1810 ; en 1814, il y en avait 40 ou 50. C'est en 1816 que la première machine à vapeur a paru ; et depuis, il s'en est établi 50. Les manéges d'Elbeuf pouvaient utiliser 100 chevaux de force, c'est-à-dire 200 chevaux d'écurie. Les machines à vapeur, l'une dans l'autre, sont de la force de 15 chevaux, ce qui répond à 750 chevaux de force.

La production de Louviers (Eure), où les draps de luxe dominent, est de 12 à 15,000 pièces seulement, à 1,000 fr. la pièce, ce qui donne une valeur totale de 15 millions de fr. On y emploie les laines du Berri et de la Beauce, et l'on ne fabrique que des draps très fins. Le nombre des ouvriers est de 6 à 7,000.

Sedan (Ardennes) produit annuellement 28 à 30,000 pièces, du poids de 22 kilogr., et ayant 32 à 34 aunes. La valeur est de 20 millions de fr. environ. Cette fabri-

—L'Angleterre a produit en moyenne, de 1830 à 1834, 1,505,993 pièces représentant environ 11,078 kilomètres. Cette fabrication, bien plus forte maintenant, paraît dépasser 25,000 kilom. par an. La Bohème mérite aussi d'être citée : elle produit annuellement 120,000 pièces.

que, qui emploie 11 à 12,000 ouvriers, se sert aussi principalement de laines de France, qui y entrent pour les trois quarts. Les autres laines, sous la désignation générique de laines d'Allemagne, proviennent de la Silésie, de la Saxe et de la Moravie.

M. Cunin-Gridaine, à lui seul, fabrique 2,800 à 3,000 pièces de draps, et emploie 1,200 ouvriers. Sa maison, la plus considérable de Sedan, fait pour 2 millions d'affaires.

Comme à Louviers, on fabrique à Sedan des draps fins, et surtout des noirs : la plus basse qualité que l'on y fabrique est de 17 à 18 fr. l'aune, et les qualités supérieures vont jusqu'à 50 fr. Les qualités que l'on fabrique le plus ordinairement sont dans les prix de 22 à 25 fr., et se vendaient, en 1817, 33 à 34 fr.

Le canton de Clermont-l'Hérault (Hérault) fabrique environ 38,000 pièces, dont 20,000 sont destinées pour l'exportation au Levant et en l'Égypte, 8,000 pour la consommation intérieure, et 10,000 pour l'habillement des troupes. La moyenne de l'aunage est de 18 aunes environ. Les premiers de ces draps sont au prix de 5 à 9 fr.; les seconds de 6 à 8 fr.; les troisièmes, de 7 fr. 50 c. le mètre, valeur moyenne. La valeur totale est de 4,400,000 fr., et le nombre des ouvriers, de 4 à 5,000.

Lodève (Hérault) fabrique, avec 128 assortiments, 60,000 pièces de draps environ, de 19 à 20 aunes, et valant, l'une dans l'autre, 8 à 10 fr., soit 9 à 10 millions de fr. La spécialité de la fabrique de Lodève est le drap pour la troupe, à 8 fr. 92 c. le mètre. Il y a 8 à 10,000 ouvriers travaillant dans la ville.

Le drap pour l'armée se confectionne, outre Lodève et Clermont-l'Hérault, à Saint-Affrique (Aveyron), à Lyon, Strasbourg, Bischwiller, Beauvais, Lunéville, Metz, etc.

Bischwiller (Bas-Rhin) produit aujourd'hui annuellement environ 50,000 aunes de draps, d'une valeur de 4 millions, presque tout pour la consommation de l'intérieur.

A Châteauroux (Indre), on fabrique environ 10,000 pièces ou 270,000 aunes de tissus de laine, valant 3 à 4 millions de fr. Ce sont des draps qui tiennent le milieu entre les bonnes qualités du Midi et les qualités secondaires d'Elbeuf : ils se distinguent par leur force. Il y a beaucoup de petits fabricants, mais peu d'établissements importants. Les ouvriers sont au nombre de 1,800 à 2,000.

A Carcassonne (Aude), on fabrique annuellement pour 7 à 8 millions de fr., et autant à Limoux, Chalabre et Cenne (même département) réunis. On fait à Carcassonne beaucoup de drap noir et en tout 30,000 coupes. Le nombre des ouvriers y est de 7,000 à la ville et à la campagne; il y en a autant à Limoux, Chalabre et Cenne.

On a évalué à 40 millions environ en tissus bruts la production française de *mérinos* et *bombasines*. Elle occupe 16 à 18,000 ouvriers. Un seul fabricant, M. Paturle-Lupin, au Cateau-Cambrésis (Nord), en occupe 6 à 7,000.

La seule ville de Roubaix produit pour 10 millions de *lastings* et de stuffs ou *stoffs* à l'imitation des Anglais. C'est la première ville ayant entrepris cette fabrication qui rivalise aujourd'hui avec celle de l'Angleterre. Il y avait à Roubaix, en 1833, 600 métiers à la Jacquart: en 1834, il y en avait 1,200. Les lastings se fabriquent en laine française seulement, et les stoffs, chaîne double, de même; mais quand on fait des chaînes simples, elles sont toutes de laine anglaise. Les trois quarts au moins sont employés en laines filées françaises.

Les *alépines* se fabriquent surtout à Amiens, pour la valeur de 18 millions de fr. écru. On y produit tous les ans 36,000 pièces, de 103 à 104 aunes, sur une aune de largeur; la pièce peut valoir 300 fr., ainsi 3 fr. l'aune. Cette fabrication emploie 6,000 métiers et autant d'ouvriers; les fabricants ont depuis 4 jusqu'à 200 métiers. Dans chaque pièce d'alépine il entre 2 kilogr. de soie, à raison de 80 fr. le kilogr.

On exporte à peu près le tiers de la production, soit pour 6 millions de fr. environ. Ce sont les alépines les plus fines; les communes se consomment en France. Il y a des alépines de deux espèces : alépines en laine mérinos, et alépines en laine étrangère (anglaise ou hollandaise, surtout anglaise). Les premières n'ont pas à craindre la concurrence étrangère.

La bonneterie en laine, à laquelle appartient la fabrication des bas de laine, est très répandue dans le nord et au nord-ouest de la France; celle dite de Santerre (Somme) est répandue depuis nombre d'années dans au moins 60 communes du département de la Somme. Elle emploie 800,000 kilogr. de laines peignées, dont les deux tiers viennent de Hollande et d'Angleterre, et un tiers seulement de France. Cette quantité de laine vaut 8 millions de fr., et produit pour environ 17 à 18 millions de marchandises. Les ouvriers, au nombre de 15,000, possèdent un égal nombre de métiers valant 400 fr. chacun.

Les couvertures de laine, articles que produisent Reims, Rouen, Beauvais, Lille, Lyon, Orléans, se fabriquent aussi très bien à Sommières (Gard), dont autrefois les molletons avaient de la renommée. Il y a 12 assortiments de cardes à laine qui produisent 350 à 400 kilogr., et 24 métiers de tisserand qui peuvent confectionner 200 couvertures par jour. A Reims, on fait des couvertures pour 1,800,000 fr.

L'une des branches les plus intéressantes de l'industrie en laines est la fabrication des *châles*, et particulièrement des châles dits *cachemires* et imitant ceux de l'Inde. Introduite en France par Ternaux, elle y est supérieure aujourd'hui à tout ce qui se fait dans le même genre chez nos voisins, et n'a même à craindre la concurrence de l'Inde que pour les châles d'un prix audessous de 1,000 fr. Après avoir reçu ses premiers approvisionnements en duvet de chèvres du Tibet que Moscou et Nijnii-Novgorod fournissent depuis à la France, Ternaux voulut se procurer un troupeau de ces chèvres qu'il essaya à grands frais de naturaliser dans sa patrie.

Aujourd'hui l'on estime à 20 millions la fabrication, en France, des châles et de tous les articles qui s'y rattachent, tels que châles de laine brochés, tissus de nouveautés, mousselines de laine, gazes, barrèges, tibets, etc. Elle emploie 10,000 ouvriers et 25,000 personnes auxiliaires, hommes, femmes et enfants, réunis dans une soixantaine de fabriques. La matière employée en plus grande quantité est la laine mérinos; les châles faits avec le poil de la chèvre de Tibet sont ensemble d'une valeur de 5 à 6 millions de fr. On en vend la moitié à l'étranger, tandis que l'exportation de cette industrie en général est seulement de $\frac{1}{6}$ de la fabrication totale.

Voici quelle était, dans les dernières années, l'importation spéciale du duvet de cachemire brut :

	Kilogr.	Fr.
1838	86,458	3,458,320
1839	89,412	3,576,480
1840	51,473	2,058,920

Le filage du duvet de cachemire renfermait des difficultés particulières vaincues avec talent, dès 1819, par MM. Hindenlang et Polino; depuis, cette filature a fait de grands progrès et les prix ont diminué de 25 p. %. Elle est concentrée à Paris, où M. Hindenlang emploie 5 à 600 ouvriers et file à peu près 40 kilogr. par jour, 12,000 par an, moitié fils peignés, chaîne et trame, et moitié fils à brocher.

Le même fabricant produit aussi des tissus unis; mais il existe d'autres manufactures de châles à Paris, à Nîmes, à Reims, etc. Il y a deux méthodes pour le tissage des châles : Ternaux en avait adopté la plus économique, le tissage *au lancé*, qui présente d'un côté toute la perfection des cachemires de l'Inde, mais dont l'envers décèle des coupures, comme celui des étoffes brochées. La méthode suivant laquelle on produit des châles sans envers est beaucoup plus dispendieuse : M. Bauson a imaginé un procédé qu'exécutent des enfants, sous la direction d'une habile ouvrière.

De même que les châles, les *tapis* français rivalisent avec ceux de l'Orient. On en fabrique annuellement pour 3,500,000 fr., somme qui a été portée même jusqu'à 5 millions. La laine entre pour les deux tiers dans les tapis ordinaires et pour les trois quarts dans ceux des qualités supérieures. Le principal centre de cette belle industrie est à Aubusson et à Felletin, deux villes du département de la Creuse, qui, pour ainsi dire, n'en font qu'une, occupent 15 à 1,800 ouvriers et produisent pour 1,500,000 à 2 millions de fr. de tapis. La seule fabrique de M. Sallandrouze occupe 600 ouvriers à Aubusson ; elle donne des produits de tous les genres, tapis veloutés, tapis ras, moquettes coupées et épinglées, tapis écossais, brochés, jaspés, vénitiennes, etc. Abbeville fabrique des tapis pour une valeur de 250,000 fr. par an, et y fait entrer 80,000 kilogr. de laine; Amiens pour 200,000 fr., etc. On en fait aussi à Turcoing et à Besançon.

Mais les tapis les plus parfaits et les plus précieux sont ceux *de savonnerie*, tapis veloutés extrêmement riches qui se font particulièrement à la manufacture royale de Beauvais et à celle des Gobelins de Paris (partie dite *la Savonnerie*), dépendant l'une et l'autre de la liste civile. Les produits de ces manufactures n'entrent pas dans le commerce, et leur valeur ne peut être évaluée; mais on peut estimer à environ 600,000 fr. ce qu'en fabriquent les particuliers. Quant aux Gobelins proprement dits, ce n'est plus de l'industrie, c'est de l'art; et par rapport à la teinture, c'est de la science [1].

§ 10. Industrie de la soie. Parmi les principales branches de l'industrie française, celle-ci est la plus ancienne : elle ne commença à fleurir que vers la fin du XVIIe siècle ; mais, dès l'année 1450, des essais avaient été faits à Lyon, et, en 1470, des ouvriers grecs, vénitiens et génois, avaient établi à Tours une manufacture d'étoffes de soie. Avignon et Nîmes en établirent aussi dans leur sein, peu de temps après; et, au XVIe siècle, il en existait à Saint-Chamond (Loire) et à Saint-Étienne (*id.*). Paris et la Picardie vinrent après. Le relevé des registres de la douane de Lyon présente, pour les quatre années 1775, 1776, 1777, 1778, un total de 4,110,587 liv., poids de marc, ou, par an, 1,227,646 liv., qui ont acquitté les droits, alors très élevés, sans compter ce qu'on introduisait par contrebande. En 1780, la France possédait déjà 68,000 métiers employés au tissage de la soie, dont 14,782 établis à Lyon ; mais la fabrication s'étant beaucoup perfectionnée depuis, et les étoffes, même les plus richement façonnées, étant devenues beaucoup plus légères, on peut admettre qu'il fallait alors 65 à 75 métiers pour faire le travail de 5 métiers d'aujourd'hui. Lorsque la révolution éclata, toute cette industrie occupait 500,000 ouvriers; au commencement de 1830, malgré l'invention du métier à la Jacquart, qui supprima l'ouvrier appelé *tireur de lacs*, dans la fabrication des étoffes brochées, on en comptait encore plus de 400,000; mainte-

(1) Voir l'art. *Gobelins* de l'*Encyclopédie des Gens du Monde.*

nant, on peut toujours compter deux personnes par métier.

Nous ne reviendrons pas sur ce qui a été dit plus haut, au chapitre de l'Agriculture, sur les produits des magnaneries françaises. On a vu qu'elles peuvent fournir aujourd'hui environ 1,600,000 kilogr. de soie, ce qui, au prix moyen de 55 fr., fait une valeur de 88 millions, dans laquelle le filage n'est pas compris[1].

Toutefois, pour mieux faire connaître le développement successif de cette production, nous placerons ici le tableau général suivant de la production de la soie en France, de 1810 à 1835, avec indication du prix moyen des cocons et des soies grèges, pendant la même période; tableau que nous empruntons au *Dictionnaire du Commerce et des Marchandises*.

(1) C'est peu comparativement à l'Italie, pays de production par excellence pour la soie, qu'elle fournit généralement au commerce dans des qualités supérieures. D'après le *Dict. du Commerce et des Marchandises*, t. II, p. 2067, elle en produit annuellement près de 6 millions de kilogr. (11,850,000 livres), dont 3 millions reviendraient au seul royaume Lombardo-Vénitien. En effet, l'exportation autrichienne en soie, provenant toute à peu près de la Lombardie, car la Hongrie ne produit encore que de faibles quantités de ce précieux duvet, est à elle seule, d'après M. Becher (*Statistique du Commerce de la monarchie Autrichienne*, p. 336 et suiv.), de 55 à 60 millions de fr.; et M. Schubert (*Manuel de Statistique générale de l'Europe*, t. IV, p. 171) nous apprend que, depuis 1832, dans toute la monarchie Autrichienne elle est, en moyenne, de 5,500,000 de livres. C'est le double, dit-il, de ce que produisent ensemble les royaumes de Sardaigne et des Deux-Siciles, qui viennent après la Lombardie. On assure d'autre part que l'Italie entière n'exporte pas plus de 24,000 balles de soie, du poids moyen de 73 kilogr. et demi.

ANNÉES.	COCONS RÉCOLTÉS.			SOIES GRÈGES FILÉES.		
	KILOGRAMMES.	PRIX MOYEN.		KILOGRAMMES.	PRIX MOYEN.	
		Fr.	C.		Fr	C.
1810.	4,073,198	3	45	350,629	45	12
1811.	3,998,134	2	60	311,493	38	37
1812.	4,599,077	2	95	480,722	39	04
1813.	5,785,829	2	61	465,320	36	64
1814.	4,567,355	3	28	376,531	43	84
1815.	3,481,696	3	43	308,157	54	03
1816.	5,049,286	4	37	421,931	59	99
1817.	3,176,540	5	45	270,772	74	52
1818.	3,731,559	6	03	324,672	77	70
1819.	4,766,241	4	18	412,172	57	23
1820.	5,229,896	3	43	453,770	46	14
1821.	5,049,286	3	47	485,471	46	31
1822.	3,577,013	4	04	289,793	55	31
1823.	7,308,410	3	40	975,541	44	89
1824.	8,313,971	3		670,863	44	09
1825.	6,896,841	3	63	608,560	49	48
1826.	6,776,973	3	60	612,954	49	44
1827.	7,904,527	3	09	657,482	44	12
1828.	7,317,376	3	30	664,450	45	40
1829.	8,232,948	3	24	688,491	46	92
1830.	7,678,437	3	15	673,615	43	10
1831.	7,611,578	2	68	767,387	39	57
1832.	8,554,524	2	66	765,149	40	58
1833.	8,991,837	3	18	752,025	48	40
1834.	7,294,365	4	12	649,040	61	03
1835.	9,007,967	3	82	876,016	58	64

Cette production indigène ne suffit pas à la manufacture française, qui importe une quantité beaucoup plus forte de soie. Dès l'année 1826, l'importation spéciale avait atteint le chiffre de 800,000 kilogr., et en 1840, elle s'éleva jusqu'à 1,154,956 kilogr., d'une valeur de près de 54 millions de fr. [1]

(1) Voir au volume suivant, Tableau du commerce, p. 92. — A l'endroit cité nous disons aussi d'après Porter (trad. fr., p. 252),

Voici comment se décomposait l'importation spéciale de 1840 :

		Kilogr.	Fr.
Soies en cocons.		14,673	44,019
Soies écrues. .	grèges	436,949	17,477,960
	moulinées	465,708	32,599,560
Soies teintes .	à coudre	186	17,670
	autres	163	15,485
Bourre de soie.	en masse	143,256	1,719,072
	cardée	3,540	42,480
	filée, fleuret	90,481	1,815,292
Totaux.		1,154,956	53,731,538

En se reportant jusqu'à l'année 1817, le progrès est encore plus sensible ; car alors l'importation était seulement de 492,614 kilogr., valant 26,376,180 fr.

Les états d'exportation, dont nous donnons le résumé à la p. 140 du volume suivant, confirment ce progrès de l'industrie de la soie. Au commerce spécial, l'exportation des tissus de soie et de fleuret a été en moyenne : pendant la période décennale de 1827 à 1836, de 121 millions de fr. ; pendant la période quinquennale de 1834 à 1838, de 125 millions ; dans l'année 1840, de 142 millions.

Nous résumons, p. 156 et 157 du même volume, tout ce qui se rapporte au commerce de la soie, l'article le plus important de tout le commerce français.

Le poids de la soie variant considérablement suivant

quelle quantité de soie s'importe annuellement en Angleterre, pays dont M. Schœn a calculé que la consommation en soie équivaut au produit de 14 milliards de vers à soie.

le degré d'humidité de ce produit, et cette humidité elle-même ne pouvant être appréciée à l'œil et à la main, on a conçu un genre d'appareil dans lequel les soies sont ramenées, dans une étuve, à un degré fixe et commun de siccité. Les établissements dans lesquels on place un tel appareil prennent le nom de *condition*. Ils offrent, par l'intervention du gouvernement, une garantie réelle pour les transactions entre le vendeur et l'acheteur, relativement au poids de la marchandise. Le principal établissement de ce genre est à Lyon; il y en a aussi à Avignon, à Nîmes, Saint-Étienne, Privas, Aubenas, Tournon et Cavaillon. L'administration a publié[1] les chiffres des quantités de soies qui, de 1806 à 1835, ont passé aux *conditions* de Lyon, Saint-Étienne, Avignon et Nîmes; mais elle a eu soin de faire elle-même cette observation, que ces chiffres ne représentent pas toute la quantité de soie consommée dans les villes où se trouve la condition, attendu qu'il y a quelquefois un tiers, quelquefois une moitié des soies à fabriquer qui n'y passent pas. En effet, dit-elle, un fabricant achète 4 balles de soie : il est pressé de les employer; il s'accorde alors avec son vendeur pour que deux balles seulement subissent l'épreuve de la condition, et ces deux balles conditionnées servent de règle aux deux autres. En ce qui concerne Lyon spécialement, pour avoir une idée à peu près juste de la totalité des soies qui y sont consommées, il faut ajouter au moins un tiers en sus aux quantités de soies indiquées dans le tableau officiel.

(1) *Archives statistiques*, p. 267.

Nous en extrayons les chiffres des quatre années, de 1832 à 1835.

	Lyon.	Saint-Etienne.	Avignon.	Nimes.
1832 . . .	660,900	223,151	112,544	51,698
1833 . . .	718,703	210,800	107,115	58,577
1834 . . .	561,829	182,017	81,593	40,445
1835 . . .	743,125	230,009	98,236	46,630
Moyenne.	671,139	211,494	99,872	49,337

En additionnant ces moyennes annuelles, on trouve pour total une quantité de 1,031,842 kilogr. de soie grège, qui, à 35 fr., prix moyen, représentent une valeur de 36,114,476 fr.

D'après M. Porter[1], on estimerait généralement la valeur totale de la manufacture de soie, en France, à 140 millions de fr., dont quatre septièmes pour frais de production de la matière première, et le reste pour prix de main-d'œuvre et bénéfices du fabricant. M. L. Goldsmith[2] porte la valeur des étoffes de soie, rubans, gazes et crêpes, fabriqués en France, à 160 millions de fr.; mais cette somme paraît encore beaucoup trop faible. La même valeur a été estimée par d'autres à 235 millions, et voici le calcul qu'on a fait à cet égard.

D'après les tableaux officiels, la valeur des soieries et rubans exportés de France, après avoir été en 1829 de 115 millions, en 1831 de 122 millions, en 1833 de 142,800,000 fr., s'est élevée, en 1835, jusqu'à 144 millions. Mais, indépendamment de l'exportation dont se

(1) *Progrès de la Grande-Bretagne*, trad. fr., p. 287.
(2) *Statistique de la France*, p. 170.

charge la contrebande, les évaluations des douanes sont généralement au-dessous des valeurs réelles; car elles portent

les soies ouvrées à. .	70 fr.	le kilogr.,	au lieu de	90 fr.
les soieries unies à. .	120	—	—	140
les soieries façonnées à.	130	—	—	160
les crêpes à.	88	—	—	110
les tulles à	80	—	—	100
les rubans à.	120	—	—	160

En conséquence, les 144 millions déclarés par la douane en 1835 doivent être portés à 172,000,000 de fr., et il faut y ajouter 13,000,000 de fr., dont se charge la contrebande. On aura ainsi un total de 185,000,000 de fr., sur lequel 122,000,000 reviennent à Lyon, 48,000,000 à Saint-Étienne et à Saint-Chamond ensemble, 15,000,000 à Nîmes, Avignon, Paris et à la Picardie. On peut évaluer à 50 ou 60 millions la consommation intérieure de la France, en sorte que la fabrication serait au total de 235 millions de fr.

D'après le tableau officiel, les soieries exportées en 1835 ont pesé net 1,150,000 kilogr.

En calculant le kilogr. au prix moyen de 140 fr., les soieries exportées non douanées feraient 100,000.

Et les 60 millions de consommation intérieure 428,000.

Le poids total des soieries fabriquées en France serait donc de 1,678,000 kilogr.

Les déchets au moulinage, à la teinture, au dévidage, ourdissage, lissage, ne sont pas de moins de 25 p. %.

D'après cela, les soies brutes employées dans la fabrication française, toujours en 1835, auraient pesé 2,100,000 kilogr.

Et comme l'étranger n'a fourni que 900,000 kilogr., le contingent de l'agriculture française a donc été de 1,200,000 kilogr.

Cette industrie aurait rapporté 14 millions par le moulinage en bénéfices et main-d'œuvre d'ouvriers, et 80 millions aux teinturiers, fabricants, ouvriers de tout genre. Elle était longtemps à l'abri de la concurrence étrangère, et elle l'est toujours en ce qui concerne les dessins et tous les articles de goût. La supériorité de la manufacture française sur toutes les autres est généralement reconnue.

On évaluait, en 1830, à 65,000 le nombre de métiers occupés au tisage de la soie pour étoffes, et à 80,000 ceux pour rubans. En moyenne, chaque métier consomme environ 30 kilogr. de matière première. Nous avons dit combien le travail des métiers d'aujourd'hui est plus productif que n'était celui des anciens métiers.

Lyon est le principal siége de cette industrie si précieuse qui fait sa gloire et parfois son tourment. On assurait qu'il y avait dans son district, en avril 1836, 45,000 métiers, dont 21,000 hors de ses murs et de ses faubourgs; mais ces chiffres sont exagérés, à moins qu'ils ne se rapportent aussi aux métiers établis dans les départements voisins et travaillant pour la fabrique de Lyon. Un recensement fait en 1833 par les soins de M. de Gasparin, dans tout le département dont il était alors préfet, a donné 31,083 métiers distribués de la manière suivante dans les arrondissements de Lyon et de Villefranche.

	Cantons.	Nombre de métiers.
Arrondissement de Lyon.	L'Arbresle	1,022
	Condrieux	50
	Saint-Genis-Laval	958
	Givors	104
	Saint-Laurent-de-Chamousset	214
	Limones	320
	Mornand	82
	Neuville	784
	Saint-Symphorien	31
	Vaugneray	390
	Lyon. Nord. Midi. Ouest.	16,857
	La Croix-Rousse	6,259
	La Guillotière	2,300
	Vaise	404
Arrondiss. de Villefranche.	Anse	11
	Beaujeu	»
	Belleville	»
	Bois d'Oingt	99
	Monsol	»
	Saint-Nizier-d'Azergue	»
	Tarare	1,170
	Thizy	26
	Villefranche	2
	Total	31,083

On a vu plus haut (p. 272) que ce nombre était en 1780, où la fabrication était encore lente et difficile, de 14,782 seulement; en 1789, il était de 18,000.

Environ 100 métiers sont consacrés à la fabrication des tulles de soie, et, sur ce nombre, environ 33 appartiennent aussi à la ville de Lyon [1], dont la réputation est européenne, mais dont la prospérité a essuyé une rude atteinte par suite des événements de 1833.

« Ce serait, a dit l'illustre comte Chaptal [2], se faire une idée bien imparfaite de la fabrique de Lyon que de la borner à donner du travail à quelques milliers d'ouvriers qui y conduisent les métiers. Une immense population a des occupations déterminées par les autres genres de travaux nécessaires à la fabrication; et sur 100,000 habitants [3], il y en a au moins 80,000 dont l'existence est liée à la prospérité de la manufacture et qui y concourent tous, depuis le choix et l'achat des soies jusqu'aux derniers apprêts et à la vente des étoffes. »

Après Lyon, Avignon, Tours et Nîmes sont au premier rang pour les étoffes; Saint-Étienne, Saint-Chamond et Paris pour les rubans.

A Saint-Étienne, la rubannerie occupait, en 1830, 20,000 ouvriers et 30,500 métiers; ces ouvriers produisaient pour 27,475,000 fr. de rubans.

Les détails sur l'exportation des tissus de soie et de fleuret trouveront leur place dans le volume suivant,

(1) Nous lisons toutefois à l'art. *Tulle* du *Dict. du Commerce et des Marchandises*, qu'il y a, à Lyon seulement, 200 métiers de tulle-bobin, et qu'on estime de 1,500,000 à 2 millions de fr. le produit spécial de cette industrie.

(2) *De l'Industrie française*, t. II, p. 117.

(3) On verra dans la première partie de cette *Statistique de la France* que Lyon compte aujourd'hui 150,000 habitants même sans les faubourgs, et avec ceux-ci très près de 200,000.

p. 140, où nous renvoyons le lecteur; mais il sera bon de dire ici quelques mots des divers genres de ces tissus.

Ils se divisent d'abord en *unis* et en *façonnés*. Les premiers sont généralement fabriqués à la campagne; pour les seconds, les métiers ne peuvent guère être établis que dans les villes, car il faut pour ces sortes d'étoffes, dans lesquelles notre supériorité est le plus incontestable, une extrême régularité que des ouvriers exercés peuvent seuls leur donner. D'un autre côté, ce travail rapporte assez pour permettre à l'ouvrier le séjour des villes.

Aux unis appartiennent les *taffetas*, lesquels, suivant qu'on augmente ou diminue la grosseur ou le nombre des bouts de la trame, ou suivant qu'on fournit ou réduit la quantité de la chaîne, produisent les *pou-de-soie*, les *gros de Naples*, les *gros d'Afrique*, les *gros de Tours*, les *gros d'Orléans*, les *foulards*, les *crêpes* qui reçoivent un apprêt lisse ou crêpé, les *marcelines*, les *florences*, etc. Puis les *satins*, la plus brillante des étoffes. Enfin le *sergé*, caractérisé par une côte en biais et auquel appartiennent les étoffes appelées *lévantine*, *batavia*, *virginie*[1].

Les *rubans* se rapportent également aux tissus de soie unis, au moins pour partie. Dès 1540, il en est fait mention dans un règlement administratif. Probablement établie d'abord à Lyon, la fabrication des rubans fut bientôt transférée à Saint-Chamond, petite ville du département de la Loire, alors plus considé-

(1) Voir les articles *Soie* et *Soieries* du *Dict. du Commerce et des Marchandises*.

rable que Saint-Étienne qui en est devenu depuis, comme nous l'avons dit, le principal siége. De là, cette industrie se répandit successivement dans différentes localités voisines, où elle s'est maintenue depuis, ainsi qu'on peut le voir par le relevé suivant.

On compte aujourd'hui :

			Broches.
Dans le canton de Pelussin . . .	42	fabriques qui ont	106,000
Dans le canton du Bourg-Argental.	19	—	53,000
Dans le canton de Saint-Chamond et de Rives-de-Gier. . .	22	—	70,000
Dans les cantons de Saint-Étienne et du Chambon	20	—	50,000
Totaux . . . . fabriques	103	et broches	279,000

De ce dernier nombre, 165,000 broches sont employées à ouvrer des organsins et des trames, et 114,000 à crêper les soies destinées à la fabrication des étoffes-crêpes et des rubans-gazes [1].

Les façonnés dans lesquels diverses combinaisons des fils de la chaîne et de la trame représentent quelquefois les plus riches dessins, où l'on mêle aussi la laine, le coton, le duvet de cachemire, l'or et l'argent, semblaient réservés aux classes aisées avant que le métier Jacquart [2] les eût popularisés par le bas prix. Outre les étoffes brochées, *damas* et autres, les satins brochés, il

(1) Voir *ibid.*, p. 1968.

(2) Voir ce nom et l'article *Métier* dans *l'Encyclopédie des Gens du Monde.*

faut ranger dans cette classe les *châles* de Lyon et de Nîmes, d'un éclat si merveilleux, où la soie se mêle à la laine ou au tibet. Les châles dits *bourres de soie* appartiennent plus particulièrement à ce paragraphe, ceux où entre la laine en forte quantité ayant été compris dans le paragraphe précédent.

Enfin, nous devons mentionner encore, comme se rapportant à la fabrique de Lyon, les *velours* de soie, les *tulles*, *blondes* et *gazes* de soie, et la bonneterie faite avec la même matière. Plusieurs villes diverses prennent part à la fabrication de ces articles.

§. 11. INDUSTRIE DU CUIR ET DES PEAUX. Cette industrie, qui comprend le tannage, le corroyage, la maroquinerie, la mégisserie, la ganterie, etc., est encore une de celles qui ont le plus d'importance pour la France; car on a évalué à 100 millions, nombre rond, la valeur des cuirs préparés, et à 150 millions la plus-value ajoutée à cette valeur par les diverses transformations qu'on fait subir aux cuirs préparés, ce qui porterait à la somme de 250 millions de fr. la consommation annuelle des ouvrages en cuir, sans compter même les produits de la mégisserie, de la maroquinerie, et de la ganterie [1]. En ajoutant ces dernières branches, on aura un total de 310 millions de fr., total équivalant à peu près, dit le cahier ministériel, à la somme des valeurs qui font l'objet du même commerce en Angleterre. On croit, en effet, que, malgré la différence de population, le

(1) *Dict. du Commerce et des Manufactures*, article *Cuirs*.

chiffre de la consommation générale est, à peu de chose près, le même dans les deux pays, c'est-à-dire, qu'en Angleterre la consommation individuelle peut être estimée au double de ce qu'elle est en France.

La somme de 100 millions, valeur des cuirs préparés en France, se composerait ainsi qu'il suit :

Valeur des cuirs bruts mis en œuvre.	53,373,687 fr.
Dépenses, salaires et profits du tannage. . . .	29,491,079
Dépenses, salaires et profits du corroyage. . .	16,572,953
Total.	99,437,719

Pour établir la somme de 53 millions de fr. comme valeur des cuirs bruts annuellement préparés en France, on a fait le calcul suivant. Les poids sont exprimés en kilogr. et les valeurs en francs.

	Poids.	Valeur.
Bœufs	12,900,000	9,675,000
Vaches.	19,442,280	12,831,904
Veaux.	13,500,000	14,850,000
Chevaux.	4,050,000	2,025,000
Cuirs frais importés.	1,180,445	944,356
Cuirs secs importés, représentant en cuirs frais	16,309,284	13,047,427
Totaux en poids et en prix. .	67,382,009	53,373,687

Pour dresser ce tableau on a pris pour bases les données suivantes.

Bœufs. On en consomme annuellement 302,000, et la mortalité, évaluée à 2 p. % des 2,106,000 bœufs, qui existent en France, en enlève 42,120, ce qui fait un total de 344,120 peaux de bœuf. Elles valent en moyenne

75 fr. le quintal métrique, et pèsent 35 kil. 5 (nous avons vu plus haut, au chapitre de l'Agriculture, que la moyenne du poids est seulement de 34 kilogr.).

Vaches. On en consomme 618,000, et la mortalité, évaluée à 3 p. % des 3,426,000 vaches qui existent en France, en enlève 129,780, ce qui fait un total de 747,780 peaux de vache. Elles valent en moyenne 66 fr. et pèsent 26 kilogr. (nous avons dit plus haut 22 kilogr. seulement).

Veaux. On en consomme 2,580,000, et l'on suppose que la mortalité en enlève annuellement au moins 120,000; total, 2,700,000 peaux de veau. Elles valent en moyenne 110 fr. le quintal métrique, et pèsent 5 kilogr.

Chevaux. Il en existe en France, 1,800,000 : en portant au dixième le nombre des chevaux morts ou abattus dans une année, on a 180,000 peaux. Elles valent 50 fr. le quintal métrique, et pèsent 22.5 kilogr.

Aux 53,373,687 fr., valeur des cuirs bruts, le tannage, avons-nous dit, ajoute une valeur de 29,491,079 fr., ce qui met à 82,864,766 fr. la valeur des cuirs tannés en France. Voici comment on peut la décomposer quant au poids (en kilogr.) et au prix (en fr.) :

	Poids.	Prix.
Cuirs tannés de bœufs.	6,450,000	14,835,000 fr.
— de vaches	9,721,140	24,302,850
— de veaux.	6,750,000	18,900,000
Cuirs de chevaux tannés en France.	1,620,000	3,402,000
Cuirs provenant des peaux importées.	8,744,864	21,424,916
Poids total et valeur des cuirs tannés en France	33,286,004	82,864,766

Dans presque toutes les villes du royaume il y a des tanneries : la plupart ne fournissent qu'à la consommation locale; mais, dans plusieurs de ces villes, la réunion d'un grand nombre de tanneries offre au commerce une masse de produits dont il s'empare pour en faire l'objet de transactions importantes. Les progrès de la tannerie en France ne doivent pas être jugés d'après ceux de cette industrie à Paris, principal centre du commerce auquel elle donne lieu; mais le véritable siége de cette industrie elle-même, en grand, est dans les départements de l'Eure, du Calvados, de la Seine-Inférieure, de la Seine, de la Somme et de Saône-et-Loire. Quant aux villes, ce sont Pont-Audemer et Bernai (Eure), Saint-Saens, Rouen (Seine-Inférieure), Caen, Lisieux, Falaise, Bayeux, Orbec, Broglie (Calvados); Troyes (Aube), Sens, Châlons-sur-Saône (Saône-et-Loire), Auxerre (Yonne), Blois (Loir-et-Cher), Givet (Ardennes), Reims (Marne), Provins (Seine-et-Marne), Chartres (Eure-et-Loir), Saint-Germain (Seine-et-Oise), Dreux (Eure-et-Loir), Abbeville, Péronne (Somme), etc., etc.

On sait que le corroyage a pour but de donner au cuir du brillant, de la couleur et de la souplesse. C'est à Paris qu'on excelle dans cette industrie : l'Angleterre seule peut rivaliser avec la corroierie parisienne.

On a vu que les cuirs français ne suffisent pas à la grande consommation du pays, mais l'importation ne lui amène guère que des cuirs bruts, la France n'ayant pas besoin de l'étranger pour la préparation de cet article. Sur une valeur de plus de 15 millions en cuirs importés, il n'y a que pour une somme insignifiante des cuirs préparés et ouvrés. D'un autre côté, il n'entre que pour 2,200,000 fr. de cuirs bruts dans l'exportation, dont cependant la somme totale s'élève également à plus de 15 millions. L'étranger est donc tributaire de nos tanneries. Voici les détails de l'importation et de l'exportation en 1834 :

		Importation.	Exportation.
Peaux de bœufs, vaches, veaux et chevaux. . .	fraîches.	1,180,445 fr.	33 fr.
	sèches. .	14,518,289	2,286,326
Cuirs tannés et corroyés		75,986	4,425,781
Peaux ouvrées autres que gants.		18,964	8,086,104
Sellerie, valeur déclarée		1,854	878,507
Valeur officielle et déclarée. .		15,795,538	15,676,751

Voici ce qu'on trouve dans les publications officielles sur l'ensemble de cette industrie.

L'Angleterre a passé longtemps pour exceller dans la préparation des cuirs, et l'on a cru que le produit anglais reprenait par la qualité l'avantage qu'il pouvait perdre par la disposition de ses prix. Mais le tableau de nos envois au dehors réfute cette opinion. Nous exportons dans tous les pays où l'Angleterre entretient des relations suivies, et partout nos produits, luttant avec les siens pour la qualité, l'emportent pour l'élégance et le bon marché.

Quant à la Belgique, les conditions du travail y sont, en général, les mêmes qu'en France. Le seul avantage particulier que possède l'industrie belge, c'est celui de son ancienneté, qui lui donne les moyens d'amortir son capital et lui permet de se contenter de bénéfices plus restreints.

La France possède en abondance les meilleures écorces et d'excellentes peaux. L'expérience et le progrès des arts chimiques l'ont enrichie depuis peu d'une branche d'industrie dans laquelle aucun pays étranger ne lui dispute la primauté : c'est celle des cuirs vernis [1]. Pour le maroquinage et la mégisserie, elle occupe le premier rang. Son tannage et sa corroierie font chaque jour les progrès les plus rapides.

Cependant la matière première que le pays fournit à cette industrie ne suffit pas à son activité : annuellement, de fortes importations ont lieu, ainsi qu'on le verra dans le volume suivant, p. 98; et, à cet égard, un grand accroissement s'est fait remarquer depuis vingt ans. La valeur totale des peaux brutes importées par le commerce spécial, qui, en 1827, n'était encore que de 8 millions et demi, s'est élevée, dès 1830, à près de 19 millions; elle a été de 19,593,000 fr. en 1839, et de 21,012,000 fr. en 1840.

L'exportation, sans avoir pris le même accroissement, est fortement en progrès, malgré les fluctuations qu'on y observe [2]. Le mouvement n'a pas atteint la ganterie ; mais l'exportation des peaux maroquinées et vernissées a sextuplé. Au total, l'exportation des cuirs et peaux préparées et ouvrées qui, en 1827, n'était encore que de 1,783,000 kilogr., valant 18,292,000 fr., a été, en 1839, de 2,475,000 kilogr., valant 28,440,000 fr. Les chiffres de l'année 1840 sont restés au-dessous de ces derniers, qui offrent le maximum.

(1) *Rapport du jury sur l'exposition de* 1839, t. III, p. 392.

(2) Voir au volume suivant, p. 147.

Les principales applications du cuir tanné et corroyé se présentent dans la cordonnerie, dans la sellerie, l'art du bourrelier, du carrossier, dans la fabrication des casquettes, dans celle des outres et des pompes à feu, etc., etc.

La fabrication des chaussures consomme une quantité énorme de cuir ; mais évaluer à 100 millions de paires celles qui se confectionnent annuellement en France, comme l'a fait M. Say dans un article de la *Bibliothèque britannique*, et à 300 millions le salaire des ouvriers qui les fabriquent, c'est à coup sûr tomber dans l'exagération ; on se demande même si tout le cuir tanné et préparé en France suffirait à une telle consommation, surtout en comprenant les bottes dans le chiffre que M. Say n'a attribué qu'aux souliers. Car il faudrait alors estimer à 5 ou 600 millions la seule fabrication des chaussures, et nous avons restreint plus haut au chiffre de 310 millions la valeur totale des ouvrages en cuir qui entrent annuellement dans la consommation française.

La sellerie fournit à une exportation annuelle de plus de 2 millions de fr. Dans l'Amérique du Sud, il ne se vend pas une seule selle de luxe qui n'ait été fabriquée à Paris. Partout, à l'étranger, la sellerie française jouit d'une grande réputation.

Le vernissage des cuirs, invention nouvelle dont nous avons déjà parlé, a fait de grands progrès, surtout depuis que, récemment, des fabricants anglais se sont établis à Pont-Audemer (Eure).

La fabrication du maroquin, importée d'Orient, mais

qui paraît avoir été pratiquée à Paris dès l'an 1665, ne fut véritablement naturalisée en France qu'un siècle après, grâce à la fabrique de Choisy-le-Roi, qui, en 1765, fut mise au rang des manufactures royales, et qui est encore l'établissement le plus considérable dans ce genre. On sait que le maroquin se fait avec des peaux de chèvre ou de bouc mis en couleur au moyen du sumac, de la cochenille, de l'indigo, de divers bois de teinture et de plusieurs mordants; les peaux de mouton et même celles de porc sont également employées dans cette fabrication. On en évalue la consommation, dans toute la France, à 9 ou 10 millions de fr., somme dans laquelle l'étranger entre pour un tiers environ, et dont 4 ou 5 millions reviennent à la seule ville de Paris, en y comprenant Choisy, où se pratique surtout la belle teinture. Aucune autre manufacture n'est parvenue jusqu'ici à porter sur les peaux toutes ces nuances de couleurs qu'on obtient sur la soie et sur les autres étoffes. Aussi tous les relieurs de Paris s'y approvisionnent. Après Paris et Choisy, ce sont surtout Marseille, Strasbourg et Lyon qui préparent les plus beaux maroquins et moutons maroquinés. Le nombre des ouvriers employés dans les fabriques de maroquin est de 1,800 à 2,000.

Mais de toutes les branches de l'industrie des cuirs, la mégisserie avec la chamoiserie, la ganterie, la culotterie, etc., est la plus avancée en France, et celle qui a maintenu sa supériorité sur l'Angleterre. Elle emploie des peaux de chevreau, d'agneau, de castor ou de chamois (car le premier nom est fictif), de cerf, de daim, etc.

Des peaux de loutre marine sont préparées, comme en Angleterre, pour servir à confectionner des bonnets et des casquettes. Les fourreurs qu'il faudrait peut-être citer encore ici, travaillent sur toutes sortes de pelleteries, et, pour mentionner seulement une branche de cette industrie, on apprête annuellement à Poitiers de 20 à 25,000 peaux d'oie, préparées pour fourrures et qui se vendent de 30 à 36 fr. la douzaine.

La mégisserie proprement dite se pratique le mieux à Annonay (Ardèche) où elle a pris une grande extension depuis 1816. La préparation des peaux de chevreau y occupe plus de 600 personnes et donne lieu à un mouvement annuel de plus de 5 millions de fr. Après les peaux d'Annonay, on préfère celles de Romans (Gard) et de Milhau (Aveyron). Lunéville, Chaumont, le Mans, font aussi de la mégisserie.

La ganterie toute seule produit une valeur qui peut être évaluée à 30 millions de fr. Elle produit environ 1,500,000 douzaines de gants, et occupe, non compris les mégissiers, 25 à 26,000 ouvriers. Voici quelles étaient, pendant 3 ans, les valeurs officielles de l'exportation de cet article (commerce spécial) :

Années.	Sommes.
1835	9,604,000 fr.
1836	9,063,000
1837	5,152,000
1838	9,441,000
1839	9,436,000
1840	5,536,000

On voit qu'il y a beaucoup de fluctuation dans ce commerce ; mais aucune des années de 1827 à 1832 n'avait atteint 9 millions. Ce n'est que sous Louis XIV, que les gants en peau prirent la place des gants en soie : Vendôme, Blois et Grenoble devinrent les principaux siéges de cette industrie : il y a quinze ans encore, les gants courants étaient dits *de Grenoble*, et cette ville les fournissait seule ; on les appelle aujourd'hui *gants de Paris*, quoique Grenoble n'ait rien perdu de son importance et rivalise avec Paris sans désavantage pour les gants en chevreau. Mais Paris est au premier rang pour les gants dits *de Suède*, faits avec des peaux d'agneau dont l'épiderme est en dedans et dont le dehors est chamoisé, et pour ceux en castor ou en chamois, qui n'est le plus souvent que du chevreau chamoisé. Les gants *surchair*, faussement appelés quelquefois gants *de peau de chien*, ne se font qu'à Grenoble. Vendôme ne fait plus guère que les gants communs ; mais les gantiers de Paris y envoient leurs gants coupés pour la couture qui s'y fait à moins de frais : aussi assure-t-on qu'il n'y a pas d'exagération à compter 1,000 ouvriers, dans Vendôme et les villages environnants, gagnant de 3 à 5 fr. par semaine, à coudre, piquer et broder des gants. La ganterie de Niort, qui produit des gants de castor, de daim, façon daim et chamois piqué à l'anglaise, pour une valeur de près de 700,000 fr., occupe environ 5,500 fabricants et ouvriers ; celle de Lunéville, qui en occupe près de 10,000, produit annuellement 1,200,000 paires. Rennes fournit des gants de daim.

L'Angleterre, où Worcester seul fabrique annuellement 500,000 paires de gants de castor et 5,600,000 d'agneau ou de chevreau, et qui a en outre les fabriques de Woodstock, Londres, Yeovil, Ludlow et Lominster, demande à la France ses peaux de chevreaux mégissées et annuellement 1,500,000 paires de gants, surtout de femmes.

§ 12. INDUSTRIE DU SUCRE. Le sucre est le principal produit de nos colonies des Indes-Occidentales qui en peuvent fournir 80 millions de kilogr. et plus par an [1].

(1) M. Neumann estime à 1,011 millions de livres (506 millions de kilogr.; d'après M. Rodet 675 millions de kilogr.) la consommation totale du sucre qui se fait en Europe. Elle est fort inégalement répartie, car il en reviendrait à la Grande-Bretagne 321 millions et demi, à la France seulement 178 et demi, à l'association douanière Allemande 106 (dont seulement 10 à la Bavière), à l'Espagne 87, à la monarchie Autrichienne 65, à la Belgique 60, à la Russie 40, aux Pays-Bas 35. La consommation annuelle du sucre d'un individu serait par conséquent dans la Grande-Bretagne de 20 livres, en Belgique et dans les Pays-Bas de 15, en Suisse et en Espagne de 6, en France de 5 et demi, en Autriche et en Italie de 2, en Russie de moins d'un, etc. Nous ne savons si ces proportions sont tout-à-fait exactes; mais quant au chiffre de la France, on peut le trouver affaibli, car nos calculs tendent à porter notre consommation au moins à 3 kilogr. et peut-être à 3 et demi, ce qui néanmoins n'est toujours qu'à peu près un tiers de ce qui se consomme de sucre dans la Grande-Bretagne. Pour obtenir, en Europe même, la quantité de sucre nécessaire à la consommation, on assure qu'il faudrait cultiver en betteraves 119 milles carrés géographiques de terre, et employer 3,750 à 5,000 millions de kilogr. de bois. Dans l'état de choses actuel, les Antilles fournissent peut-être les neuf dixièmes du sucre qui entre dans le commerce général. Mais en sera-t-il toujours de même? Il est certain que, dans les Antilles anglaises, l'émancipation des esclaves a considérablement diminué cette production. Au lieu des 186 millions de kilogr. de 1834, elles ne livrèrent

Leur prospérité dépend, d'une part, des récoltes qu'elles en font, et, de l'autre, du placement qu'elles lui trouvent dans la métropole; car tout autre marché leur est interdit pour le sucre brut. Cette denrée alimente en grande partie le commerce colonial, qui est, comme on sait, un des grands intérêts du pays et la véritable base de sa puissance maritime.

Heureusement, la consommation du sucre a beaucoup augmenté en France depuis le commencement de ce siècle : il est en quelque sorte devenu pour nous ce qu'il était déjà en Angleterre, quoique dans une proportion moindre, un objet de première nécessité. Si donc le marché était resté abandonné à nos colonies, le travail et l'industrie des planteurs auraient trouvé une large compensation.

Mais indépendamment de l'admission sur le marché des sucres étrangers qui arrivèrent tous les ans en plus grande quantité, notamment de Cuba et de Porto-rico (colonies espagnoles), du Brésil, de l'île hollandaise de Java, etc., une concurrence redoutable s'éleva dans le pays même contre le sucre colonial qui s'entassait dans les entrepôts.

Avant de nous occuper du sucre de betterave, nous allons constater, d'après les documents fournis par l'Administration des douanes, la situation des sucres exotiques, quant à leur introduction et à leur consommation en France, pendant quatre années, en prenant pour fin de chacune le 31 octobre.

plus à l'Europe, en 1839 (première année de leur liberté), que 144 millions, et 113 millions en 1840.

SUCRES EXOTIQUES.

Situation au 31 octobre des années 1838 à 1841. (D'après les documents de l'Administration des Douanes.)

		1838.	1839.	1840.	1841.
		Kilogr.	Kilogr.	Kilogr.	Kilogr.
Sucre des colonies françaises.	Importé.	75,399,000	78,963,000	65,160,000	80,083,000
	Consommé	56,786,000	64,189,000	70,480,000	60,076,000
	Existant en entrepôt. .	27,410,000	31,852,000	14,591,000	28,605,000
Sucre étranger	Importé.	10,574,000	5,512,000	13,686,000	19,622,000
	Consommé.	3,016,000	603,000	5,297,000	10,425,000
	Existant en entrepôt. .	2,514,000	3,461,000	5,459,000	10,235,000
Réunion des sucres exotiques français et étranger.	Importés	86,973,000	84,475,000	78,846,000	99,705,000
	Consommés	59,802,000	64,792,000	75,777,000	70,501,000
	Existant en entrepôt. .	29,924,000	35,313,000	20,050,000	38,840,000
		fr.	fr.	fr.	fr.
Prix courant par 100 kilogr.	Aux colonies françaises.	Août. Antilles.	»	55	40
		Août. Bourbon	»	54	38
	Au Havre.	Octobre. 109	110	138 à 139	104
	A Paris.	*Id* 120	118 à 119	149 à 150	115

Dans le chapitre de l'Agriculture, nous avons déjà parlé de la betterave et du parti qu'on tire du principe sucré qu'elle renferme. Le blocus continental avait fixé l'attention de nos industriels sur cette ressource précieuse, devinée déjà au dernier siècle par Margraff, et constatée, au commencement de celui-ci, par des produits obtenus dans une usine qu'Achard avait fondée en Silésie. Les procédés de fabrication, très grossiers encore à cette époque, furent introduits en France en 1809, et, au bout de quelques années, des spéculateurs, séduits par la cherté du sucre exotique et par les primes élevées qu'on accordait à l'exportation du sucre raffiné, s'en emparèrent pour les pratiquer dans de nombreuses usines qui s'élevèrent dans le pays. L'analyse chimique de la betterave entreprise par M. Payen vint seconder le travail, et les efforts de la science simplifièrent successivement les procédés d'extraction du sucre arrivés aujourd'hui à un degré bien proche de la perfection, et qui ne semble attendre qu'un dernier essai pour s'y fixer complétement.

Trouvant ainsi le marché de la métropole approvisionné déjà par la culture indigène, les sucres coloniaux ont vu leurs prix baisser sensiblement ; il en entra moins dans la consommation, et, à la suite de cette circonstance, ainsi que par les dégrèvements qu'il fallut accorder momentanément à leur importation, le revenu du gouvernement s'affaiblit. On a fait le rapprochement suivant où les prix toujours diminuants du sucre colonial arrivé dans nos ports, sont mis en regard du chiffre toujours croissant de la consommation. Cependant nous ajouterons tout de suite que le chiffre de 1838 ne paraît pas authentique : le ministre compétent a formellement déclaré qu'il résultait d'une évaluation fort exagérée; peut-être toutefois serait-il maintenant plus près de la vérité.

Années.	Consommation.		Prix du sucre brut par 100 kilogr.
1817.	37	millions de kilogr.	190 fr.
1828.	61	—	150
1831.	76	—	130
1838.	120	—	110

Les prix continuant de fléchir en 1839, le planteur était en perte, pendant que le producteur indigène, protégé, non plus par l'immunité complète dont il avait longtemps joui, mais par la modicité du droit qu'il payait, réalisait des profits raisonnables.

Une branche de revenu pour le gouvernement semblait menacée : les droits sur les sucres coloniaux qui, en 1831 et 1832, avaient rapporté 39 millions de fr., n'en rapportèrent plus, en 1837, que 31 millions et demi, somme dont il y avait à déduire le montant des primes d'exportation accordées aux sucres raffinés. La moyenne des sept années de 1831 à 1837 était de plus de 34 millions, réduits à 27 millions après le paiement de ces primes.

« Convaincu de la nécessité, dit le cahier ministériel de 1841, de limiter la production indigène, dans le double intérêt de notre marine et de nos colonies, comme aussi d'obtenir de l'impôt sur le sucre tout le revenu qu'il comporte, le gouvernement, se fondant d'ailleurs sur le principe d'égalité en matière d'impôt, adopta, au commencement de 1840, un système nouveau (différent des dégrèvements accordés à l'importation). Il proposa aux Chambres de reporter à l'ancien taux le droit sur le sucre colonial et d'élever immédiatement au même chiffre le droit sur le sucre indigène, en allouant une indemnité aux fabricants pour les dédommager de cette subite aggravation, qui, pour quelques-uns d'entre eux, devait amener la suppression de leurs établissements.

« Ce système ne prévalut pas (dans les Chambres). On préféra rétablir l'ancien tarif sur le sucre colonial, et n'exhausser que de 10 fr. en principal l'impôt sur le sucre indigène. Le droit fut alors porté à 27 fr. 50 cent., décime compris (loi du 3 juillet 1840).

« On crut ainsi, d'une part, faire cesser l'encombrement du marché par une diminution dans la fabrication du sucre de betterave (un certain nombre d'établissements étant supposés devoir fermer devant l'aggravation de l'impôt); d'autre part, relever les cours dans une proportion suffisante pour donner aux colons le prix rémunérateur dont ils ont besoin.

« Ce double but a-t-il été atteint?

« Les faits établissent :

« Que si quelques fabriques ont cessé de produire par l'effet de l'impôt actuel ou par toute autre cause, le chiffre de la production constaté par l'Administration des contributions indirectes, pour le sucre de betterave, s'est, de l'une à l'autre des deux dernières campagnes, accru de près de 12 p. %, et qu'à côté de celui-ci s'élève une production assez importante de sucre de pommes de terre, lequel n'a pas encore été soumis à l'impôt [1];

« Que le cours du sucre est tombé, en octobre dernier (1841), à 52 fr. les 50 kilogr. au Havre, *minimum* auquel il n'était jamais descendu, même à l'époque où la situation désastreuse du marché motiva l'ordonnance de dégrèvement (du 21 août 1839);

« Et que cette dépréciation excessive des cours réduit à moins de 14 fr. (au lieu de 25 fr. 50 cent.) le prix obtenu par le colon, c'est-à-dire qu'elle supprime de fait, non pas seulement le salaire du producteur, mais les moyens même de continuer la production.

« Dans cette situation, un cri de détresse parti de nos ports et de nos colonies, réclame des mesures énergiques contre un état de choses qui ne peut se prolonger sans amener de graves perturbations. »

Les fabricants de sucre indigène joignent eux-mêmes leur voix à ces protestations, déclarant leur position insoutenable sous le régime de la loi du 3 juillet 1840 et de l'impôt de 25 fr. Cependant la production intérieure n'a pas cessé de s'accroître, ainsi que l'attesteront les chiffres ci-après, chiffres même qui n'en comprennent pas la totalité, laquelle dépasse de beaucoup celui des quantités soumises au droit. Car, dit encore le cahier ministériel, l'impôt de 25 fr. présente cette

(1) Cette production était, au mois de juillet dernier (1841), évaluée par le Comité consultatif des arts et manufactures, à 4 millions de kilogr. environ, et, par l'Administration des contributions indirectes, à 4 ou 5 millions de kilogr.

double particularité, qu'insuffisant pour établir l'équilibre entre les deux sucres, il est cependant trop élevé pour qu'il soit possible d'en assurer la perception.

Une législation nouvelle est donc réclamée de toutes parts, et il est probable que le grand intérêt de la navigation nationale et de notre puissance maritime fera sacrifier la fabrication du sucre indigène à la nécessité de maintenir sur un pied raisonnable le commerce du sucre colonial. De graves motifs viennent de faire ajourner par le gouvernement et renvoyer à l'année prochaine la discussion de la loi nouvelle, annoncée d'abord pour la session de 1842.

Voici maintenant quel a été l'état de la production du sucre indigène depuis l'époque où il avait pris un développement suffisant.

Sa production entière n'était encore, en 1828, que de 4 millions de kilogr., quantité qui s'est élevée en 1831 à 9 millions, en 1833 à 19, et qui dépassa 30 millions dès 1835. En effet, dans cette année, une récolte de 668,986,762 kilogr. a produit 30,349,340 kilogr. de sucre brut [1]. En 1836, la récolte a dû être de 1,012,770,589 kilogr., d'un produit en sucre brut de 48,968,805 kilogr.

Le tableau ci-après offre les chiffres officiels du produit des années suivantes, par campagnes, lesquelles commencent le 1er septembre de chaque année et finissent au 31 août suivant.

(1) *Archives statistiques* officielles, p. 306.

	CAMPAGNES.		
	1838 - 39.	1839 - 40.	1840 - 41.
Nombre de fabriques. en activité	555	422	389
Nombre de fabriques. inactives	5	94	30
	kilogr.	kilogr.	kilogr.
Existant en fabrique au commencement de la campagne	7,906,550	8,890,229	4,102,656
Quantités fabriquées	39,199,408	22,748,957	26,939,897
TOTAL	47,105,958	31,639,186	31,042,553
Quantités consommées	38,215,729	27,536,530	26,925,562
Restant en fabrique à l'expiration de la campagne	8,890,229	4,102,656	4,116,991

	DU 1er JANVIER AU 31 DÉCEMBRE			
	1838.	1839.	1840.	1841. 10 premiers mois.
	fr.	fr.	fr.	fr.
Droits perçus	707,792	3,372,994	4,557,434	4,854,035

La production, dans la dernière campagne révolue, était donc arrivée, officiellement, jusqu'à près de 27 millions de kilogr.; et en tenant compte des quantités qui échappent à l'impôt, on peut même porter ce chiffre à 35, sinon à 40 millions de kilogr., ce qui fait au moins les $\frac{2}{5}$ de l'importation coloniale annuelle. Le produit annuel total de l'impôt perçu sur cette fabrication a été de 6,790,000 fr. Il y a eu sur les six premiers mois de la campagne de 1841 à 1842 une nouvelle augmentation, non-seulement dans le produit, mais dans ce qui en a été versé dans la consommation.

En réunissant les trois premiers mois de cette dernière campagne au produit des trois campagnes précédentes, on trouve un total de 97 millions de kilogr. Or la consommation du sucre colonial pendant le même laps de temps ayant été de 240 millions de kilogr., il suit de là que le sucre de betterave est entré, depuis 1838, pour plus d'un tiers dans l'ensemble de la consommation française.

En 1828, il n'y avait encore que 58 fabriques de sucre de betterave en activité et 31 en construction; en 1833, le premier chiffre s'était déjà élevé à 361, et en mars 1837, il y avait 543 fabriques en activité et 39 en construction, total 581. Le seul département du Nord en possédait 270, et les arrondissements de Valenciennes et de Lille entraient à eux deux dans la production du département pour $\frac{3}{4}$, et dans celle de tout le royaume pour moitié. Il y avait 140 fabriques dans le Pas-de-Calais, 51 dans la Somme, 44 dans l'Aisne; l'Isère avait aussi une douzaine de fabriques, mais la production des autres départements était insignifiante. Ces chiffres ont depuis subi une diminution : au 1er janvier 1840, il n'y avait plus que 427 usines, dont seulement 387 en activité. L'impôt ne paraît pas les avoir affectées bien vivement, car au 1er janvier 1842 il y avait encore 394 usines en activité et 16 en chômage. La loi du 3 juillet 1840 a atteint la petite fabrication, sans atténuer visiblement les forces des grandes usines : en diminuant dans la plupart des départements, la fabrication a augmenté au contraire dans les grands centres de production, dans le Nord, le Pas-de-Calais et la Somme [1].

Pour donner encore une preuve du rapide développement de cette industrie, nous ajouterons l'état de la vente du sucre de betterave à Paris, pendant deux années consécutives.

Il a été vendu du 1er oct. 1834 au 30 sept. 1835. 12,000,000 kil.
— du 1er oct. 1835 au 30 sept. 1836. 20,000,000

Nous avons dit plus haut que, pris dans la betterave, ce sucre ne coûtait encore que 27 centimes par kilogr., et

(1) L'industrie du sucre de betterave s'est aussi répandue en Allemagne; mais elle n'est encore dans une situation réellement prospère qu'en Silésie, dans la Prusse saxonne et dans la monarchie Autrichienne. Dans les pays de l'association douanière, il y avait, en 1838, 95 fabriques en activité, dont 66 en Prusse; en 1839, 159 fabriques. On évaluait de 140 à 150,000 quintaux non métriques le produit du sucre brut obtenu en 1837, ce qui faisait environ $\frac{1}{7}$ de la consommation totale en sucres bruts étrangers. On comptait 187 fabriques en Bohême, à la fin de 1836, et 851 à la fin de mai 1838, mais en y comprenant la fabrication domestique qui ne produit que du sirop de betteraves

l'on estime à 70 cent. le prix de revient en général. Cela fait 70 fr. les 100 kilogr., et 97 fr. 50 cent. en y ajoutant l'impôt de 27 fr. 50 cent. par 100 kilogr. dont a frappé cette industrie la loi du 3 juillet 1840.

Le sucre indigène a de cette manière un grand avantage sur le sucre colonial qui revient nécessairement plus cher. Aux colonies mêmes, les 100 kilogr. valent 48 fr.; ils paient ensuite 49 fr. 50 cent. de droits à l'entrée dans nos ports, et l'on estime de 28 à 30 fr. le fret, l'assurance, les frais d'embarquement et la perte par déchet, ce qui porterait à 125 fr. 50 cent. les 100 kilogr. livrés aux raffineries françaises.

Aussi le prix moyen du sucre de betterave est-il presque toujours inférieur à celui du sucre colonial.

Quant au *raffinage* du sucre encouragé en France par des primes d'exportation, cette industrie fleurit surtout à Nantes, à Orléans, à Paris, à Marseille, à Roquevaire (Bouches-du-Rhône), à Rouen. En 1827, où 167 raffineries en pleine activité absorbaient 80 millions de sucre brut, il employait directement 6,000 ouvriers; un capital de 36 millions était nécessaire à l'exploitation de ces établissements. On assure que cette industrie paie annuellement de 12 à 15 millions pour main-d'œuvre, charbon, noir animal, papiers, ficelles, poterie, chaudronnerie, serrurerie, etc.

On suppose que, dans le raffinage, 100 parties de sucre brut rendent 75 de sucre raffiné.

Cette industrie non-seulement alimente la consommation intérieure, elle donne lieu en outre à une exportation de 5 à 7 millions de kilogr. Pendant la période décennale de 1827 à 1836, l'exportation des sucres raffinés en France était d'une valeur excédant 8 millions.

§ 13. Papeterie, impression sur papier. Le comte Chaptal avait calculé que les papeteries françaises, alors inférieures sous tous les rapports à celles de la Hollande et de l'Angleterre, versaient annuellement dans le commerce pour 21 millions de papier, pour lequel on employait la valeur de 5 à 6 millions de chiffons, et 15 à 16 millions représentaient les frais de fabrication et le bénéfice. D'autres ont porté la somme à 24 et à 25 millions. « L'Administration manque de documents à ce sujet, dit M. Costaz [1]; mais des hommes éclairés que nous avons consultés pensent que cette estimation approche de la vérité, et qu'à cette somme il faut ajouter celle de 12 millions dont elle s'accroît par le travail des imprimeurs. » Aucune des estimations récentes ne reste au-dessous de 25 millions, car la fabrication, assure-t-on, s'est accrue de plus des trois quarts pour le papier destiné à la typographie et à l'écriture, et dans une proportion bien plus grande encore pour le papier peint [2].

(1) *Histoire de l'administration, en France, de l'agriculture, des arts utiles, du commerce, des manufactures*, etc., t. II, p. 410.

(2) En Angleterre, on estime de 30 à 33 millions de fr. le produit de la papeterie dans son ensemble, et d'après Colquhoun même à 41 millions. Voici quelles quantités ont payé la taxe en 1834 :

Papier de 1re classe	519,418	quintaux.
Papier de 2e classe.	164,771	—
Cartonnage.	46,655	—
Papiers peints.	7,960,761	—

Les meilleurs papiers à écrire, vélins collés, sortent des deux maisons Montgolfier d'Annonay (Ardèche), de celles de MM. Blanchet frères et Kléber, à Rives (Isère), et de celles des frères Lacroix, à Angoulême. Dans les manufactures d'Annonay, que les frères Montgolfier ont rendues célèbres, on fabrique tous les formats, tant pour l'écriture que pour l'impression. Au reste, on peut dire que depuis l'invention des papiers mécaniques à toile continue, due à un simple ouvrier, Louis Robert, et dont la papeterie de M. Didot Saint-Léger, à Essonne, fut le premier berceau (1799), il n'y a véritablement plus de formats fixes : les éditeurs commandent le papier suivant le format qu'ils désirent. Les principales fabriques de papier mécanique en France sont actuellement établies dans les localités suivantes : au Marais (Seine-et-Marne), à Écharcon et à Essonne (Seine-et-Oise), à Vidallon-lès-Annonay, Saint-Marcel,

On compte en Angleterre (avec la principauté de Galles) 700 papeteries en activité, et de 70 à 80 en Écosse. — Il y en a aussi un très grand nombre en Allemagne, quoique ce pays exporte de fortes quantités de chiffons et de drilles. La Prusse possède maintenant 433 papeteries dont les principales sont dans la province de Saxe, sur le Rhin et en Westphalie ; mais elles sont loin de suffire à la consommation prussienne. La Hesse électorale a 51 papeteries qui fournissent du papier ordinaire en surabondance. C'est en Bavière que la fabrication est le mieux entendue. Mais en général l'association douanière produit peu de papier dans les espèces supérieures et s'approvisionne pour ce qui lui manque, en Suisse, en France et en Hollande. Pour les papiers de tenture elle dépend surtout de l'étranger, malgré les progrès que l'on a faits en Bavière et dans la Hesse électorale.

Grosberty, Fayat (Ardèche), à Rives (Isère), à Ville-sur-Saulx et à Jean-d'Heurs (Meuse), à Maresquel (Pas-de-Calais), à Saint-Maur, à la Villette et à Saint-Denis près Paris; à Angoulême (Charente-Inférieure), à Sorges et à Saussay (Eure-et-Loir), à Plainfaing et à Saint-Dizier (Vosges). On compte en tout plus de 250 papeteries, dont plus de 25 dans le département de la Charente et 16 dans l'ancienne Picardie.

Les papiers d'Écharcon, du Marais, etc. sont aussi estimés pour l'écriture que pour l'impression [1]. La presque totalité des éditions de luxe qui s'impriment à Paris sont tirées sur ces papiers. Celui des journaux quotidiens sort des papeteries de la Villette, de Saint-Denis, du Mesnil et de Saint-Maur. L'impression des nouveautés a lieu sur les carrés vergés des Vosges, et sur les papiers mécaniques de la plupart des fabriques de province. Les meilleurs papiers de registres sortent de Rives, de Grenoble et de Saint-Omer. La soierie lyonnaise consomme d'énormes masses de papiers pour le pliage des étoffes de soie : elle les tire des fabriques d'Annonay, de Rives, Beaujeu et autres du Dauphiné. La lithographie tire principalement ses papiers des fabriques de Vidallon-lès-Annonay et d'Écharcon. Les mêmes établissements en fournissent aussi beaucoup pour la gravure en taille-douce, qui néanmoins emploie encore de préférence les papiers à la forme qu'elle tire de Plombières, Arches et Archelles dans les Vosges, de

(1) *Dictionnaire du Commerce et des Marchandises*, article *Papier*, t. II, p. 1702.

Luxeuil, Saint-Bresson et Raddon, dans la Haute-Saône. Pour la gravure à la manière noire, on préfère les papiers mécaniques. Les manufactures de papiers peints s'alimentent particulièrement dans les fabriques de Plainfaing (Vosges), de Ville-sur-Saulx (Meuse), de Besançon, etc., et pour les sortes communes dans celles de Saint-Maur, de Laval (Mayenne), etc.

L'industrie des *papiers peints*, qui a pris naissance dans ce pays, est encore pour lui un objet considérable d'exportation. Cette exportation, à laquelle les États-Unis ont la plus grande part, s'élève aujourd'hui à près de 2 millions ½ de fr. Toutes les classes de la société, en France, font d'ailleurs entrer les papiers peints dans leur ameublement, et, depuis 40 ans, cette industrie a pris un grand essor dans Paris qui en est le principal centre. En 1829, les produits de la fabrication parisienne étaient évalués par M. de Chabrol, préfet de la Seine, à près de 14 millions de fr. dont plus de 5 millions en papiers satinés, 2 millions ½ en papiers veloutés, et près de 6 millions en papiers mi-fins. Hors de Paris, où il existe environ 72 fabriques, on n'en compte que 6 à 7 de quelque importance, dont 3 à Lyon, 1 près de Mulhouse (à Rixheim), 1 à Strasbourg, 1 à Metz et 1 à Marseille.

§ 14. Librairie, imprimerie. Il est bien difficile de calculer, même approximativement, le nombre de feuilles imprimées chaque année. Le comte Daru l'avait évalué pour 1826 à 144 millions et demi de feuilles [1],

(1) Voir L. Goldsmith, *Statistique*, p. 173.

sans compter 21,600,000 autres feuilles annuellement publiées [1], selon lui, par la presse quotidienne. En prenant pour base le résumé du *Journal de la librairie* de 1835 fait par M. Beuchot, on n'a eu pour résultat que 125 millions de feuilles imprimées pendant cette année. D'après M. Cochut [2], la presse aurait livré au commerce dans cette même année 1835, 4,500 ouvrages en 82,298 feuilles types, c'est-à-dire en prenant pour unités les feuilles dont se composent les volumes d'un ouvrage, considérées indépendamment du nombre de fois qu'elles ont été reproduites. En fixant ce nombre à 1,500, en moyenne, on n'aurait encore que 123 millions et demi de feuilles [3]. A la même époque, on évaluait la consommation de papier de la presse périodique à 250 millions de feuilles ou à 500,000 rames; mais ce nombre serait certainement insuffisant aujourd'hui. On a cru pouvoir évaluer pour 1840, mais d'après des bases un peu arbitraires, le nombre total de feuilles imprimées à 668,791,518 feuilles.

On trouvera dans le volume suivant (p. 149 et 159), l'état de nos exportations en articles de librairie, état dans lequel toutefois les journaux quotidiens et tout ce qui s'expédie par la poste ne sont pas compris. Nous reviendrons d'ailleurs sur cette matière dans la partie de cette Statistique consacrée au tableau de l'état des lumières et des lettres en France.

(1) En 1826, 26,420,520 feuilles, selon M. Ch. Dupin.

(2) *Dict. du Commerce et des Marchandises*, article *Librairie*. Voir aussi l'art. *Papier*.

(3) Voir *Encyclopédie des Gens du Monde*, article *Librairie*.

« La création de la direction générale de la librairie, dit Chaptal[1], et le droit qu'elle percevait sur chaque feuille d'impression, ont permis d'évaluer avec quelque précision le nombre d'ouvrages de toute nature qui sortaient chaque année des presses françaises. La moyenne, déduite du produit comparé de trois années, nous a donné le résultat suivant :

	Fr.
Nombre de rames de papier imprimé.	123,580
Prix du papier	1,226,815
Les frais de composition, de tirage, de brochure, de gravure, les bénéfices de l'imprimeur portent la valeur des ouvrages imprimés à	10,826,363

« On ne comprend pas dans cette évaluation les feuilles périodiques, les affiches, les écrits clandestins, les impressions de l'imprimerie royale, celle des préfectures, sous-préfectures, mairies, tribunaux, écoles publiques et particulières, ce qui double au moins le nombre des impressions. On doit donc mettre à 21,652,726 fr. ce que l'imprimerie met de valeur en circulation chaque année. En déduisant le prix du papier, il reste 19,409,096 fr.

« Le nombre des ouvrages imprimés est, année commune, de 3,090 volumes. »

Aujourd'hui, on ne peut pas évaluer à moins de 20 millions la valeur créée par l'imprimerie à elle seule, et en comptant la presse périodique, peut-être faut-il la porter à plus de 25 millions.

(1) *De l'Industrie française*, t. II, p. 197.

En 1830, 287 villes françaises possédaient 626 imprimeries, et en tout 1,500 à 1,600 presses en activité. Il y avait 1,157 libraires brevetés dans 265 villes, et 339 dans la seule capitale.

§ 15. CONSTRUCTION DE MACHINES. Nous avons vu, p. 176, qu'il existait en France, à la fin de l'année 1836, 1,749 machines à vapeur : sur ce nombre, il y en avait déjà 1,393 d'origine française. Les autres sont importées d'Angleterre et de Belgique, et cette importation dépasse de beaucoup l'exportation; car, en 1835, celle-ci n'a été que de 1,776,000 fr., tandis que la première s'élevait à plus de 2 millions. En Angleterre, l'exportation, quoique gênée par des entraves, a été, dans la même année, de 7,698,775 fr. En France, dans l'année 1839, l'importation dépassait encore de beaucoup l'exportation[1]; mais en 1840, l'importation spéciale des machines et mécaniques a été d'une valeur de 2,840,850 fr. seulement, tandis que l'exportation spéciale s'élevait à une valeur de 3,974,345 fr. Il y a donc eu progrès dans la fabrication nationale.

On fait très bien les mécaniques en France; mais la fonte est inférieure à la fonte anglaise, quoiqu'elle coûte plus cher. Depuis 1826, on fabrique tous les bancs à broches et en fin, les *mull-jennys* et autres métiers. En bois, les *mull-jennys* se vendaient 7 à 8 fr. la broche; depuis que la fonte a été substituée au bois, la broche se vend 8 à 9 fr.

(1) Voir dans le volume suivant, p. 121.

C'est à Paris que la construction des machines françaises a son principal siége. Dans l'enquête commerciale, M. Pinet, mécanicien-constructeur, déjà mentionné à la p. 227, a fait connaître le montant de ses livraisons annuelles de 1822 à 1833. On y remarque un progrès merveilleux. Dans la première année, il a fourni seulement pour 39,816 fr. de mécaniques; en 1824, la somme avait dépassé 100,000 fr.; en 1833, elle s'était élevée jusqu'à 2 millions et demi.

Voici le montant des six dernières années données par lui :

1828..........	623,067 fr.
1829..........	716,099
1830..........	898,483
1831..........	1,389,933
1832..........	2,340,208
1833..........	2,526,665

Après Paris, viennent les fabriques d'Arras, du Creuzot, dirigées aujourd'hui par M. Schneider, de Rouen, de Mulhouse, de Nantes, etc.

L'établissement de Mulhouse a été formé en 1827, sous la raison de MM. André Kœchlin et Comp.; il est très avancé dans ses procédés, grâce à ses rapports avec les premiers constructeurs de Manchester (maison Sharp et Robert, etc.) L'établissement de MM. Rissler frères et Dixon à Cernay (Haut-Rhin) est plus ancien et a déjà entrepris une assez grande quantité de filatures de coton. Créé en 1818, il occupait, dès 1827, 700 ouvriers. Il est alimenté par une roue hydraulique de 10 chevaux, et il a une machine à vapeur de moyenne pression, de la force de 12 chevaux.

De très bonnes locomotives ont été fabriquées à Bitschwiller (Haut-Rhin), dans l'établissement de MM. Stehelin et Huber.

« Si l'on compare, est-il dit dans un savant article de M. Burat[1], la fabrique anglaise et la fabrique nationale, on reconnaît que nos constructeurs ne sont pas moins habiles que les constructeurs étrangers; mais que leurs ateliers ne sont pas, comparativement aux grands ateliers anglais, outillés avec tous les moyens nécessaires pour produire au meilleur marché possible. On y trouve encore l'emploi trop fréquent de la main-d'œuvre; la dextérité des limeurs et des foreurs n'est pas partout remplacée par des machines à planer, à dresser et à forer; les grands tours à supports mécaniques ne sont pas encore adoptés généralement. Il y a donc, sous ces divers rapports, des perfectionnements à introduire dans nos fabriques de machines. Reconnaissons toutefois que l'infériorité de l'outillage de nos fabriques ne doit pas être attribuée à un manque d'esprit progressif : nos constructeurs comprennent très bien l'importance de ces améliorations; s'ils ne se décident qu'avec difficulté à un changement d'outillage très coûteux, c'est qu'ils sont loin d'être placés dans des circonstances aussi favorables que les constructeurs anglais.

« En effet, l'Angleterre a sur nous cet avantage que la multiplicité des commandes de machines a permis

(1) *Dict. du Commerce et des Marchandises*, t. II, p. 1403.

d'y former des établissements spéciaux pour les différentes fabrications. Au contraire, il est prouvé qu'en France, dans l'état actuel des choses, un atelier de quelque étendue ne peut trouver un aliment suffisant dans la construction exclusive de certaines machines, même des machines à vapeur. Les constructeurs anglais pouvant donc concentrer tout leur talent et toute leur activité dans une fabrication spéciale, doivent nécessairement acquérir plus d'expérience, trouver des procédés plus économiques, enfin profiter des avantages qu'on réalise nécessairement en dirigeant tout un outillage vers un même but. C'est la spécialité de la fabrication qui a permis à l'Angleterre de simplifier d'une manière si admirable non-seulement la construction des machines à vapeur, mais la fabrication de tous les organes mécaniques, tels que les bancs à broches, les métiers à filer continus, les métiers à tisser et les mécanismes de tout genre. »

§ 16. Horlogerie. On a calculé que la France produisait annuellement pour 30 millions de montres et de pendules, les bronzes non compris. Chaptal avait déjà trouvé [1] qu'à Paris seulement le commerce de l'horlogerie était un objet de 20 millions par an, et occupait 9,000 ouvriers. On estime, dit-il (p. 162), qu'il se fabrique en France 300,000 montres par an, tant en or qu'en argent, et environ 5,000 pendules. Cependant la grande masse des montres qui se vendent dans nos

(1) *De l'Industrie française*, t. II, p. 34.

villes n'ont pas été faites en France, mais en Suisse où le travail de production exige bien moins de frais. Seulement ces montres, n'ayant pas toute la précision nécessaire, ont besoin d'une retouche générale. Ce ne sont que les montres fines et notamment les chronomètres de la marine qui se fabriquent véritablement en France, c'est-à-dire à Paris, où l'on assure que cette industrie occupe 10,000 ouvriers. Mais l'horlogerie mixte qui se fait avec les pièces importées de l'étranger est beaucoup plus lucrative que l'horlogerie de précision dont Paris est presque exclusivement le siége, et qui a fait la gloire des Berthoud, des Leroy, des Lepaute, des Breguet, des Motel, etc. On fait aussi à Paris beaucoup d'horloges et de pendules dont on ne tire pas du dehors les éléments constitutifs. D'après M. L. Goldsmith [1], 150,000 montres sont annuellement fabriquées en France, et 200,000 sont achevées ou repassées; on ferait annuellement, d'après la même autorité, 350,000 pendules en bronze doré ou en albâtre. Besançon, Montbéliard, etc. fabriquent des montres; mais la plus importante de toutes les fabriques françaises d'horlogerie, pour les pendules aussi bien que pour les montres, est celle de MM. Japy frères à Beaucourt, canton de Delle (Haut-Rhin), sur l'extrême frontière du côté de la Suisse. Cet établissement, peut-être le plus grand de tous dans la même branche et qui lutte pour le bon marché avec la Suisse et la Savoie, occupe de 8 à 900 ouvriers et produit par mois de 1,000 à 1,200 douzaines de mouvements de montres; il a produit jus-

(1) *Statistique*, etc., p. 172.

qu'à 700 douzaines d'ébauches de montres, sans pignons, par semaine. Il s'y trouve jointe une manufacture de vis à bois et de quincaillerie, occupant 1,000 à 1,200 ouvriers. On fabrique aussi beaucoup de mouvements de pendules à Saint-Nicolas d'Aliermont, village situé dans le voisinage de Dieppe, où M. Honoré Pons s'est établi en 1807; mais c'est de Paris que sortent les belles caisses en bronze doré si recherchées par toute l'Europe et dont on peut dire que cette capitale a le monopole.

Nous donnerons, dans le volume suivant (p. 151), l'état de nos exportations en horlogerie : ici nous nous bornerons à constater l'entrée et la sortie, au commerce spécial, pendant l'année 1840. Voici quelle a été l'importation pour les usages du pays, valeurs en fr. :

Montres à boîtes d'or. Mouvements ordinaires à roues de rencontre.	418,900
— Mouvements simples à la Lépine, répétitions ordinaires	1,372,000
— Répétitions à la Lépine et autres genres .	83,600
— Sans boîtiers	1,766
Mouvements de toutes sortes.	17,482
Carillons à musique.	2,030
Horloges en bois	358,110
Fournitures.	5,990
Total.	2,251,878

L'exportation de la fabrique française offrait, dans la même année, les chiffres suivants :

Horlogerie de toute sorte.	1,950,263 fr.
Horloges en bois.	24,151
Fournitures.	159,580
Carillons à musique.	34,128
Total.	2,168,122

§ 17. Fabrication des bronzes. Cette branche d'industrie ne se borne pas aux caisses de pendules en bronze nu ou doré, aux statuettes et figurines de toute espèce qui ornent nos cheminées ou captivent les papiers sur nos bureaux, articles qui sont devenus de véritables créations de l'art : elle embrasse en outre une grande variété d'objets d'ameublement et d'ornement. Ses produits s'élèvent annuellement à au moins 25 millions de fr.; on les a même évalués à 37 millions. Nous avons dit que Paris en avait en quelque sorte le monopole, et les nations étrangères restent à cet égard bien loin en arrière de nous, surtout pour le goût des modèles : aussi est-ce en Angleterre que sont exportés nos bronzes pour la majeure partie. On en vend à l'intérieur pour 12 à 15 millions de fr.

A cette industrie on peut joindre celle, non moins artielle, en métaux dorés qui, indépendamment des pendules, produit ces coupes, ces vases, ces couverts et surtouts où brille l'art des Denière et des Thomire, auquel toute l'Europe rend hommage.

§ 18. Fabrication du plaqué. On sait qu'on désigne par ce nom du cuivre laminé recouvert d'une feuille d'argent plus ou moins épaisse. Cependant il y a aussi du fer plaqué. Comme la précédente, cette industrie, qui occupe près de 3,000 ouvriers, est concentrée dans Paris; on y compte 38 ateliers dont 9 sont des fabriques considérables. Le seul M. Parquin produit pour 700,000 fr., et exporte pour 400,000. M. Gandais occupe aussi une place distinguée dans cette industrie. Il a été dit dans l'enquête commerciale qu'elle donne lieu à un commerce annuel de 6 millions; et ce chiffre n'est pas exagéré, puisque l'exportation spéciale a été, en 1839, de 4,156,770 fr., et en 1840, de 3,675,990 fr. Ce sont les flambeaux qui aujourd'hui sont le plus à l'usage du grand nombre. On en fait de 6 pouces à 3 fr. la paire, qui autrefois se vendaient 12 à 15 fr. Néanmoins, et quoique le plaqué français se distingue par le bon goût et la solidité, cette branche, à l'exportation, lutte difficilement contre l'Angleterre où le cuivre laminé revient bien moins cher.

§ 19. **Orfévrerie et bijouterie**, autre source de richesse pour Paris qui est encore le centre de cette fabrication, pour laquelle, depuis longtemps, la France ne connait pas de rivale. Le goût du dessin, la beauté des formes, l'élégance des ornements, l'égalité constante du titre de la matière ont acquis à ses produits de cette nature une réputation qui éclipse ceux des pays étrangers.

On évalue à 50 millions de fr. la fabrication d'objets en or et en argent; elle est à Paris seulement d'environ 60,000 kilogr. par an. Le droit de garantie du contrôle rapporte au Trésor 1,800,000 fr. par an, à peu près. Paris ne fabrique guère qu'au 1er titre, tandis que la province fabrique généralement au 2e. L'orfévrerie de Lyon, de Bordeaux, de Toulouse et de Strasbourg, les seules villes à citer, est de peu d'importance, les départements ayant plus d'avantage à s'adresser à Paris où le bon marché résulte naturellement de la réunion d'ouvriers nombreux dans chaque partie de la fabrication. Dans toute la France, le nombre des orfévres employés au travail des métaux précieux était, en 1825, de 11,412. Le poids total de l'or mis en œuvre par eux et soumis au droit de timbre était de 41,078 hectogr., et le poids de l'argent, de 696,075 hectogr.

Nous avons parlé des produits en métaux dorés qu'on doit aux Thomire, aux Denière : dans l'orfévrerie proprement dite, on trouve au premier rang M. Odiot, également à Paris. Là se rencontrent aussi les plus habiles ciseleurs en or et en argent, les Feuchère, les Fauconnier et autres ; mais à propos de cet art, il est impossible de ne pas nommer feu Kirstein, de Strasbourg, qui l'éleva de nos jours à une hauteur où il semble à l'abri de toute rivalité.

On compte à Paris 650 fabriques de bijouterie fine qui occupent 1,800 ouvriers bijoutiers, 500 polisseuses, reperceuses ou brunisseuses, 500 émailleurs, sertisseurs, graveurs, ciseleurs, etc. Cette fabrication, qu'on évalue à 24 millions, sans compter les pierreries [1] et qu'on trouve portée à 40 millions pour son ensemble, con-

(1) Suivant Chaptal, l'orfévrerie et la bijouterie parisiennes représentent une valeur de 27 millions de fr. *De l'Industrie française*, t. II, p. 36.

somme par an environ 4,500 kilogr. d'or, valant fr. 12,411,000. Pour la France entière, c'est plus du double.

Mais outre la bijouterie fine, il y a celle en argent, quelquefois vermeillée, celle en faux ou en chrysocale, bruni ou doré, la bijouterie d'acier et celle en fonte de fer qui produisent encore des sommes très considérables.

On a évalué à 4,000 le nombre de tous les ouvriers bijoutiers. Après Paris viennent Lyon, Marseille, Bordeaux, Clermont. A Lyon, on établit un peu de joaillerie et de la bijouterie pour les campagnes du Midi; à Marseille, on monte des roses et quelques brillants pour le Levant; à Bordeaux, il y a quelques fabriques de joaillerie; à Clermont-Ferrand, on fait principalement des bijoux creux pour la campagne.

Quoique ces divers articles trouvent leur placement en France même, où il se fait par exemple, et plus particulièrement à Paris, un emploi énorme d'argenterie, ils figurent aussi pour d'assez fortes sommes dans l'exportation, ainsi qu'on va le voir par l'extrait suivant des états du commerce spécial en 1839 et 1840 (valeur en fr.).

	1839.	1840.
Orfévrerie d'or ou de vermeil. . . .	148,600	181,275
— d'argent	968,102	1,102,874
Bijouterie d'or, ornée en pierres ou perles fines	772,821	746,879
Autre bijouterie d'or.	3,642,916	2,668,740
Bijouterie d'argent, ornée en pierres ou perles fines.	3,324	813
Autre bijouterie d'argent	114,091	127,124
Corail taillé, non monté.	423,600	377,000
Total.	6,073,454	5,204,705

La bijouterie, imitation d'or, n'est pas encore comprise dans ces chiffres; on en exporte annuellement pour une valeur d'au moins un million et demi. Nous ajouterons que les états officiels confondent peut-être encore, sous la rubrique *articles divers de l'industrie parisienne*, quelques articles que nous aurions pu faire figurer ici et qui ont donné lieu, en 1839, à une exportation spéciale de 4,486,445 fr., et en 1840, de 4,166,203.

§ 20. EAUX-DE-VIE, LIQUEURS SPIRITUEUSES, ESSENCES, BRASSERIES DE TOUTE SORTE. D'après M. L. Goldsmith, la valeur totale du produit de la distillation serait de 75 millions de fr., et elle donne au Trésor public un revenu de près de 100 millions[1]. Elle absorbe tous les ans de 5 à 6 millions et demi d'hectolitres. Distillés en eaux-de-vie, les vins riches du Midi se réduisent jusqu'à un tiers de leur volume, et ils se réduisent jusqu'à un sixième lorsqu'ils sont transformés en esprits. Mais le vin ne sert pas seul à cette distillation : on emploie encore la fécule, les pommes de terre, les grains, la mélasse (pour le rhum et le tafia), le cidre et le poiré; autrefois, on se servait encore des baies de genièvre.

Ces derniers produits n'étant pas atteints par la régie des contributions indirectes, on ne peut pas évaluer la fabrication totale de l'eau-de-vie et des liqueurs spiritueuses. Au reste, ils ne paraissent pas ajouter une très forte somme à la somme générale. Les spiritueux qui se font au moyen du vin peuvent être évalués à près de 1

(1) Voir l'art. *Esprits* du *Dict. du Commerce et des Marchandises.*

million et demi d'hectolitres. Même en ne comptant pas le midi occidental de la France, l'un des principaux sièges de cette industrie, on a trouvé un produit annuel de 602,964 hectol. valant 36,009,462 fr. La consommation intérieure est difficile à établir, car celle qui se rapporte aux campagnes est inconnue; on n'enregistre que celle des villes : or, dans les villes, la moyenne de l'octroi des années 1825, 1826 et 1827, a été de 3,300,500 fr. prélevés sur un total de 168,718 hectol. L'exportation est en moyenne de 200,000 hectol.[1]

L'eau-de-vie et les esprits sont renfermés dans des tonneaux appelés *pipes* et garnis de quatre bandes de fer. Les transactions se faisaient jusqu'à ce jour, soit au quintal, soit à la *velte*, dont 5 formaient un quintal et qui répondait à 7.61 litres. Une pipe est de 80 veltes.

Les pèse-liqueurs et les alcoolomètres servent à faire connaître le *titre alcoolique* des spiritueux. On employait autrefois le pèse-liqueur de Cartier; mais M. Gay-Lussac a fait introduire depuis l'alcoolomètre centésimal. La correction de la température est une chose importante dans l'évaluation du titre des liqueurs : le *tempéré*, qui sert de base, répond à 10° Réaumur, ou à 15° centigrade. Les eaux-de-vie potables portent de 17° à 22° Cartier; les esprits portent de 33° à 40°; mais les esprits-de-vin du Midi ne portent que 33° Cartier ou environ 85° centésimaux.

Il n'est guère de pays vignobles qui ne produisent des eaux-de-vie, au moins pour la consommation locale. Les

(1) Voir au vol. suivant, Tableau du commerce, p. 129.

départements qui en fabriquent le plus sont la Charente et la Charente-Inférieure; puis viennent les Bouches-du-Rhône, la Dordogne, le Gard, le Gers, la Gironde, les Landes, Loir-et-Cher, la Loire-Inférieure, Lot-et-Garonne, les Hautes-Pyrénées, les Deux-Sèvres et le Var. Tous les pays vignobles produisent en outre de l'eau-de-vie de marc, qualité inférieure ayant un goût particulier et provenant du marc de raisin. Les eaux-de-vie les plus estimées sont celles de la Charente, connues sous le nom de *Cognac*, *Jarnac* et *eaux-de-vie d'Angoulême*. Le nom de *Cognac* est devenu générique et synonyme de ce qu'il y a de plus excellent en fait de liqueurs. Les eaux-de-vie de la Charente-Inférieure sont d'une qualité moins bonne : ce sont celles d'Aunis, de Surgères, de Saint-Jean-d'Angely, de La Rochelle, de l'île de Ré, etc. On nomme *Champagne* la contrée où se fabriquent les eaux-de-vie les plus parfaites : elle s'étend dans les deux départements, qui produisent ensemble environ 450,000 hectol. d'eau-de-vie, et elle comprend en partie les territoires de Saintes, de Jonzac et de Cognac. Les *fines champagnes* sont les marques les plus estimées. Les eaux-de-vie des Charentes portent 22°, et elles ont un parfum qu'elles doivent au vin qui les produit et au soin qu'on apporte à la distillation. L'eau-de-vie de Bordeaux et celle du Languedoc sont également renommées.

Dans la Franche-Comté et en Alsace, on produit, comme nous l'avons dit plus haut (p. 69), une petite quantité de *kirsch*, fait, à l'imitation de celui de la Forêt-Noire, au moyen de la distillation du jus exprimé du mérisier. Cette industrie augmente tous les ans et elle donne lieu à une exportation très faible encore, mais également toujours croissante.

La fabrication des esprits-de-vin est aujourd'hui limitée aux départements de l'Hérault, de l'Aude et du Gard. Nîmes en produit une grande quantité, mais les principaux marchés sont Béziers et Pézenas. Les transactions s'y font au quintal, qui équivaut, avons-nous dit, à 5 veltes. On appelle *trois-six* les meilleurs esprits; ils portent presque toujours le nom de Montpellier, car ceux qu'on fabrique dans cette dernière ville sont préférés aux esprits fabriqués à Lunel et dans le Gard.

Dans les années ordinaires, le Midi livre au commerce 50 à 60,000 pipes d'esprit; dans les années mauvaises, cette production se réduit à 40,000 pipes, mais quelquefois, dans des années exceptionnelles, elle s'élève en revanche jusqu'à 80,000. A l'entrepôt de Paris, la consommation annuelle des esprits est de 10 à 12,000 pipes.

Les liqueurs les plus renommées se fabriquent à Lyon, à Grenoble, à la Côte-Saint-André (Isère), à Grasse (Var), à Phalsbourg (Meurthe), à Verdun, à Bordeaux, etc., etc.

Des *brasseries* nombreuses pour la fabrication de la *bière* existent surtout dans le nord de la France et dans les départements de l'est. Voici le produit de chacune des trois régions recensées en bière forte, mélangée et en petite bière. Les quantités sont en hectol. et les valeurs en fr.

	Quantité.	Valeur.
Nord oriental.	3,115,615	41,419,432
Nord occidental	527,378	9,429,261
Midi oriental	166,942	5,447,719

Le midi occidental n'ajouterait rien à ces quantités.

Le *cidre* est fabriqué surtout dans la région du nord occidental. Voici les chiffres officiels :

	Quantité.	Valeur.
Nord occidental	10,406,961	79,361,300
Nord oriental.	461,505	4,941,308
Midi oriental.	2,440	20,380

Les meilleurs cidres sont ceux de la Manche et du Calvados. On en fait le plus dans les départements de la Seine-Inférieure, du Calvados, d'Ille-et-Vilaine, de l'Eure, de la Manche, du Morbihan, de l'Orne, de la Somme. Il est consommé sur les lieux, ou envoyé à Paris, ou converti en eau-de-vie. Il y en a plusieurs sortes qui supportent le transport par mer. On estimait à plus de 8 millions d'hectolitres, ou à $\frac{1}{6}$ environ de la production du vin, la production totale du cidre; mais d'après les chiffres ci-dessus de la Statistique agricole, elle doit s'élever jusqu'à près de 11 millions. La valeur moyenne est de 7 fr. 75 c. par hectol. Les cinq départements de la Normandie fournissent à eux seuls la moitié du chiffre total, valant 34 millions de fr.; et, parmi eux, le seul département de la Seine-Inférieure, le plus riche en cidre de tous (les pommiers y occupant 34,009 hect.), en fabrique annuellement 1,300,000 hectol., représentant une valeur de plus de 8 millions. Les cinq départements de l'ancienne Bretagne produisent annuellement près de 2 millions d'hectol. de cidre, formant une valeur de 13 à 14 millions.

§ 21. Industries diverses. Les matériaux nous manqueraient si nous voulions poursuivre cette revue de l'industrie française dans toutes ses moindres branches et rechercher quelles valeurs chacune met en circulation.

Cependant parmi celles qui n'ont pas trouvé place ici il en reste quelques-unes auxquelles est due au moins une mention.

La *savonnerie* avait autrefois son siége presque exclusif à Marseille, et son produit était évalué à 30 millions de fr. Aujourd'hui, ces sortes d'établissements sont disséminés sur tout le sol de la France ; mais l'importance de leur production ne s'est pas sensiblement accrue. Pourtant on fabrique très bien aujourd'hui le savon de toilette qui nous venait autrefois de l'étranger.

La *parfumerie* est une industrie toute française. Paris en est le principal siége ; mais le Bas-Languedoc et la Provence y prennent part. On en estime le produit à environ 13 millions de fr.

Les *amidonneries* en donnent un d'environ 18 millions dont l'exportation ne réclame qu'une très faible part. Outre l'emploi de l'amidon comme matière nutritive, on sait qu'il donne la *colle de pâte* employée dans le cartonnage, l'affichage, les tentures, l'application des couleurs et dans la fabrication des sirops artificiels. Troyes, Lyon, Toulouse, Valenciennes, Nérac,

Lille, Metz, Montpellier, Rouen, Orléans et Paris ont des établissements de ce genre.

La *colle forte*, d'un si grand usage dans l'industrie manufacturière, se fabrique à peu près dans les mêmes villes; il faut toutefois y ajouter Strasbourg, Bordeaux, Nantes, etc.

La *chapellerie* a surtout son siége à Paris et à Lyon; mais toutes les grandes villes de France l'exercent aussi. Vers 1815, on comptait en France 1,159 fabriques de chapellerie, dans lesquelles on occupait 17,000 ouvriers; le produit s'élevait à 19,500,000 fr. Les chapeliers auxquels les fabricants fournissent les chapeaux et qui les approprient ensuite aux besoins et au goût de chaque localité, ajoutent encore un quart à cette somme, ce qui porte l'ensemble du commerce des chapeaux à 24,375,000 fr.

L'*ébénisterie* se pratique à Paris et dans quelques autres localités tellement en grand qu'on peut très bien la ranger sous l'une des rubriques de l'industrie. On assure qu'elle donne un produit annuel d'environ 41 millions, dont 25 millions se rapportent aux meubles grossiers fabriqués avec le bois indigène.

La *fabrication des instruments de musique* qui a pris tant d'extension de nos jours, surtout à Paris où le nombre des facteurs augmente constamment, occupait, du temps de Chaptal, 1,067 ouvriers et créait une valeur de 2 millions.

Vient ensuite celle des *instruments de mathématiques* ou *de précision*, d'astronomie, de physique, d'optique, de chimie, d'appareils de chauffage, etc. Elle a son siége principal à Paris, mais nous ne pouvons en apprécier l'importance pécuniaire.

La *pelleterie*, ou fabrication de fourrures, mérite aussi d'être mentionnée. Son principal siége est également à Paris. Le pays lui-même fournit ce qu'on appelle les *sauvagines*, c'est-à-dire, des peaux de renard commun, de fouine, de putois, de loutre de rivière, de chat, de lièvre et de lapin. On les tire surtout des Pyrénées, des Vosges, de l'Auvergne et de la Lorraine. La Normandie fait un commerce assez grand de peaux de lapins. Pithiviers (Loiret) apprête annuellement 25,000 peaux d'oies. Cependant toute cette branche de la pelleterie ne donne guère lieu à exportation. Mais en revanche nos fourreurs tirent, par l'intermédiaire de Londres et des foires de Francfort et de Leipzig, des pelleteries plus précieuses de l'Amérique du Nord et de la Russie d'Europe et d'Asie, importation qui dépasse annuellement 2 millions de fr. [1]

Nous avons mentionné la *coutellerie* en parlant de l'industrie du fer et de l'acier (p.203); et parmi les autres fabrications que nous passons sous silence, nous ne citerons plus que celle des substances alimentaires, pâtes, poudres, etc.

§ 22. ARTS ET MÉTIERS. Les branches d'industrie que nous avons jusqu'ici passées en revue s'exercent généralement dans de grands ateliers, pour le compte d'un fabricant, et par des ouvriers dont chacun a son occupation fixe et n'est le plus souvent propre qu'à la partie

(1) Voir au volume suivant, Tableau du commerce, p. 155.

spéciale du travail qui lui est confiée. C'est par spéculation plutôt que sur commandes que le travail est entrepris ; la production se fait en grand et couvre alors les frais d'installation et d'entretien que nécessitent les divers appareils que l'on emploie, et qui sont ou des fourneaux, des marteaux, des métiers, etc. en très grandes proportions, ou des mouvements artificiels, mécaniques, employant des moteurs de tous genres, et empruntant la force nécessaire soit aux animaux domestiques, soit à l'eau, soit à la vapeur et à d'autres agents que notre siècle spéculatif et chercheur peut inventer. Rien de tout cela ne se rencontre dans le simple atelier de l'*artisan* professioniste : c'est lui-même qui fait le travail, avec un petit nombre de compagnons, et à l'aide de leurs bras réunis ; ainsi que lui, ses ouvriers en connaissent toutes les parties, et, loin d'être des machines vivantes, comme certains ouvriers des fabriques, ils ont besoin d'appliquer leur intelligence pour remplir leurs fonctions souvent fort compliquées. C'est d'ailleurs presque exclusivement sur commande, et non pas par spéculation, que le maître entreprend l'ouvrage, et celui-ci généralement est d'un usage immédiat ; ici, ce qu'on produit, ce ne sont plus des matériaux pour une nouvelle production, ce sont des objets usuels servant à la nourriture, à l'habillement, à l'habitation, à la locomotion, etc., en un mot aux besoins de tous les instants. Avec de faibles moyens, l'artisan suffit aux exigences de sa position : les grands capitaux lui sont inutiles. Il n'en est pas de même des facultés intellectuelles : plus il en possède, plus il a pu les développer, et plus aussi son travail sera fructueux, plus il lui offrira d'avantages. Il n'est pas rare qu'à force de raisonner son métier, l'artisan devienne *artiste*, et bien souvent aussi ses combinaisons, amenant d'utiles inventions, lui ouvrent le chemin de la fortune.

L'auteur d'un *Mémoire sur le Commerce et les Colonies de la France*, imprimé en 1789, a calculé qu'il y avait dans les campagnes 42,000 ouvriers employés aux arts, métiers et professions industrieuses; c'est-à-dire 42,000 ouvriers, artisans et agents des arts et métiers. Herbin, qui le cite[1], ajoute que la quantité de ceux qui exercent dans les villes ces sortes de professions est bien plus considérable, et que c'est en raison de la richesse des villes qu'il faut la calculer.

« On peut estimer, dit-il, que, sans compter les ouvriers attachés aux différentes manufactures, dont le salaire fait partie du prix des marchandises fabriquées, le nombre des autres ouvriers et artisans qui habitent les bourgs et villes de France, est au moins cinq fois plus grand que ne l'est celui des ouvriers de même espèce dans les campagnes. Ainsi, la quantité des ouvriers, artisans et gens exerçant des professions industrieuses, n'est pas moins de 215,000 individus. »

La journée de travail ne pouvant être portée, suivant lui, à moins de 1 fr. 50 c., et ce taux, multiplié par 300 jours à l'année (les autres étant déduits à raison des dimanches et fêtes), donnant le chiffre 450, il trouve une somme de 96,750,000 fr., représentant le bénéfice

(1) *Statistique gén. et part. de la France*, t. II, p. 71.

des artisans. Mais le prix de la journée nous semble devoir être compté dans le produit brut et non comme mesure du bénéfice, lequel nous paraît être plutôt l'indemnité ou la rémunération due à la dépense d'efforts physiques ou intellectuels, sans parler des chances de pertes auxquelles chacun est exposé.

D'autres ont fait le calcul suivant relatif à l'année 1789 :

Le nombre des ouvriers occupés dans les arts et métiers, en y comprenant la famille de ceux qui sont mariés, est de 600,000 individus, dont 200,000 réellement actifs. Le capital fixe, c'est-à-dire la valeur des ateliers, machines et instruments de travail, est de 41,270,110 fr., et le capital circulant, c'est-à-dire la valeur des matières premières et de la main-d'œuvre, de 165,081,000 fr. Le produit brut est de 185,716,111 fr., et le produit net, de 20,635,125 fr. On voit que les intérêts du capital fixe ne sont pas déduits.

Nous ignorons sur quelle base ces évaluations reposent, et nous les reproduisons ici simplement à titre de renseignement, regrettant de n'avoir rien de plus positif à y substituer.

On peut diviser les arts et métiers, suivant les matières sur lesquelles ils s'exercent, en quatre classes que nous nous bornerons à indiquer. Nous voudrions pouvoir déterminer le nombre d'hommes voués à chaque profession industrielle ; mais les données nous manquent pour cela, car le rôle des patentés, dont nous avons déjà parlé (p. 169 et suiv.), et qui comprenait, en 1837, 1,290,231 individus, embrasse, avec les artisans, non-seulement les fabricants et les manufacturiers, mais encore les commerçants à tous les degrés. Les distinctions qui y sont faites ont d'ailleurs pour base la cote des patentés, et non pas le genre d'industrie auquel ils se livrent.

A la première classe appartiennent les métiers ou arts mécaniques où l'on emploie les substances végétales.

Nous avons déjà parlé des *amidonneries* (p. 327), des *brasseries* (p. 325) et *distilleries* (p. 322), de l'*ébénisterie* (p. 328), de la fabrication des instruments ou *lutherie* (*ibid.*), qui s'exercent en grand aussi bien qu'en petit. Nous avons aussi donné (p. 174) le nombre des moulins, qui ne se rapporte pas seulement aux grandes minoteries, huileries, etc., mais aussi au simple atelier du *meunier*, de l'*huilier*, etc. Un des états les plus importants de cette classe, qui comprend encore les *menuisiers*, les *charrons*, les *charpentiers*, les *tonneliers*, *boisseliers*, *vanniers*, etc., etc., est celui du *boulanger*, soumis à des règlements administratifs, pendant que la plupart des autres sont libres. Le nombre des boulangers est limité; certaines conditions d'aptitude et de ressources sont exigées d'eux; bien plus, leur produit est taxé par l'autorité municipale. L'intérêt général, la nécessité d'assurer l'alimentation publique, justifie cette exception. On compte à Paris de 7 à 800 boulangers, et ils sont obligés d'avoir en dépôt, dans les greniers du gouvernement, de la farine pour environ 3,000 fr.

La seconde classe comprend les métiers où l'on emploie les substances animales, comme ceux des *tanneurs*, *corroyeurs*, *mégissiers*, auxquels se rapporte une partie de ce que nous avons dit p. 284 et suiv., ceux des *selliers* (p. 290), des *gantiers* et *culottiers* (p. 291), des *bottiers* et *cordonniers* (p. 290), des *chapeliers* (p. 327), des *bourreliers*, des *relieurs*, des *chandeliers*, des *charcutiers*, des *bouchers*, etc. La dernière des professions nommées, qui, comme la boulangerie, tient de près à l'alimentation publique, en est de même une des plus importantes. Elle n'est pas tout-à-fait libre non plus, surtout à Paris, où elle est soumise aux dispositions de l'ordonnance du 18 octobre 1829, qui limite à 400 le nombre des étaux. Voici quelques autres de ces dispositions. Pour exercer la profession de boucher, il faut une autorisation du préfet de police; celui qui l'a obtenue doit exploiter son étal par lui-même, et ne peut en exploiter plus d'un ; chaque boucher doit verser dans la caisse de Poissy un cautionnement de 3,000 fr.; le syndicat de la boucherie est rétabli. Quant à la matière sur laquelle cet état s'exerce, les bestiaux, il en a déjà été traité dans le deuxième chapitre de ce volume (p. 79 et suiv.), et nous y reviendrons un peu plus loin dans une note additionnelle.

Dans la troisième classe figurent les métiers où l'on emploie les substances minérales. Il faut y ranger les *horlogers* (voir p. 315), les *arquebusiers* ou *armuriers* et *fourbisseurs* (p. 204), les *couteliers* (p. 203), les *orfèvres* et *bijoutiers* (p. 319), soumis à un contrôle[1], les *fondeurs*, les *doreurs* (p. 318), les *maréchaux*, les *serruriers*, les *taillandiers*, les *plombiers* et *ferblantiers*,

(1) Voir ce mot et *Garantie* dans l'*Encyclopédie des Gens du Monde*.

les *chaudronniers*, les *couvreurs*, les *vitriers*, les *paveurs*, etc., etc.

Enfin, à la quatrième classe appartiennent les métiers où l'on emploie à la fois des substances végétales, animales et minérales. Des métiers de ce genre sont ceux des *passementiers*, des *boutonniers*, des *tailleurs*, des *tapissiers*, etc., etc.

***

RÉCAPITULATION

DES VALEURS BRUTES CRÉÉES PAR L'INDUSTRIE PROPREMENT DITE

(LA MATIÈRE PREMIÈRE COMPRISE [1].)

Industrie du fer, y compris l'extraction et la préparation des minerais ainsi que la valeur des combustibles.	124,000,000
Élaboration du cuivre, du zinc et du plomb.	26,500,000
Verreries, cristalleries et fabriques de glaces.	47,500,000
Fabrication de la porcelaine, de la faïence et de la poterie en général.	27,500,000 [2]
Tuilerie, briqueterie, fabrication de la chaux et du plâtre	66,500,000
Fabrication de produits chimiques	22,000,000
Industrie du chanvre et du lin.	360,000,000 [3]
A reporter. . . .	674,000,000

(1) Une assez grande partie des produits de l'agriculture et de l'exploitation des mines est par conséquent renfermée dans les chiffres qui vont suivre.

(2) Nous ne savons où M. L. Goldsmith a pris le chiffre de 125 millions qu'il assigne (p. 170) à la seule faïence. Plusieurs autres chiffres, comme celui des objets d'or et d'argent avec la bijouterie, sont également enflés; mais en revanche la plupart sont trop faibles.

(3) Nous craignons que le chiffre de 525 millions que nous

Report. . . .	674,000,000
Industrie du coton	500,000,000 [1]
— de la laine.	400,000,000
— de la soie.	230,000,000
— du cuir et des peaux	300,000,000
— du sucre	45,000,000 [2]
Papeterie, impression sur papier.	25,000,000
Librairie, imprimerie.	25,000,000
Construction de machines.	10,000,000 [3]
Horlogerie	30,000,000
Fabrication des bronzes.	25,000,000
— du plaqué.	6,000,000
Orfévrerie et bijouterie.	50,000,000
Distilleries, brasseries, etc..	206,000,000
Industries diverses.	135,000,000
Arts et métiers.	250,000,000 [4]
Total. . .	2,911,000,000

avons donné à la p. 214 ne soit trop élevé. Il est en effet supérieur à toutes les autres évaluations. Nous nous bornerons donc à tripler celui de la récolte tel que nous l'avons indiqué à la p. 52.

(1) Nous réduisons à cette somme celle de 600 millions qu'on trouve à la p. 223, afin de nous rapprocher davantage de la moyenne. Sur cette même page, vers la fin de la 2e note, il faut lire 600 millions au lieu de 500 millions.

(2) Dans cette somme ne sont compris que le sucre de betteraves, pour 30 millions de fr. qui se rapportent à moins de 30 millions de kilogr., et le raffinage du sucre pour 15 millions. Quant au sucre colonial, on en produit annuellement pour environ 60 millions de fr., à s'en tenir même au chiffre officiel des douanes. Voir au vol. suivant, p. 106.

(3) C'est une évaluation purement approximative, une simple conjecture, que nous donnons au lecteur pour ce qu'elle vaut.

(4) Sans compter différentes branches qui s'y rapportent, mais qui sont déjà comprises dans les rubriques précédentes.

Nous ne croyons pas que ce total ni les sommes dont il se compose soient exagérés; cependant nous ne dissimulerons pas que nos chiffres dépassent toutes les évaluations antérieures dont la plus forte limite encore le total à 2 milliards. M. L. Goldsmith a même réduit cette somme à 1,820 millions, et Chaptal à 1,404 millions. Le produit brut créé par l'agriculture et par l'exploitation des mines réunies est de 5,200 millions, comme il sera dit plus loin dans la note 9e : on voit que la distance est énorme, même en adoptant pour l'industrie la plus forte somme. Et il y a entre elle et l'agriculture cette différence que celle-ci crée par elle-même ces immenses valeurs, au lieu que l'industrie s'exerce sur des matières premières qu'elle a d'abord besoin de se procurer et dont il faut défalquer la valeur du montant de celle qu'on lui attribue. C'est l'agriculture, plus encore que le commerce, qui lui fournit ces matières premières[1] : aussi l'agriculture entre-t-elle pour beaucoup dans la somme qui se rapporte à l'industrie. Elle a incomparablement la plus forte part au produit brut de 7,700 millions qu'on assigne au commerce. Par lui-même, ce dernier crée la moins forte valeur des trois; l'industrie vient ensuite; mais le produit brut de l'agriculture, à lui seul, dépasse de près du double les produits réunis des deux autres branches.

La direction de l'industrie nationale fait partie des attributions du ministère de l'Agriculture et du Com-

(1) Voir p. 164 la part de l'une et de l'autre.

merce, auquel ressortissent aussi le *Comité consultatif des arts et manufactures* et le *Conseil général des manufactures*, qu'on fera connaître plus amplement dans une autre partie de cette Statistique. Plusieurs sociétés d'émulation secondent les efforts du gouvernement dans cette direction, et la *Société d'encouragement pour l'industrie nationale* mérite à cet égard une mention particulière.

On sait qu'un tribunal spécial connaît de toutes les contestations qui se rapportent aux affaires commerciales : l'industrie possède aussi une juridiction spéciale, celle des *prud'hommes*, conseil institué principalement dans le but de maintenir la bonne harmonie entre les maîtres et les ouvriers, et de vider leurs différends. C'est à Lyon que fut établi, par un décret du 18 mars 1806, le premier conseil de prud'hommes, et la plupart des autres principales villes industrielles furent successivement associées à cette institution qui se modifie suivant les localités et suivant la nature de chaque industrie. Elle ne s'étendit pas néanmoins à Paris, qui, à son tour, en réclame maintenant le bienfait et ne tardera pas sans doute à en jouir.

La France possède différentes écoles industrielles, en tête desquelles on pourrait, jusqu'à un certain point, placer l'*École polytechnique*, qui fournit aux arts mécaniques leurs plus habiles promoteurs. En descendant d'un degré, on trouve le *Conservatoire des Arts et Métiers* de Paris, dont tout le monde connaît les curieuses collections. Fondé en 1794 pour seconder le développement des diverses branches de l'industrie, il ne prit une véritable importance que lorsque l'ordonnance royale du 25 novembre 1819 y eut fondé des cours publics de mécanique appliquée aux arts, de chimie appliquée aux arts, de physique et de démonstration de machines, enfin d'économie industrielle, cours auxquels plus récemment on en a ajouté plusieurs autres. Le gouvernement entretient aussi, à Châlons-sur-Marne et à Angers, des *Écoles d'arts et métiers*, imparfaites sans doute dans leur organisation, mais où l'on enseigne la plupart des arts mécaniques, depuis les plus grossiers jusqu'à ceux qui exigent le plus d'intelligence et d'habileté. Une troisième école de ce genre sera établie à Toulouse. Il existe ensuite des institutions particulières ou communales, comme l'*École centrale des Arts et Métiers* de Paris, comme l'*École de la Martinière*, fondée en 1826, à Lyon, par suite d'une disposition testamentaire du général-major Claude Martin, Lyonnais mort aux Indes, en 1800; enfin comme le *Prytanée* de Ménars, près de Blois, ouvert en 1832 par M. le prince Joseph de Chimay, etc.

Le gouvernement favorise les progrès de l'industrie par la protection et les distinctions qu'il accorde à ceux qui contribuent le plus à ces progrès. Il délivre des *brevets d'invention* assurant aux inventeurs le bénéfice de leur travail. Dans les quarante-six années écoulées de 1791 à 1836, il en a été accordé 5,534, dont 2,913 pour cinq ans, 1,433 pour dix ans, et 1,188 pour quinze ans. Sur ces nombres, la part du département de la Seine a été de 3,634. Les brevets de perfectionnement et ceux d'importation sont compris dans les chiffres ci-dessus[1].

Enfin les *expositions publiques des produits de l'industrie*[2] qui ont lieu à Paris et qui se succèdent à cinq ans d'intervalle (ordonnance royale du 4 octobre 1833[3]), sont un puissant encouragement par l'immense intérêt qu'elles excitent dans le public, et aussi un moyen d'avancement par l'émulation qu'elles excitent et par la comparaison qu'elles permettent d'établir entre les différentes fabriques.

L'industrie a donné naissance et donne naissance tous les jours à un grand nombre d'associations fondées par actions[4]. Depuis 1826 jusqu'en décembre 1837, il s'en est formé 1,116, dont le capital, de 1,117,091,740 fr., était le produit de 1,736,416 actions. En spécifiant ces associations suivant leur objet, voici ce qu'on trouve :

27	Associations	d'assurance, de	47,484	actions et	74,465,000 f.
40	—	pour banques de	174,658	—	194,950,000
60	—	pour mines	86,455	—	121,415,000
95	—	pour fabriques			

Aidée de toutes ces institutions et ressources, favorisée d'ailleurs par les admirables progrès que font journellement parmi nous les sciences mathématiques et naturelles, surtout la mécanique et la chimie, l'industrie

(1) *Archives statistiques* officielles, p. 270 bis.
(2) Voir l'article de l'*Encyclopédie des Gens du Monde*.
(3) La dernière a eu lieu en 1839.
(4) Voir les détails, *Archives statistiques*, p. 290 et suiv.

française grandit à vue d'œil et marche vers le plus brillant avenir. Déjà elle est un des plus puissants agents de la production, et elle n'a pour rivale chez nous à cet égard que cette autre branche de la production, qui est la première de toutes, et qui, sur un sol aussi fertile que celui de notre belle France, sous un ciel aussi doux, et dans une position aussi favorable à l'écoulement, sera dans tous les temps la première et inépuisable source de la richesse, nous voulons dire l'agriculture.

NOTES ADDITIONNELLES.

NOTE 1,

(Se rapportant à la pag. 13).

En annonçant une Statistique *raisonnée* et *comparée*, nous n'avons pu nous engager à mettre en regard de toutes les situations quelconques de la France les situations analogues dans les pays étrangers. Nos forces n'auraient pas suffi à une telle obligation au moment où nous avions à maîtriser l'énorme amas de matériaux relatifs au pays qui nous intéressait avant tout, matériaux tout récemment acquis à la science, et qui n'avaient point encore été ni discutés ni résumés dans un ordre méthodique. Cependant, dans le tableau de l'industrie et dans celui du commerce, nous avons entrepris d'établir ces comparaisons, toutes les fois que nous en avions le moyen, et surtout quand des situations importantes, dignes d'intérêt, nous y invitaient. Nous voudrions pouvoir en faire autant pour la Statistique agricole; mais, en vérité, nous reculons devant cette tâche d'une difficulté excessive. Si tout le monde ne se rendait pas compte de cette dernière, quelques observations suffiront pour la faire comprendre. D'abord, il faut réunir de bonnes Statistiques sur les divers pays, et tous n'en possèdent pas; puis, ces travaux d'auteurs différents (car les Statistiques universelles n'inspirent pas toujours assez de confiance[1]), n'étant ni fondés sur les mêmes bases, ni exécutés d'après les mêmes idées directrices, il faut les faire concorder au moins quant aux points de vue essentiels ; en troisième lieu vient le chaos des valeurs, poids et mesures différents usités dans les différents pays, et qui, souvent dans le même, en Allemagne par exemple, offrent des variantes considérables, suivant qu'ils se rapportent au nord ou au sud, à l'orient ou à l'occident. Prenons un seul exemple, le mille, mesure de longueur. Il y en a de vingt espèces différentes, géographique, anglais, marin, italien, etc., et quand un auteur détermine celle dont il fait usage, il y a possibilité de s'entendre avec lui. Mais tous prennent-ils ce soin? et quand, avant eux, il n'a pas été pris, pour les matériaux sur lesquels ils opèrent, se donnent-ils la peine de faire les calculs et réductions nécessaires ? Rarement il en arrive ainsi, et de là des embarras inextricables.

Nous ne saurions donc, dès aujourd'hui, nous imposer, comme une tâche obligatoire, ces comparaisons si instructives et auxquelles la statistique, qui ne vit que de comparaisons, emprunte une si grande valeur, quand elles sont de nature à inspirer de la confiance. La responsabilité que nous assumerions sur nous, nous effraye. Peut-être plus tard oserons-nous davantage, lorsque toute la matière que nous avions à débrouiller, sera classée et résumée de manière à pouvoir être embrassée d'un coup d'œil. Mais en attendant, et pour ne point laisser cette lacune dans notre ouvrage, nous placerons ici quelques tableaux comparatifs que nous empruntons à d'autres statisticiens auxquels nous en laissons la responsabilité aussi bien que le mérite, en essayant néanmoins, dans ce qui va suivre, de nous rendre compte de la valeur de ces documents.

Le premier tableau que nous donnons ici, se rapporte à l'étendue des différentes espèces de cultures, et compare entre eux, sous ce point de vue, tous les pays de l'Europe, rangés

(1) Ceci ne se rapporte pas pourtant au Manuel de M. Schubert, estimable à tous les égards, mais ne comprenant encore que la moitié des pays de l'Europe.

d'après l'importance de leur territoire agricole. Seulement, dans cette classification, on a fait une exception pour la Confédération germanique, qu'on a placée, non à son rang d'importance, mais à la suite de la Prusse, afin de ne pas l'isoler des autres puissances allemandes. Ce tableau, emprunté à la Statistique de M. de Malchus (en langue allemande, Stuttgart, 1826), n'est plus tout-à-fait récent; mais un petit commentaire dont nous l'accompagnons a pour but non-seulement de l'expliquer, mais encore de le rectifier et de le compléter. En général, il peut être regardé comme exact, surtout si l'on tient compte de l'époque à laquelle il se rapporte; depuis, de grands progrès sans doute se sont fait jour.

La mesure araire employée par l'auteur est l'arpent (*Morgen*) de Magdebourg. En Allemagne, les arpents sont de différentes grandeurs : celui-ci, égal à l'arpent de Berlin, répond à 25.53 ares. C'est sur ce pied que nous avons fait la réduction en hectares.

ÉTAT DES CULTURES DANS LES PAYS DE L'EUROPE.

NOMS DES PAYS.	ÉTENDUE CONSACRÉE A L'ÉCONOMIE RURALE.	ÉTENDUE LABOURABLE	PRAIRIES et PATURAGES.	VIGNOBLES.	SURFACE BOISÉE.
	hect.	hect.	hect.	hect.	hect.
1. Russie avec Pologne. . . .	140,415,000	51,060,000	10,212,000	»	76,590,000
2. Monarchie autrichienne. . .	54,349,259	23,766,834	4,788,151	1,062,686	19,056,536
3. Suède et Norvège.	52,106,730	1,199,910	370,185	»	50,549,400
4. France.	37,706,839	18,932,665	5,818,848	1,640,353	5,867,815
5. Espagne.	29,946,690	5,871,900	22,466,400	382,950	3,829,500
6. Grande-Bretagne.	25,325,760	17,232,750	12,765,000	»	378,364
7. Prusse.	22,721,700	10,918,644	5,217,310	13,786	6,574,996
8. Confédération germanique (moins l'Autriche et la Prusse).	16,112,172	7,745,046	2,239,577	199,306	5,353,759
a. Bavière.	6,180,754	2,504,110	1,069,257	139,321	2,468,065
b. Hanovre..	1,513,800	944,099	165,945	»	382,950
c. Wurtemberg.	1,458,477	637,024	195,049	20,000	458,311
d. Bade.	1,114,435	525,407	141,180	28,593	403,527
e. Les deux Mecklembourg.	1,036,198	702,075	140,415	»	178,710
f. Saxe.	1,021,200	643,356	127,650	2,553	204,240
g. Hesse électorale.. . .	950,564	421,837	138,782	127	286,998
h. Saxe-Weimar, etc. . .	842,490	471,615	81,696	»	255,300
i. Hesse-Darmstadt. . .	645,909	306,360	51,060	5,929	267,299
j. Brunswic.	381,601	132,334	19,083	»	129,089
k. Nassau.	318,284	125,523	35,169	2,783	132,208
l. Oldenbourg.	260,406	176,157	35,742	»	43,911
m. Les deux Lippe et Waldeck..	181,773	76,590	12,765	»	89,355
n. Hambourg, Lubeck et Brême..	76,590	30,636	15,318	»	»
o. Les deux principautés de Hohenzollern.. .	66,378	28,593	7,148	»	30,636
p. Hesse-Hombourg. . .	33,189	12,765	2,553	»	15,318
q. Francfort.	20,934	3,829	»	»	2,736
r. Liechtenstein	9,190	2,736	765	»	5,106
9. Turquie d'Europe.	21,945,588	7,301,58[illegible]	»	»	»
10. Les États d'Italie réunis. . .	10,594,950	6,127,200	638,250	1,531,800	2,297,700
11. Danemark.	4,945,492	4,190,136	488,133	»	267,094
12. Pays-Bas (y compris la Belgique).	3,076,007	1,372,109	1,028,118	1,914	399,110
13. Portugal.	2,553,000	1,787,100	89,355	95,737	510,600
14. Suisse.	1,461,337	574,425	22,977	3,063	612,720
15. Cracovie.	114,825	73,551	14,705	»	25,530
16. Iles Ioniennes.	102,120	30,636	»	17,615	»

1. *Russie*. C'est uniquement à la Russie d'Europe que ces chiffres se rapportent. Mais quelles limites du côté de l'Asie l'auteur assigne-t-il à la Russie d'Europe? le Don, le Volga ou l'Oural? Cela est essentiel à savoir et peut faire une énorme différence. En effet, M. Boulgarine donne à la Russie d'Europe 98,587 milles carrés géographiques, tandis que M. Schubert, qui en retranche Kasan, Astrakhan et Orenbourg, la réduit à 75,154 milles carrés. Pour ne rien exagérer et pour obtenir les proportions les plus favorables relativement à une région immense encore placée dans une situation exceptionnelle, arrêtons-nous à ce dernier chiffre, auquel nous pourrions cependant opposer celui que nos propres recherches nous ont fait trouver. Il n'importe pour le moment. Réduits en hectares, les 75,154 milles carrés géographiques donnent à peu près 412 millions[1], dont 140 millions et demi seulement sont utilisés dans l'économie rurale. Sur ce nombre, plus de 76 millions et demi d'hectares, c'est-à-dire plus de la moitié, sont encore couverts d'épaisses forêts, et 51 millions seulement livrés à la charrue. Peut-être cependant ce chiffre est-il au-dessous de la réalité. Il y a dix ans, il est vrai, on ne comptait guère que 9,300 milles carrés géogr., en labour; mais on assure qu'aujourd'hui il faut en compter 12,000, ce qui fait environ 65 millions d'hectares, ou 61,500,000 déciatines russes. Un peu plus de 10 millions d'hectares sont en pâturages, parmi lesquels les prairies ne figurent sans doute que dans une faible proportion. On ne nous fait pas connaître l'étendue en vignobles, naturellement très bornée, et appartenant exclusivement à deux ou trois gouvernements méridionaux.

2. *Monarchie autrichienne*. Dans son ensemble, elle offre une superficie de 12,167 milles carrés géographiques, suivant M. Schnabel, et de 12,153, suivant M. Schubert dont l'excellent travail sur l'Autriche vient de paraître. M. Springer compte 3,595 milles carrés géogr. pour les États faisant partie

(1) La superficie de l'Europe entière est de près 155,000 milles carrés géographiques, ou de 852 millions d'hectares environ; celle de la Russie en forme donc presque la moitié.

de la Confédération germanique. En hectares, le total de la superficie est de près de 67 millions, c'est-à-dire moins du sixième de celle de la Russie. Sur ce nombre, près de 54 millions et demi sont consacrés à l'économie rurale ; l'étendue labourable est de près de 24 millions d'hectares, et les forêts n'en occupent guère plus de 19 millions, ce qui ne serait pas encore le tiers du total qui résulte cependant des calculs de M. Schubert[1] et de M. Schnabel[2]. Le premier compte en tout 98,305,024 arpents (*Joch*) autrichiens, et voici comment il les divise : forêts, 33,366,938 ; champs labourables, 33,334,006 ; pâturages, 14,007,029 ; prairies et jardins, 13,748,633 ; vignobles, 3,848,418. L'arpent de Vienne ou autrichien est égal à 57.5543 ares. Il paraît d'après cela que notre tableau réduit trop le sol forestier, donne une étendue trop grande aux champs en culture, et diminue de nouveau les pâturages et prairies, ainsi que les vignobles. Il ne tient pas compte du tout des jardins. L'erreur est ici d'autant plus grave que les chiffres sont plus anciens ; car, dans ces dix dernières années, les cultures se sont augmentées de plus de 4 millions d'arpents ou 2,300,000 hectares.

3. *Suède et Norvège*. La superficie de la Suède est de 7,935 milles carr. géogr. ; celle de la Norvège, de 5,830 ; ensemble, 13,765, ou près de 76 millions d'hectares. C'est une étendue plus grande que celle de la monarchie Autrichienne ; mais l'âpreté du climat ne permet pas de la consacrer dans la même proportion à l'économie rurale. Seulement 52 millions d'hectares y servent, quantité sur laquelle 50 millions et demi d'hectares seraient couverts de forêts, et seulement 370,185 formés de pâturages ou prairies. L'étendue labourable ne serait pas de plus de 1,200,000 hectares. Un journal suédois de 1840 l'évalue à 65,665 arpents (*Hufe*) de Suède, ce qui nous donnerait un moyen de vérification si nous connaissions le rapport exact de ces grands arpents aux hectares.

4. *France*. On sait que la surface de notre patrie est de

(1) *Manuel de Statistique universelle*, Autriche, p. 147.
(2) *Europa um das Jahr* 1840, p. 147 (singulière coïncidence !)

52,768,618 hect., c'est-à-dire un peu plus de $\frac{1}{8}$ de celle de la Russie et environ les $\frac{2}{3}$ de celle des deux royaumes scandinaves ; celle de la monarchie Autrichienne dépasse celle de la France d'environ 14 millions d'hectares. Tous les autres états européens ont moins d'étendue, à l'exception de la Confédération germanique prise dans son ensemble, et de l'empire Othoman, si nous l'envisagions aussi dans sa totalité au lieu de nous restreindre, comme nous faisons ici, à la Turquie d'Europe. On a vu (p. 7) qu'en déduisant d'abord 2,905,008 hectares non imposables et, de plus, quelques cent mille d'hectares formant l'emplacement des villes, le chiffre reste encore de plus de 49 millions d'hectares et demi (p. 13); et en en retranchant ensuite la superficie des landes et bruyères et des canaux de navigation, il reste toujours 42 millions d'hectares utilisés par l'économie rurale. Le chiffre du tableau, ancien d'ailleurs, reste donc au-dessous de la réalité. Celui des terres labourables est plus près de la vérité : c'est à peu près le double de ce que la Statistique agricole officielle a trouvé pour la moitié orientale du royaume (p. 28). D'après le raisonnement que nous avons fait (p. 59 et 60), les prairies et pâturages doivent couvrir une surface, non pas de 6, mais de près de 20 millions d'hectares. Les vignobles en occupaient une de 2,134,822 hect. (p. 62), et la contenance des bois et forêts était en 1837 de 8,521,100 hectares, non compris les landes, pâtis et bruyères (p. 88.). Cette portion du tableau serait donc à refaire en grande partie ; mais au moins ne pêche-t-elle pas par l'exagération ; loin de là ! presque tous ses chiffres sont beaucoup trop faibles.

5. *Espagne*. Pour l'étendue, elle vient immédiatement après la France, mais non sans laisser un intervalle considérable. En milles carrés géogr., cette étendue est de 8,446 ; en *fanegadas*, de 104,194,720 ; et en hectares de 46,459,000. La différence est donc de 6,309,618 hectares. Près de 30 millions d'hectares servent à l'économie rurale, et les champs en culture occupent 5,871,900 hect., donnée que confirme un savant travail d'un statisticien français qui s'exprime ainsi à

cet égard : « L'étendue des terres cultivées dépasse 5 millions d'hect. et comprend près des deux septièmes du pays [1] ». D'après M. Schubert [2], elle en comprendrait plus de la moitié ; quoique les vignobles et les forêts soient probablement renfermés dans son évaluation, elle doit reposer sur une erreur. Au reste la culture a fait de grands progrès en Espagne ; et néanmoins les deux tiers de la superficie totale paraissent être encore en pâtures peu productives. Le pays, en général déboisé, n'offre aucune forêt importante.

6. *Grande-Bretagne.* La superficie de l'empire Britannique en Europe est de 5,556 $\frac{1}{2}$ [3] milles carr. géogr., dont 2,747 se rapportent à l'Angleterre avec la principauté de Galles ; 1,472, à l'Écosse ; 1,315, à l'Irlande ; 12, aux îles normandes ; 10, au groupe de Malte ; $\frac{1}{4}$, à Helgoland, et $\frac{1}{4}$, à Gibraltar. Ce sont 75,690,000 *statute acres*, qui, à raison de 0.404,671 hectare l'acre, font 30,629,000 hectares, près de 22 millions d'hectares de moins que la superficie de la France. Sur le total, plus de 15 millions d'acres et demi, dont 9 millions en Écosse, sont stériles, et 60 millions servent à l'économie rurale, ce qui revient assez au chiffre de notre tableau. Les champs en culture forment plus de 46 millions d'acres ou 18 millions et demi d'hectares : notre tableau dit 17,232,750 ; mais une telle augmentation dans quinze ans n'a rien d'extraordinaire et pourrait même paraître trop faible si on ne savait pas que, dans ces dernières années, le nombre des terres labourées a diminué et que celui des prairies et pâturages a pris de l'extension. Ce changement de système en agriculture est même si marqué que, dans un tableau publié en 1838 dans *the Standard*, on n'assigne plus que 20 millions d'acres aux champs en culture et 40 millions aux prairies et pâturages. Quant à l'étendue que notre tableau assigne aux forêts, bien que faible en soi, nous crai-

(1) M. Dufau, auteur de l'art. *Espagne* dans l'*Encyclopédie des Gens du Monde*.

(2) *Manuel*, Espagne, p. 53.

(3) M. Schnabel (*l'Europe vers* 1840) dit 5,757 ; mais ce doit être une faute d'impression.

gnons qu'elle ne soit encore exagérée, l'Angleterre étant un pays déboisé et prenant peu de souci de la culture forestière.

7. *Prusse.* On lui donne, sans compter la principauté de Neufchâtel, 5,077 milles carr. géogr., dont 3,362 font partie de la Confédération germanique. Ces 5,077 milles carr. géogr. équivalent à près de 28 millions d'hectares, dont, d'après notre tableau, plus de 22 millions et demi serviraient à l'économie rurale et dont près de 11 millions seraient livrés à la charrue. Quant à ce dernier chiffre, M. Schnabel [1], en nous apprenant qu'en 1838 on comptait 47,737,730 arpents (*Morgen*) de Berlin en champs et jardins, nous offre un moyen de vérification : réduits en hectares, ces arpents en font 12,187,442, ce qui ne diffère pas du chiffre de notre tableau si l'on tient compte du progrès que les quinze dernières années ont dû réaliser. Nous supposons que les chiffres des autres colonnes du tableau ne sont pas moins exacts, relativement parlant.

8. *Confédération germanique.* Elle embrasse une étendue de 11,589 milles carrés géographiques, dont 3,595 ont déjà été comptés pour la monarchie Autrichienne et 3,362 pour la Prusse. Restent 4,632 milles carr. géogr. Le total équivaut à 63,739,500 hectares, c'est-à-dire à 11 millions d'hect. de plus que n'en a la France. La somme restant après déduction de la part de l'Autriche et de celle de la Prusse, équivaut à près de 25 millions et demi d'hect., et c'est à cette étendue que se rapportent, dans notre tableau, les 16 millions d'hectares consacrés à l'économie rurale.

Nous ne pousserons pas plus loin ce commentaire du tableau : il a déjà suffisamment fait voir que ce dernier, en général, peut inspirer de la confiance et servir à une comparaison superficielle, n'exigeant pas une exactitude rigoureuse dans les détails.

Ajoutons seulement les données de même nature sur un pays voisin, la *Belgique*, encore confondu, sur notre tableau, dans le royaume des Pays-Bas. D'après M. Heuschling [2], sa superficie

(1) *Europa um das Jahr* 1840, p. 148.

(2) *Essai sur la Statistique générale de la Belgique*, 2e éd., Bruxelles, 1841, grand in-8°, p. 74.

totale serait de 3,422,574 hectares, dont 1,717,354 en terres labourables, 45,463 en jardins et terrains légumiers, 6,010 en jardins et terrains d'agrément, 5,430 en pépinières et terrains plantés, 262,175 en prés, 61,337 en vergers, 1,262 en houblonnières, 929 en vignes, 116,082 en pâtures, 98,254 en terrains essartés, 649,951 en bois, 10,763 en broussailles, 6,224 en étangs, réservoirs, mares, 3,238 en marais, 1,050 en alluvions. Le total des terres consacrées à l'économie rurale serait ainsi de 1,985,522 hectares, sans compter 316,036 hectares de bruyères, fanges et terrains vagues. Mais ces chiffres ne sont plus exacts, et nous ne savons pas pourquoi, en 1841, M. Heuschling, ou son éditeur M. Vandermaelen, les a reproduits, puisqu'il est dit au commencement du livre (p. 11) qu'après les sacrifices dernièrement imposés à la Belgique, la superficie du royaume est réduite à 2,942,574 hectares. D'après M. Schnabel et plusieurs autres autorités, elle serait de 536 milles carr. géogr., ce qui répond à 2,948,000 hectares.

NOTE 2,

(Se rapportant à la page 14).

Dans la Grande-Bretagne, dont la population est seulement de 26 millions d'habitants et où le commerce joue un rôle si dominant, 20 millions d'individus vivent encore de l'agriculture. Sur ce nombre, voici la position qu'on assigne aux individus actifs :

3,000,000 d'ouvriers, gagnant en moyenne 10 sh. par semaine.
250,000 fermiers, dont le revenu annuel est de 200,000 liv. sterl.
38,000 propriétaires fonciers, ayant, terme moyen, 100 liv. sterl. de rente par an.

Nous avons donné (p. 18) une évaluation du rapport annuel des différentes sources de la richesse. Voici quelques chiffres nouveaux empruntés à l'exposé des motifs et moyens derniérement fait au Parlement britannique par sir Robert Peel (séance des Communes du 11 mars 1842), à l'occasion de ce plan de finances qui excite si vivement dans ce moment l'attention des populations et des hommes d'état. Nous ferons seulement observer que les chiffres y sont plutôt amoindris que grossis et qu'ils dissimulent très probablement une partie considérable du revenu.

	Liv. sterl.	Fr.
Revenu annuel de la terre.	39,400,000	985,000,000
— des maisons. . . .	25,000,000	625,000,000
— des dîmes, des actions de chemins de fer et des mines, et autres propriétés semblables.	8,400,000	210,000,000
Totaux.	72,800,000	1,820,000,000

On a fait encore, entre la Grande-Bretagne et la France, quant à l'agriculture, la comparaison suivante, dont nous reproduisons les chiffres sans les garantir.

	Grande-Bretagne.	France.
Produit brut en fr.	5,420,425,000	4,678,708,000
— net	2,681,150,000	1,344,703,000
Produits exportés.	75,725,000	149,050,000
— consommés.	5,344,700,000	4,529,658,000
Produit moyen d'un hectare .	270	117
Valeur moyenne de ce qu'un cultivateur peut produire.	609	246
Valeur de ce qu'un habitant consomme en produits agricoles	242	141
En produits industriels. . . .	125	48

NOTE 3,

(Se rapportant à la page 25).

Le tableau suivant permettra d'établir une comparaison entre les différents pays de l'Europe, relativement au rapport des terres qui y sont en culture et des animaux domestiques qu'ils possèdent. Il ne nous appartient pas en propre : le fond en est emprunté à la Statistique allemande de M. de Malchus (Stuttgart, 1826), de même que le tableau précédent. Il est par conséquent déjà un peu ancien ; mais dans les colonnes relatives aux animaux domestiques nous y avons substitué aux chiffres primitifs ceux d'un tableau plus récent donné par M. Schnabel[1] ; dans toutes les colonnes du tableau primitif, nous avons changé les chiffres qui concernent la France, et, ainsi corrigé, nous l'accompagnerons encore d'un petit commentaire propre à faire juger du degré de confiance qu'il peut inspirer.

La mesure de capacité employée par M. de Malchus était le boisseau (*Scheffel*) de Berlin, qui répond à près de 55 litres : d'après cette proportion, nous avons converti en hectolitres les sommes de la première colonne. Pour les liquides, l'auteur s'est servi du seau (*Eimer*) de Berlin qui est de 68.7 litres : nous avons également fait la réduction de ces seaux en hectolitres, dans la seconde colonne.

Au reste, c'est seulement comme une approximation que nous donnons ce tableau : en ce qui concerne certains pays, les statisticiens seraient sans doute fort embarrassés de dire sur quel fondement repose le chiffre qu'ils ont adopté.

(1) *Europa um das Jahr* 1840, p. 150.

PRODUIT DES CULTURES ET ÉTAT

NOMS DES ÉTATS.	RÉCOLTE DES CÉRÉALES en hectolitres.	RÉCOLTE DU VIN en hectolitres.
1. Russie avec la Pologne.	304,678,000	»
2. Monarchie autrichienne..	206,740,000	24,045,000
3. Grande-Bretagne..	144,375,000	»
4. France..	180,000,000	45,000,000
5. Prusse..	79,750,000	288,540
6. États de la Confédération germanique (moins l'Autriche et la Prusse).		
Bavière.	15,950,000	862,872
Wurtemberg.	5,857,500	87,592
Bade.	4,891,700	148,392
Saxe.	4,620,000	13,740
Hesse-Darmstadt.	3,062,000	309,150
Hesse électorale..	2,310,000	687
Nassau.	1,100,000	74,910
Ensemble des autres États.	19,914,700	»
Totaux.	57,705,900	1,497,343
7. Suède.. . . . . / 8. Norvège.	11,749,100	»
9. Danemark.	22,073,150	»
10. Pays-Bas. . . . . / 11. Belgique..	26,980,150	27,480
12. Espagne.	37,400,000	5,496,000
13. Portugal.	11,715,000	945,999
14. Suisse..	4,125,000	412,200
15. États italiens réunis (moins ceux de la monarchie Autrichienne)	63,800,000	?
16. Turquie d'Europe. . . . . / 17. Grèce.	19,850,900	?
18. Iles Ioniennes.	275,000	?
L'Europe en totalité.	1,171,217,000	77,732,562

DES ANIMAUX DOMESTIQUES.

TÊTES DE CHEVAUX, ANES ET MULETS.	BÊTES A CORNES.	MOUTONS.	CHÈVRES.	PORCS.
13,660,000	22,120,000	39,100,000	1,550,000	6,300,000
3,106,340	16,353,974	23,543,587	2,560,023	6,913,872
2,250,000	6,800,000	32,000,000	100,000	6,000,000
5,350,000	9,000,000	29,000,000	1,206,093	4,000,000
2,277,100	8,351,300	21,960,000	518,600	3,114,700
257,100	2,306,900	2,215,000	75,000	594,500
63,350	795,700	580,700	21,500	170,750
73,900	481,000	189,000	22,100	300,000
76,900	552,700	626,000	48,900	105,180
39,200	244,100	244,300	11,700	140,500
41,960	169,300	430,500	41,000	134,900
9,640	172,600	126,400	9,600	54,400
492,720	2,580,000	4,565,100	195,510	898,900
1,054,770	7,302,300	8,977,000	425,310	2,399,130
390,000	1,650,000	1,470,000	178,000	515,000
290,000	1,160,000	1,100,000	133,000	377,000
275,000	1,018,000	1,200,000	105,000	150,000
202,000	1,000,000	500,000	70,000	500,000
241,000	850,000	830,000	85,000	400,000
1,613,000	3,700,000	24,916,000	6,917,000	3,628,000
317,000	740,000	4,980,000	1,400,000	728,000
112,500	950,000	450,000	350,000	250,000
875,000	3,450,000	6,500,000	1,750,000	2,550,000
1,950,000	8,200,000	14,300,000	1,500,000	300,000
120,000	900,000	1,900,000	300,000	36,000
25,000	76,000	200,000	110,000	40,000
34,108,710	93,621,574	212,926,587	19,258,026	38,201,702

1. *Russie*. Cet État, qui a la plus forte population à nourrir, est aussi naturellement celui dans lequel la récolte en céréales est la plus considérable. Dans les quantités qui le concernent est comprise non-seulement la Pologne, mais encore la petite république de Cracovie; cependant en déduisant cette dernière, ces mêmes quantités ne sont guère réduites que de quelques centaines de mille : la récolte du blé, par exemple, dépassera toujours 304 millions d'hectolitres. Nous avons évalué ailleurs[1] la récolte de la Russie d'Europe (la Pologne non comprise) à 167 millions et demi de *tchetvertes :* en y réunissant celle de la Pologne, on peut la porter aujourd'hui à 200 millions de tchetvertes. Le tchetverte étant d'un peu plus de deux hectolitres, cela ferait 400 millions; et par conséquent beaucoup plus que la quantité indiquée par notre tableau. Mais depuis qu'il a été dressé, la Russie a fait de grands progrès dans la culture, et sa population s'est considérablement accrue. Cette quantité que nous trouvons pour la récolte, peut, au reste, paraître très forte; car en donnant à la Russie d'Europe 54 millions d'habitants, il en résulterait plus de 7 hectolitres par individu, il est vrai avant déduction des semailles et de ce qui entre dans l'exportation.

Notre tableau refuse le vin à la Russie, et, au fait, ce qu'elle en a serait fort peu de chose, commercialement parlant, si ce n'était pas, d'un autre côté, une conquête de la culture très intéressante à constater. Depuis 1825, on a estimé le produit annuel à 500,000 *védros*, ce qui, le védro à 12.30 litres, fait 61,500 hectolitres; actuellement, M. de Kœppen le porte à plus de 4 millions de védros, ou à très près de 500,000 hectolitres.

L'évaluation du nombre des animaux domestiques repose-t-elle sur quelque base solide? Nous ne saurions le dire, n'ayant point les éléments d'un pareil calcul. M. Boulgarine lui-même, à qui sa loupe fait souvent découvrir ce que personne n'a pu voir avant lui, avoue qu'il est impossible de déterminer ce

(1) *Essai d'une Statistique générale de l'empire de Russie*, p. 35.

nombre[1]. Bornons-nous à ajouter que l'élève des moutons paraît faire de grands progrès dans cet empire, à en juger par l'exportation toujours plus considérable des laines. En 1838, elle était d'une valeur de plus de 12 millions et demi de roubles ou de francs. Un tableau inséré dans le Dictionnaire des sciences commerciales de M. Schiebe (en allemand, t. III, p. 481), donne à la Russie 60 millions de moutons. Parmi les chevaux de notre tableau sont compris 100,000 chameaux.

2. *Monarchie autrichienne.* D'après MM. Liechtenstern et Schubert[2], la récolte en céréales, dans toute la monarchie, est de 200 millions de boisseaux (*Metzen*) de Vienne, en ne comptant pas le maïs et le riz, et de 222 millions en les comptant. L'*Encyclopédie nationale autrichienne* (t. II, p. 359), après avoir passé en revue tous les éléments qui doivent composer le total, fixe ce dernier à 210 millions de *Metzen*. Ce boisseau autrichien a 61.50 litres de France : en nous servant de cette proportion pour réduire en hectolitres les 222 millions de boisseaux, nous trouvons seulement 136 millions et demi d'hectolitres, les semailles et l'exportation non déduites, ce qui donne par individu un peu plus de 3 hectolitres et demi, dont il faut encore retrancher ce qui se rapporte à la consommation des animaux domestiques. M. Springer, autre auteur d'une *Statistique de l'empire Autrichien*, porte le total à 235 millions de boisseaux, ou à 144 millions et demi d'hectolitres. Dans tous les cas, le chiffre de notre tableau est donc enflé outre mesure.

(1) *La Russie* (en russe), Statistique, t. II, p. 68. C'est ainsi que M. Boulgarine a vu (même ouvrage, Histoire, t. I, p. 155) dans notre Statistique spéciale intitulée : *La Russie, la Pologne et la Finlande*, que la langue russe est dérivée de la langue tatare. Mais il se garde bien de dire sur quelle page il a vu cela, et nous le défions de la citer. Qu'on juge alors de la valeur de cette exclamation : « Et pourtant son livre se lit, et même on le vante (*dajé pokhvaliayetsa*) en Russie ! » Que M. Boulgarine se rassure, nous tenons à mériter toujours l'élégante qualification de *tchélovèk oumnii* qu'il nous accorde !

(2) *Manuel*, etc., Autriche, p. 149-151.

Il n'en est pas de même de celui de la récolte en vin, que M. Schubert (p. 155) évalue à plus de 40 millions d'*Eimer*, c'est-à-dire à 27,480,000 hectolitres. La Hongrie seule en produit 22 millions d'Eimer.

Mais peut-être faut-il faire le même reproche aux chiffres relatifs aux animaux domestiques. D'après les états enregistrés par M. Schubert (p. 160-62), on peut à peine compter 2 millions et demi de chevaux, mulets et ânes, ce qui en fait environ 68 par mille habitants. Les bêtes à cornes se réduisent à 12 millions au plus, ce qui en fait environ 328 par mille habitants. Les moutons, qui sont portés même jusqu'à 35 millions dans le Dictionnaire de M. Schiebe, arrivent à peine à 15 millions, et, dès lors, n'en donnent pas un par deux habitants. Il faut aussi en rabattre considérablement sur le nombre des chèvres. Enfin, celui des porcs ne paraît pas dépasser 5 millions et demi.

3. *Grande-Bretagne*. Le chiffre de la récolte en céréales paraît exact : on l'estime généralement à 50 millions de *quarters*, ce qui fait précisément 145 millions d'hectolitres. En évaluant la population du Royaume-Uni à 26 millions, on a plus de 5 hectol. par individu ; mais ni les semailles, ni la consommation des animaux, ni ce qui entre dans les distilleries, rien de cela n'est déduit. Suivant M. Mac-Culloch, la consommation totale était, en 1833, de 52 millions de quarters, et, d'après M. Schubert[1], elle peut s'élever, y compris les semailles, jusqu'à 60 millions de quarters. Elle exige annuellement une importation qui est, en moyenne, de près d'un million de quarters, mais qui s'est déjà élevé beaucoup au-delà de cette quantité.

En ce qui concerne les animaux domestiques, généralement d'une si belle race, il y a des variantes essentielles à noter.

Disons d'abord que les mulets et les ânes sont rares en Angleterre ; mais d'ailleurs le nombre des chevaux, 2,250,000, paraît exact : en le divisant par une population de 26 millions, on ne trouve que 87 chevaux par mille habitants, ce qui est bien loin du chiffre mentionné à la p. 72 et un peu moins que la proportion assignée à la France.

(1) *Manuel*, etc., Grande-Bretagne, p. 412.

Au lieu de 6,800,000 bêtes à cornes, on en a compté, en 1831, plus de 11 millions; et nous ne savons pourquoi M. Schnabel a fait une si forte réduction au tableau de M. de Malchus, qu'il avait d'abord reproduit dans sa Statistique [1]. La proportion est donc approximativement de 423 pour mille habitants. Le nombre des moutons est également au-dessous de la réalité : dans le Dictionnaire de M. Schiebe, on en donne à la Grande-Bretagne 48 millions; mais, dès 1831, il y en existait plus de 50 millions [2]. Sur les porcs, nos données sont d'accord avec le chiffre du tableau.

4. *France*. Ce même tableau ne donnait pour la récolte des céréales que 128 millions et demi d'hectolitres : on a vu (p. 31) qu'elle est au moins de 180 millions; et pour la récolte en vins, 32,861,477 hectol. : on a vu (p. 62) qu'elle est en moyenne de 45 millions. Nous avons donc corrigé les chiffres de ces deux colonnes.

La quantité des chevaux, si l'on y ajoute les mulets et les ânes, est aussi certainement supérieure à 2,956,000, chiffre du tableau : nous avons compté plus haut (p. 77-79) 2,500,000 chevaux, 350,000 mulets et 2,500,000 ânes, ce qui fait un total de 5,350,000 têtes devant figurer dans cette colonne.

Nous avons trouvé de plus (p. 80) 9 millions de bêtes à cornes, au lieu des 6,980,000 inscrits dans le tableau. Quant aux bêtes à laine, il portait les moutons à 31 millions, au lieu de 29 (p. 81), et réduisait les chèvres à 830,000, au lieu de 1,206,093 têtes (*ibid.*). Il n'y a eu aucun changement à faire quant aux porcs.

5. *Prusse*. Nous n'avons pas de données certaines sous la main pour apprécier le chiffre de la récolte en céréales : rapprochée d'une population de 14,500,000 âmes, elle donnerait 5 hectolitres et demi par individu, avant déduction des semailles et de l'exportation. Nous croyons qu'elle est évaluée trop haut, et nous la trouvons, en effet, considérablement ré-

(1) *General-Stati[illegible] der europæischen Staaten*, Prague, 1829, t. II, p. 76.

(2) Schubert, *Manuel*, etc., Grande-Bretagne, p. 423.

duite dans l'article *Prusse* du *Staats-Lexikon* (t. XIII, p. 118)[1].

On évalue actuellement en moyenne à 681,741 *Eimer* la récolte en vins : cela fait 468,356 hectol., c'est-à-dire beaucoup plus que ce qui est indiqué dans le tableau.

Nous ne savons si le nombre des ânes et des mulets ajoute considérablement à celui des chevaux ; mais ce dernier était, en 1837, seulement de 1,472,901 têtes, ce qui en donne environ 95 par mille habitants.

Pour les bêtes à cornes, nos renseignements sont d'accord avec le tableau : il en existait 4,838,622 têtes à la même époque, ce qui fait à peu près 334 têtes par mille habitants.

Le nombre des bêtes ovines était, en 1837, de 15,011,452, et c'était déjà plus que un mouton par habitant. Le Dictionnaire de M. Schiebe donne à peu près le même nombre ; dans le tableau, il est enflé outre mesure. Les porcs, au contraire, sont évalués trop bas, car il en existait, en 1837, 1,936,304.

Nous ne pousserons pas plus loin cette vérification, hérissée qu'elle est de difficultés que nous aurions de la peine à surmonter toutes. Cependant nous aurions voulu faire connaître encore les chiffres qui se rapportent à la Belgique, notre voisine. Malheureusement la Statistique de M. Heuschling est pour cela tout-à-fait insuffisante. Voici tout ce que nous y trouvons sur les récoltes (p. 69) : « Réunissant les chiffres du froment, du méteil et du seigle, on trouve que la quantité de ces denrées vendues sur nos marchés, année moyenne sur dix (1833-1838), est de 1,300,000 hectol. qui représentent une valeur de plus de 18 millions de fr. » On voit que l'orge, l'avoine, etc. ne sont pas comprises dans ces sommes. Les données relatives au vin sont encore plus insignifiantes. Nous ne trouvons pas non plus les existences en chevaux, bêtes à cornes, moutons, etc., mais seulement le nombre de ces animaux que le pays produit chaque année. A défaut, pour le moment, d'autres matériaux plus complets, nous devons renoncer à la comparaison.

(1) Mais cet article paraît être fait en grande partie avec les données du *Conversations-Lexikon der Gegenwart*, très riche en renseignements divers.

Mais avant de terminer cette note, il faut remarquer que partout il y a progrès dans les récoltes en céréales, à ce point que la Suède elle-même qui, il y a trente ans, importait annuellement plus de 200,000 tonneaux de grains, en exporte mainte nant des quantités qui ne laissent pas, dans certaines années, que d'être considérables.

NOTE 4,

(Se rapportant à la page 30).

Le produit brut d'un hectare en culture est bien difficile à calculer : on s'en fera une idée en comparant entre elles les différentes valeurs des semences et celles du rendement que nous avons indiquées pour chaque branche de culture. Si l'on fait entrer dans les calculs celle du lin, du chanvre, du houblon et autres semblables, nous croyons que la moyenne de 34 fr. n'est pas encore suffisante. Mais c'est aux hommes plus compétents que nous dans ces matières à résoudre la question.

Dans la partie du texte à laquelle cette note se rapporte, il ne s'agit que du *produit brut*. Voici de quelle manière on a calculé le *bénéfice net*, sans déduction toutefois des impôts :

Les terres à blé donnent par hectare. .	11 fr. 50 c.
Les pâturages, environ	11 fr.
Les potagers de la meilleure qualité, de	75 à 90 fr.
Les vignobles, de	20 à 144 fr.
Les bois	7 fr. 38 c.

L'estimation du bénéfice moyen des terres en France donne 19 fr. 80 cent. Nous reproduisons ces chiffres sans en garantir l'exactitude.

NOTE 5,

(Se rapportant à la page 59).

Parmi les productions agricoles de la France énumérées dans ce paragraphe, ne figurent pas les *denrées coloniales* étrangères à nos cultures et qui ne nous sont fournies que par le commerce. Mais les colonies, après tout, c'est encore la France, et, à ce titre, leurs principales cultures méritent au moins de notre part une mention rapide. Nous prendrons pour base de ce que nous en dirons, les excellentes *Notices statistiques sur les Colonies françaises*, imprimées par ordre du ministre de la marine (Paris, 1837-40, 4 vol. gr. in-8°).

Ce n'est pas ici le lieu de parler des rapports existant entre les planteurs européens ou créoles et les noirs qu'ils emploient aux travaux : cette matière, qui intéresse si vivement les philanthropes et les économistes, reviendra naturellement dans une autre partie de cette Statistique. Tout ce que nous voulons rappeler ici, c'est que les colonies, différentes en cela de la métropole, sont des pays de grande culture où des ressources considérables sont réunies dans un petit nombre de mains et ne pourraient s'éparpiller qu'au détriment de tous ceux dont l'existence dépend du travail. Les terres à sucre notamment sont comme de grandes manufactures pourvues de bêtes de somme et de trait, de moulins, de chaudières et autres ustensiles, et qui nécessitent des frais considérables d'installation et d'entretien. Aussi l'on assure que lorsqu'une propriété n'a pas au moins 50 arpents, il est impossible de l'exploiter comme sucrerie.

Quant aux objets des cultures coloniales, qui doivent seuls nous occuper ici, ce sont le sucre, le café, le coton, les girofles, le cacao, l'indigo, le rocou, etc., sans parler des aliments de première nécessité, parmi lesquels il s'en trouve aussi plusieurs exclusivement propres au climat des tropiques et qui ne se présentent nulle part dans la métropole.

La *canne à sucre* n'est pas indigène aux Antilles : elle y a été importée, après la découverte du Nouveau-Monde, par les Européens, et la culture n'en a été introduite à la Martinique que vers l'an 1650. Aujourd'hui elle est, dans ces îles, la culture essentielle, celle qui fournit à leurs habitants la principale matière à échanges. Cependant les colonies, malheureusement pour elles, ne sont plus seules en possession de produire l'oxyde végétal que cette graminée récèle, mais que renferment aussi la betterave, le raisin, et qu'on peut même tirer de certaines matières animales. Nous avons dit (p. 55 et suiv., et p. 294 et suiv.) qu'en ce point la métropole fait concurrence à ses colonies, et que de là il est résulté pour ces dernières un état de crise dont l'autorité législative n'a pu se dispenser de s'occuper, sans avoir jusqu'ici tranché la difficulté.

Les produits de la canne à sucre sont, outre le *sucre brut* et le *sucre terré* (c'est-à-dire traversé par un filtrage destiné à écarter le sirop qui salit le sucre et embarrasse ses cristaux), les *sirops* et *mélasses;* et ces dernières, mises en fermentation, sont distillées en *tafia*, liqueur connue dans le commerce sous le nom de *rhum*. Mais, dans le tableau qui va suivre, nous ne mettrons en regard du nombre d'hectares que cette culture occupe, que la quantité de sucre brut et celle de sirops et mélasses qui en résultent, négligeant les deux produits secondaires, le tafia et le sucre terré. Les chiffres des deux dernières colonnes sont les moyennes de trois, de quatre ou de cinq années, de 1832 à 1836.

	Hectares en culture.	Sucre brut. Nombre de kilogr.	Sirops et mélasses. Nombre de litres.
La Guadeloupe . . .	24,810	37,436,472	5,874,893
La Martinique . . .	21,179	29,258,716	8,851,873
Ile Bourbon	14,530	21,793,140	1,675,952
Guyane française. .	1,571	2,120,119	599,703

Il sera facile d'établir la valeur de ces produits, quand on saura qu'à la Martinique, le prix courant du sucre brut était, en janvier 1837, de 54 cent. le kilogr., et celui du sucre terré, de 90 cent.; le prix des sirops et mélasses était de 25 cent. le litre, et celui du tafia de 32 cent.

A la Guadeloupe et à la Martinique, le rapport brut annuel d'un hectare est d'environ 2,000 kilogr. de sucre, et l'on évalue les frais de la culture à environ 400 fr. A Bourbon, s'il n'y a pas en cet endroit de faute d'impression dans la notice officielle, ce même rapport est de 9,200 kilogr., et la valeur d'un hectare ainsi planté, de 4,210 fr.

Mais tous les hectares ci-dessus enregistrés ne donnent pas

toujours des produits. Sur chaque habitation sucrerie, on laisse toujours quelques terres en repos, et il faut d'ailleurs quinze mois aux cannes plantées pour arriver à maturité. On peut ainsi compter qu'un tiers des hectares inscrits comme étant en culture n'est point réellement en rapport.

Le *caféier* est un arbuste délicat qui croît dans les mornes et dans les terrains à pente rapide. Il ne donne son fruit qu'au bout de trois ans, et n'est en plein rapport qu'à la 5e ou la 6e année. Naturalisé dans les colonies de 1715 à 1730, il s'y multiplia rapidement. Ce fut vers 1789 une culture très florissante ; mais depuis, elle a diminué, et son produit n'offre plus la même valeur.

Voici la moyenne des récoltes mises en regard des terres en culture :

	Hectares en culture.	Récolte. Nombre de kilogr.
La Guadeloupe.	5,687	1,147,614
Ile Bourbon.	4,179	1,110,432
La Martinique.	3,082	747,068
La Guyane.	188	44,103

Le prix du kilogr. de café, dans les colonies, était en janvier 1837, de 2 fr.

Le produit brut d'un hectare planté en caféiers est de 250 à 600 kilogr. A la Guadeloupe, il est, en moyenne, de 500 kilogr., et l'on évalue à 350 fr. environ les frais d'exploitation.

Le *cotonnier* couvrait autrefois, dans les Antilles françaises, des étendues considérables : aujourd'hui, cette culture est très faible. On en attribue l'anéantissement graduel à l'épuisement des terres qui y sont affectées, au déboisement de certaines parties des îles, aux ravages des insectes, et, par-dessus tout, à la baisse du prix des cotons. C'est dans la Guyane que cette culture s'est maintenue sur le plus large pied ; elle est presque nulle aux Indes françaises, et de plus en plus abandonnée à l'île Bourbon et au Sénégal.

Voici quel nombre d'hectares elle occupe et les quantités de coton qu'elle produit en moyenne :

	Hectares en culture.	Récolte. Nombre de kilogr.
Guyane.	2,746	219,607
La Guadeloupe . .	1,021	71,016
La Martinique . .	178	15,028

« Le coton de la Guyane française, dit la Notice officielle, est de belle qualité; dans les marchés de France, il est souvent coté au même prix que celui de Fernambouc... Au mois de juillet 1837, le prix du kilogr. était fixé à 1 fr. 80 c. à la Guyane. »

« Le produit moyen annuel d'un hectare de bonne terre, planté en cotonniers, est de 175 kilogr. de coton, en terres hautes, et de 225 à 350 kilogr., en terres basses. »

Le *cacaoyer* décline aussi dans nos colonies où il fut importé vers 1660, mais où il ne paraît pas assez à l'abri des vents. Il commence à produire à l'âge de six ans, et il n'est en plein rapport qu'à huit. Alors il donne lieu à deux récoltes par an, la première en avril et on mai, la seconde en octobre et en novembre.

Voici la surface qu'il occupe et la quantité moyenne de son produit:

	Hectares en culture.	Cacao. Nombre de kilogr.
La Martinique.	492	190,276
Guyane	197	40,327
La Guadeloupe.	159	19,537
Ile Bourbon	28	11,300

Un hectare peut contenir 950 cacaoyers et produire annuellement de 500 à 750 kilogr. de cacao, dont le prix, au mois de juin 1836, était de 12 fr. le kilogr. dans la colonie.

Lorsque la cacaoyère est en plein rapport, c'est-à-dire après huit ans, on évalue à 1,500 fr. par an les frais d'exploitation d'un hectare.

Le *riz* ou *nély* est, aux Indes françaises, l'objet d'une culture importante qui s'étendait, en 1835, à 14,017 hectares et donnait une récolte du poids de 14,394,246 kilogr.

L'*indigotier* y occupait 888 hectares, et produisait, en 1834, 15,468 kilogr. d'indigo; en 1835, 15,839. Les Indiens s'adonnent de préférence à cette culture qui, au Sénégal, a été entreprise sans succès. Au 1er janvier 1836, il existait 38 indigoteries sur le territoire de Pondichéry, et 3 sur celui de Karikal.

La même colonie possède le *cocotier*. En 1835, on en comptait, sur le seul territoire de Pondichéry, 63,000 pieds, dont 40,000 environ étaient en rapport. En réunissant Mahé aux trois districts de Pondichéry, voici quelle a été la moyenne des produits pour les deux années 1834 et 1835 : Noix de cocos, 9,872 982; huile, 441,730 litres; calou (liqueur rafraîchissante), 567,770 litres; arack (liqueur spiritueuse), 84,420 litres; jagre (sucre grossier), 343,396 kilogr.

L'*acacia-gommier* est très répandu dans les sables blancs et mobiles qui forment le sol des contrées que borde la mer, depuis le Cap-Blanc de Barbarie jusqu'au Cap-Vert, et dans celles qui sont situées au nord du cours du Sénégal, depuis Galam jusqu'à l'escale du désert, située à 25 lieues de Saint-Louis. C'est surtout dans les grandes forêts de Sahel, El-Hiebar et Al-Fatak, que la gomme est récoltée par des tribus maures, qui en font le commerce. Les traitants français du Sénégal en ont acheté, en 1838, 4,465,857 kilogr.

Le *rocouyer*, arbrisseau dont la graine renferme une couleur servant à teindre en rouge et en jaune, appartient surtout à la Guyane, où il couvre une étendue de 1,760 hectares. La moyenne du produit en rocou y était de 235,713 kilogr., au prix de 2 fr. 75 c. Le produit annuel d'un hectare de bonne terre, planté en rocouyers, est, terme moyen, de 300 kilogr.; mais, dans le quartier de Kaw, ce produit va jusqu'à 900 kilogr.

La même colonie produit le *giroflier*, qui a été apporté de l'Inde à Cayenne, en 1777. Il y couvre 829 hectares, et son produit moyen est de 114,463 kilogr. Au mois de juillet 1837, le prix courant du kilogr. de girofle était, dans cette colonie, de 2 fr. pour le girofle noir, de 1 fr. pour le girofle blanc, et de 30 c. pour les griffes de girofle. Planté dans les terres basses, le giroflier rapporte déjà au bout de 5 ans; mais, dans les terres hautes, seulement au bout de 9 à 10 ans. La Guadeloupe possède aussi quelques-uns de ces arbres ; mais c'est pour elle un article très secondaire.

Aux productions plus ou moins importantes que nous venons d'énumérer, sans y comprendre aucune de celles qui appartiennent aussi au territoire métropolitain, on pourrait en ajouter plusieurs autres, comme le *poivre*, la *muscade*, la *cannelle*, le *bétel*, la *casse*, etc., que l'on récolte soit dans la Guyane, soit aussi à l'île Bourbon et aux Indes. Mais ces articles ne figurant dans le commerce que pour des sommes insignifiantes, nous nous bornerons à les nommer. Nous en ferons de même pour le *manioc*, les *bananes*, les *ignames*, les *patates*, le fruit du *jacquier*, que possèdent la plupart de nos colonies, et qui servent à la nourriture de leurs habitants, sans former un article de commerce pour la métropole. Sur tous ces produits, les Notices officielles donnent des renseignements intéressants auxquels nous renvoyons le lecteur curieux de connaître dans leurs moindres détails les cultures coloniales.

D'autres produits coloniaux appartiennent au règne animal, et c'est la pêche qui nous en met en possession. Nous en traiterons dans la Note 9ᵉ, en réservant seulement une pêche particulière, qui se fait sur les côtes de l'Algérie, celle du corail : il en sera traité, à propos du commerce colonial, dans le volume suivant (p. 409).

NOTE 6,

(Se rapportant à la page 80 et suiv.).

Bestiaux. Ce que nous avons dit sur cette branche de l'économie rurale à la p. 80 et suiv. pouvant paraître insuffisant, dans un moment où l'attention publique est portée sur elle, nous ajouterons ici quelques détails dont nous emprunterons une partie au Cahier officiel que le ministère de l'Agriculture et du Commerce a fait imprimer pour la session de 1841 des Conseils généraux de l'agriculture, des manufactures et du commerce ; cahier qui, pour cette question, a d'ailleurs donné lieu à un rapport très curieux fait au Conseil général de l'agriculture par M. Oscar Leclerc, au nom d'une commission spéciale. Le rapporteur est loin d'être toujours d'accord avec les données officielles ; nous en prévenons le lecteur, sans pouvoir entrer ici dans l'analyse de ces dissidences.

Les *bêtes à cornes* ou les animaux de race bovine se présentent d'abord à notre examen.

Voici à leur sujet l'état officiel des *existences* à deux époques différentes, 1830 et 1840.

La France possédait, en 1830, pour une population de 31,815,000 habitants :

	391,100	taureaux, soit	par 1,000 hab.	12
	2,033,000	bœufs	—	64
	4,628,300	vaches	—	145
	2,078,200	veaux	—	65
Ensemble. .	9,130,600	têtes	—	286 têtes.
et.	29,130,200	bêtes à laine, soit		915 têtes.

En 1840[1], elle comptait, pour une population de 34,226,000 habitants[2] :

	399,000	taureaux, soit	par 1,000 hab.	11
	1,968,800	bœufs	—	57
	5,501,800	vaches	—	161
	2,066,800	veaux	—	61
Ensemble. .	9,936,400	têtes, soit :		290 têtes.
Et.	32,151,430	bêtes à laine, soit :		939 têtes.

Ainsi le total des bêtes à cornes qui, en 1826, n'avait été encore (si le recensement ou plutôt l'évaluation qu'on en a faite offrait un peu d'exactitude) de 6,973,400 têtes, s'est

(1) *Statistique* officielle *de la France*, p. 682 et 683 (partie non encore publiée).

(2) Ce chiffre est celui du recensement officiel de 1836 (33,540,910 habitants) augmenté d'un 197e par année.

élevé, en 1830, à 9,130,600 têtes, et en 1840, à 9,936,400 têtes. Il est donc certain qu'il y a eu une augmentation ; et ce n'est pas seulement une augmentation absolue, mais aussi une augmentation relative, car au lieu de 286 bêtes à cornes par mille habitants, proportion de 1830, il y en a maintenant 290 par mille habitants. Malheureusement cette augmentation porte beaucoup plus sur les vaches que sur les bœufs : aussi la consommation est-elle en souffrance, comme l'attestent les plaintes élevées de toutes parts. L'importation, à laquelle on ne peut s'empêcher de recourir, est frappée d'un droit très onéreux qui renchérit outre mesure pour certaines contrées un aliment de première nécessité. (Voir au volume suivant p. 40.)

Mais avant de nous occuper des abatages, quelques détails sur la nature de nos bêtes à cornes paraîtront nécessaires.

Les plus belles races sont celles de la Normandie et du Limousin : dans les *herbages* de la première sont engraissées, outre les bêtes à cornes de cette riche province, celles de l'Angoumois, de la Saintonge, du Poitou, du Quercy, de la Marche, du Berry, de la Bretagne, et même du Limousin, contrée qui, après la Normandie, engraisse le plus de bœufs et qui fait du commerce des bêtes à cornes son principal revenu. Ses bœufs, très estimés dans la boucherie, ainsi que ceux de la Gascogne, les plus hauts de tous, pèsent jusqu'à 450 kilogr. ; ceux de race normande, également de haute taille, arrivent quelquefois jusqu'à près de 600 kilogr. On les élève particulièrement dans les abondants pâturages du Cotentin, du Vexin et du pays d'Auge. Les bœufs bretons et manceaux sont, au contraire, petits; mais ils s'engraissent facilement.

Les races les plus propres au travail sont celles de Salers en Auvergne, celles du Rouergue, d'Aubrac et de Ségalas, du Quercy et du Limousin. La vache comtoise qu'on nomme *tourrache* travaille bien et donne le lait si peu abondant, mais si caséeux, avec lequel on fait des fromages analogues à ceux de gruyère. Le bœuf de la Camargue laboure avec vigueur, et son allure vive et développée rappelle quelquefois celle du zébu.

Relativement au nombre, et en comptant par régions, on a vu (p. 80) que c'est le Nord, et surtout le Nord occidental, qui l'emporte; le Midi oriental offre la plus faible quantité. En comptant par départements, voici, d'après les *Archives*, l'état de ceux où la production est la plus forte[1].

Saône-et-Loire,	250,000 têtes.	94,900 bœufs,	dont 27,500 à l'engr.		82,100 vaches.		
Côtes-du-Nord,	248,921	— 28,213	—	18,053	—	135,648	—
Maine-et-Loire,	223,539	— 77,693	—	16,557	—	84,112	—
Ille-et-Vilaine,	222,071	— 32,628	—	5,783	—	126,849	—
Loire-Inférieure,	217,524	— 59,193	—	3,772	—	91,470	—

C'est le département de Vaucluse qui est le plus pauvre sous ce rapport, car on n'y compte pas plus de 1,862 têtes de l'espèce bovine[2]; viennent ensuite les Bouches-du-Rhône, 3,844; le Gard, 5,039; l'Hérault, 6,358; le Var, 7,564. Dans le département de la Seine, on n'a pas trouvé un seul bœuf, mais 14,120 vaches à l'engrais; de même dans Seine-et-Marne, point de bœuf, mais 17,700 vaches servant à l'agriculture; dans Seine-et-Oise, seulement 17 bœufs, mais 69,207 vaches des deux classes.

Dans l'état des bêtes à cornes que renferment les *Archives*, on a fait les rubriques suivantes: 391,151 taureaux; 1,720,142 bœufs pour l'agriculture; 312,848 bœufs à l'engrais; 3,671,347 vaches pour l'agriculture; 956,970 vaches à l'engrais; 2,078,174 veaux; total, 9,130,632 têtes.

Un bœuf pèse moyennement 275 kilogr. en viande, 34 kilogr. en cuir, et 26 kilogr. en suif; total 335[3]. Dans la région du Nord, un bœuf pèse moyennement 301 kilogr. en viande, 38 en cuir, 34 en suif. Le plus grand poids, savoir 367 kilogr. de viande, 44 de cuir, et 39 de suif, se rencontre dans le département du Pas-de-Calais, où une vache pèse encore 270 kilogr.

(1) Les chiffres de la *Statistique* agricole de 1840 ne diffèrent pas beaucoup de ceux des *Archives*: ils donnent 241,622 têtes au département de Saône-et-Loire, 265,264 à celui des Côtes-du-Nord, 207,965 à celui de Maine-et-Loire, etc. Mais au-dessus du plus avancé de ces départements il place d'abord le Morbihan, avec 294,461 têtes, puis le Finistère, avec 289,164; viennent ensuite les Côtes-du-Nord, et, après ce département, celui d'Ille-et-Vilaine, avec 243,785 têtes, et celui de la Loire-Inférieure, avec 241,120 têtes.

(2) D'après la Statistique de 1840, 1,439; il y a aussi de légères variantes pour les départements suivants.

(3) Voir une évaluation un peu différente, donnée pour mémoire, dans le volume suivant, p. 39, 2e note.

en viande, 34 en cuir et 36 en suif. Dans le département de Lot-et-Garonne, les bœufs pèsent en viande 332 kilogr., et dans la Gironde, 321. Ils ne pèsent en Corse que 141 kilogr.

Chaptal évaluait en moyenne la valeur d'un bœuf à 200 fr.; celle d'un taureau à 100 fr.; celle d'une vache à 70 fr.; celle d'une génisse de 1 à 3 ans, à 50 fr.; celle d'un veau de 1 à 3 ans, à 60 fr. D'après un calcul plus récent et qui paraît offrir plus de précision, le prix moyen d'un bœuf maigre est de 169 fr.; celui d'un bœuf gras, de 254 fr.; celui d'un taureau, de 128 fr.; celui d'une vache maigre, de 90 fr.; celui d'une vache grasse, de 140 fr.; enfin celui d'un veau, de 29 fr. 81 c. En Corse, un bœuf gras ne vaut que 100 fr.; il en vaut 320 dans l'Ain, 325 dans l'Aisne et dans le Haut-Rhin, 326 dans Seine-et-Marne, 340 dans le Cher, 350 dans la Marne, 355 dans la Seine, 360 dans l'Oise et jusqu'à 390 dans la Charente, qui n'a en tout que 83,518 bêtes de l'espèce bovine dont la majeure partie sert à l'agriculture.

Une vache pèse moyennement 165 kilogr. en viande, 22 kilogr. en cuir, et 15 kilogr. en suif; total 202 kilogr.

Un veau pèse moyennement 30 kilogr., et vaut 25 fr.

Voici au reste la comparaison qu'on fait à l'égard des poids dans le cahier ministériel.

ÉPOQUES.	POIDS MOYEN (NET).			
	BOEUFS.	VACHES.	VEAUX.	MOUTONS.
1830 . . .	267 kil. [1].	172 kil.	30 kil.	16.79 kil.
1840 . . .	248 [2]	144	29	17.00

(1) « Les poids moyens portés aux tableaux des *Archives statistiques*, publiées par le ministère du Commerce en 1837, ayant été déduits des poids moyens établis par régions, et non de la quantité totale de viande produite par ces poids moyens particuliers, on a dû les modifier : les chiffres indiqués ci-dessus sont le résultat de cette dernière évaluation. »

(2) *Statistique de la France*, p. 684 et 685 (partie non encore publiée).

Voici maintenant l'état des abatages aux deux époques que nous avons déjà comparées entre elles.

En 1830, l'abatage du royaume [1] était de

	483,300 bœufs, soit par 1,000 hab.		15.2
	635,700 vaches	—	19.9
	2,250,200 veaux	—	70.7
Ensemble. .	3,369,200 têtes,	—	105.8
et.	5,837,100 moutons.	—	183.4

Ce même abatage a été, en 1840 [2], de

	492,900 bœufs, soit par 1,000 hab.		14.4
	718,900 vaches	—	21.0
	2,487,400 veaux	—	72.7
Ensemble. .	3,699,200 têtes	—	108.1
et.	5,804,700 moutons	—	169.5

« En Angleterre, a dit le ministre du Commerce et de l'Agriculture [3], la consommation individuelle en viande est de 68 kilogr. : en France, elle est de 14 kilogr. auxquels il faut ajouter 9 kilogr. de charcuterie. A Paris, la consommation en viande de boucherie est de 48 kilogr. et de 8 de charcuterie. En 1789, la consommation de la viande pour la capitale était par individu de 68 kilogr., et lorsque la population a presque doublé la consommation a diminué. Ce fait s'explique par la révolution qui s'est opérée dans la population ouvrière, puisque la capitale est devenue la ville la plus industrielle de l'Europe.

« Nous consommons annuellement le cinquième de la race ovine, un peu plus de 6 millions. Nous engraissons annuellement 312,848 bœufs; nous en abattons 483,349. Ainsi 170,500 bœufs maigres entrent dans la consommation ; nous les em-

(1) *Archives statistiques*, p. 187 et suiv.

(2) *Statistique de la France*, p. 686 et 687 (partie non encore publiée).

(3) Discours de M. Cunin-Gridaine, à la Chambre des pairs, séance du 28 avril 1841.

pruntons aux bœufs travailleurs dont le nombre est de 1,700,000. Le déficit est donc du dixième.

« Cette insuffisance des bœufs mis à l'engrais est la principale cause d'appauvrissement de la fécondation agricole. En Angleterre, le bœuf reste deux ans, et même trois ans, à l'engrais ; il donne 400 kilogr. de viande ; en France, il donne 200 à 300 kilogr. Sous tous les rapports, nous sommes dans des conditions inférieures. »

Parmi les *bêtes à laine*, on compte les chèvres avec les moutons ou la race ovine ; mais nous devons nous occuper d'abord de cette dernière.

Voici l'état officiel des *existences* des *bêtes ovines* aux deux époques de 1830 et 1840.

	BÉLIERS.	BREBIS.	MOUTONS.	AGNEAUX.	TOTAL.
	Têtes.	Têtes.	Têtes.	Têtes.	Têtes.
1830.	572,958	13,732,492	8,716,117	6,108,664	29,130,231
1840.	575,715	14,804,946	9,462,180	7,308,589	32,151,430
DIFFÉRENCE EN 1840, en plus.					
Numérique . . .	2,757	1,072,454	746,063	1,199,925	3,021,199
Proportionnelle.	0.4 %	7.8 %	8.5 %	19.6 %	10.3 %

Comme nous l'avons dit plus haut, il y a, ou peu s'en faut, un mouton par habitant, proportion qui ne paraîtrait pas assez avantageuse dans la Grande-Bretagne où l'on compte 50 millions de ces animaux pour 26 millions d'habitants, c'est-à-dire près de deux moutons pour un habitant.

Cette branche de l'agriculture, si importante d'ailleurs par les fumiers qu'on en obtient, représente donc pour la France un capital de 350 millions. La dépouille seule de ces animaux, estimée de 5 fr. 50 cent. à 6 fr., donne annuellement une valeur de 210 millions (p. 255). En ne prenant en considération que la laine, cette branche est déjà pour la France la plus productive après la culture des grains et des vignes; mais elle entre aussi pour une grande part dans l'alimentation publique, ainsi qu'on peut le voir par l'état suivant des abatages à nos deux époques, état que nous reproduisons malgré les erreurs qu'on remarque dans le calcul des différences.

	BREBIS ET MOUTONS.	AGNEAUX.	TOTAL.
1830	4,761,600	1,075,500	5,837,100
1840	4,769,500	1,055,200	5,804,700
Différence en 1840. — en moins — numérique . .	7,900	»	»
Différence en 1840. — en moins — proportionn..	0.1 %	»	»
Différence en 1840. — en plus — numérique . .	. . . . .	40,300	32,400
Différence en 1840. — en plus — proportionn..	. . . . .	3.7 %	0.6 %

La consommation de Paris a été, en 1836, de 678,585 têtes, dont environ $\frac{1}{6}$ a été amené des pays étrangers, et pour le reste, le plus grand nombre venait, après l'Ile-de-France, du Berry, de la Champagne, de la Normandie et du Poitou. Voici les prix auxquels la boucherie en a fait l'acquisition.

Celle de Paris a acquis	378,476	moutons, à	26 fr.	80 cent.,	prix moyen
— de la banlieue	116,785	—	19	97 —	—
— foraine	183,324	—	16	17 —	—

Ce qui donne une valeur générale de 15,623,274 fr. 90 cent.

Pour toute la France, le prix moyen d'un bélier est de 18 fr. 98 cent.; d'une brebis, de 9 fr. 94 c.; d'un mouton, de 14 fr. 05 c.; d'un agneau, de 5 fr. 50 c.; et le prix moyen d'une bête de race ovine en général est de 11 à 12 fr.

Un mouton pèse, moyennement, 15.91 kilogr. en viande, 2.34 kilogr. en cuir, et 2.08 kilogr. en suif.

On a en France des bêtes ovines de diverses races : celles

du Roussillon, du Languedoc et du Gévaudan, de la Provence, de la Crau et de la Camargue, de l'Auvergne, de la plaine du Poitou, du Berry, de la Sologne, des Ardennes, qui appartiennent aux pays chauds et montagneux ; et les races picarde, flamande, poitevine des marais, qui appartiennent aux plaines et aux lieux humides. Mais ces races diffèrent encore entre elles relativement à la quantité et à la qualité de la viande, qui dépendent beaucoup de la manière dont on engraisse les moutons et de l'espèce de pâturages qu'ils fréquentent. Les meilleurs sont ceux des coteaux qui sont secs et dont l'herbe est fine, courte, entremêlée de nombreuses plantes aromatiques; et ceux des bords de la mer, connus sous le nom de *prés salés*, parce qu'ils reçoivent des miasmes salins.

En 1830, le département qui possédait le plus de bêtes de l'espèce ovine était l'Aveyron : il en avait 929,651 ; venaient après l'Aisne[1], 780,010; l'Indre, 765,021; Seine-et-Oise, 750,456; Eure-et-Loir, 700,820; le Tarn, 618,723; le Cher, 613,358; l'Aude, 577,740; la Dordogne, 584,180; l'Oise, 537,941; l'Hérault, 533,996.

Par la laine, l'espèce ovine est devenue pour l'agriculture une branche extrêmement précieuse. Cependant nous avons vu (p. 256) que la laine française est généralement d'une qualité médiocre. Mais le croisement des races, depuis près d'un demi-siècle, a procuré une amélioration très sensible. De même que la race anglaise, race de plaines et de marais, a eu une heureuse influence sur nos anciennes races par rapport à la chair, de même les mérinos espagnols, race des montagnes, les ont perfectionnées par rapport à la toison qui était longue, grosse et médiocrement abondante. Ce croisement

(1) D'après la Statistique agricole de 1840, c'est le département de l'Aisne qui occupe le premier rang, avec 983,115 têtes; l'Aveyron n'en a que 857,448. Puis vient le Cher, avec 829,438 têtes ; Eure-et-Loir, avec 788,768 ; Seine-et-Marne, avec 749,250, etc. Le département de la Seine n'en compte que 28,244 ; celui du Calvados, 42,709 ; celui du Jura, 46,219 ; celui du Haut-Rhin, 55,455 ; celui du Rhône, 66,276, et celui du Bas-Rhin 75,469.

nous a enrichis d'une telle variété de laines qu'elles peuvent fournir à la fabrication de l'étoffe la plus fine aussi bien que des tissus les plus grossiers. Les premiers essais avec des béliers espagnols furent faits en France, vers 1760, par le président de la Tour d'Aigues. En 1776, Louis XVI reçut du roi d'Espagne un premier transport de mérinos ; un second arriva, comme nous l'avons dit (p. 251), en 1785, et bientôt fut établie la ferme-modèle de Rambouillet dont l'influence devint décisive. De la bergerie, d'abord impériale puis royale, de Rambouillet sortirent des *élèves* nombreux et d'une grande beauté. On en a vu payer, assure M. Mauny de Mornay, un des béliers 3,870 fr., et une des brebis 659 fr. Mais le nombre considérable d'animaux perfectionnés répandus dans le pays a fait baisser le prix à 328 fr. pour les béliers et à 108 fr. pour les brebis. On assure qu'encore aujourd'hui 400 millions de fr. sont engagés dans la race des mérinos[1].

Le produit des toisons se divise en différentes catégories, dont nous ne pouvons pas nous occuper ici.

D'après un tableau que nous avons sous les yeux, mais un peu ancien, voici quel en est le rapport et la valeur :

	Kilogr.	Fr.
Laines-mères des 9 catég. après lavage	36,703,500	181,732,750
Agneaux et pelures *id.* *id.*	3,670,350	14,465,275
Totaux.	40,373,850	196,198,025

On voit que le nombre des kilogrammes de laine obtenus ne dépasse pas de beaucoup celui des bêtes ovines, et que par conséquent on peut admettre qu'une toison ne donne guère plus de 1 kilogr. de laine lavée, valant, en moyenne, près de 5 fr. Cependant il y a des toisons qui donnent jusqu'à 3 kilogr. et demi. Aussi avons-nous évalué les toisons, en moyenne, à 5 fr. 50 c. ou 6 fr.

Les laines indigènes ne suffisent pas à la consommation des manufacturiers français : on importe annuellement, comme

(1) Le nom de *mérinos* signifie venu par mer ou d'au-delà de la *mer*. Au XIVe siècle, on avait fait venir en Espagne les premiers béliers berbères que l'on croisa avec des brebis indigènes.

on peut le voir par le tableau de la p. 254, environ 12 millions de kilogr. de laines étrangères, pour une valeur de 2 millions. Mais ce qui prouve combien l'élève des brebis s'est étendue et améliorée en France, c'est qu'en même temps que l'exportation des tissus de laine s'accroissait d'une manière notable, l'importation des laines est cependant restée égale à ce qu'elle avait été vers la fin du siècle dernier.

La valeur de la laine fabriquée est à peu près le double de la valeur de la laine seulement lavée.

Les *chèvres*, avons-nous dit, comptent aussi parmi les bêtes à laine ; car leur poil, en outre qu'il sert aux passementiers, est filé pour donner des tissus et toutes sortes d'ouvrages de mercerie. La chèvre a été appelée, avec raison, *la vache du pauvre :* il se nourrit de son lait, qu'il peut employer aussi, comme dans les départements de l'Ain et du Jura, à fabriquer d'excellents fromages, et dont ses enfants peuvent être allaités par la bête elle-même, quand leur mère ne peut pas les nourrir ; la chèvre lui donne, en outre, chaque année, 1 ou 2 chevreaux. Avec cela, elle est sobre, et si elle est un peu plus chère à l'achat qu'une brebis, elle est aussi plus utile, d'une société plus animée, et elle coûte moins à entretenir. Nous avons vu qu'on comptait en France, dans l'année 1830, 1,206,093 têtes de cette espèce ; ce nombre, d'après la Statistique agricole de 1840, n'a pas augmenté. La Corse, à elle seule, en possédait 188,631 ; et après cette île, les départements qui en nourrissaient le plus étaient les suivants : Landes, 41,989 ; Drôme, 41,715 ; Ardèche, 41,650 ; Isère, 35,402 ; Indre, 32,975 ; Basses-Alpes, 30,799 ; Var, 30,714. M. Girault de Saint-Fargeau assure qu'aux environs de Lyon, dans 12 communes du Mont-Dore, qui, dans son plus grand diamètre, n'a pas 2 lieues d'étendue, on possède 11,250 chèvres réparties entre des particuliers, dont plusieurs en ont jusqu'à 60 et plus, tandis qu'en général elles vivent isolément dans les chaumières, dont les pauvres habitants n'en élèvent qu'une ou deux.

On sait que M. Ternaux a introduit en France des chèvres du Tibet et du Cachemyr, et qu'il en a réuni un grand nombre dans ses bergeries de Saint-Ouen pour en utiliser le poil dans la fabrication de ses draps superfins et de ses châles cachemires, imitant ceux de l'Inde (voir p. 269).

Nous avons dit (p. 84) que le nombre des *porcs* est d'environ 4 millions. D'après la Statistique agricole de 1840, le plus grand nombre (150,802) paraît se trouver dans le département de Saône-et-Loire; puis viennent le Pas-de-Calais, avec 120,293, la Meurthe, avec 108,962, la Moselle, avec 108,089, etc. Les porcs sont aussi fort nombreux des deux côtés des Vosges et dans la Normandie : dans le département d'Ille-et-Vilaine, ils sont de très belle race. Quelques départements, comme la Creuse, engraissent les porcs que d'autres départements leur envoient ; ceux des Basses-Pyrénées donnent les jambons dits de Mayence, si renommés dans le commerce ; dans l'Aisne, ils fournissent presque seuls à la consommation de viande des habitants de la campagne ; en Lorraine et en Alsace, on en fait des salaisons recherchées. Les porcs de l'île de Corse sont à demi sauvages.

Le poids moyen de ces animaux, en viande, est de 60 à 70 kilogr., et le prix moyen de 35 fr.

D'après Chaptal[1], l'agriculture française fournit à la consommation, en viandes de boucherie :

857,000 vaches ou bœufs qui, à raison de 175 kil. de viande chacun, font.	149,975,000 kil.
5,256,000 moutons à 12 1/2 kilogr.	65,698,000
2,082,000 veaux à 22 1/2 kil.	46,845,000
3,443,000 porcs à 70 kil.	241,010,000
Total.	503,528,000 kil.

On peut comparer ces chiffres avec ceux que nous avons extraits du cahier ministériel. D'autres chiffres, mais relatifs à la valeur de la viande de boucherie, se trouveront à la p. 39 du volume suivant.

On fabrique en France de bons fromages et en grande quantité ; mais il n'en entre pas beaucoup dans le commerce d'exportation : la plus grande partie sert à la consommation des

(1) *De l'Industrie française*, t. I, p. 248.

habitants. Les qualités les plus renommées sont les fromages gras *de Brie*, les fromages à la crème *de Viry* (Nièvre), *de Neufchâtel* (Seine-Inférieure), et de quelques autres contrées voisines; celui *de Roquefort* (Aveyron), fait avec du lait de chèvre et de brebis, et dont on prépare par an environ 10,000 fromages pesant chacun 3 à 4 kilogr. et coûtant 60 à 70 fr. les 50 kilogr.; celui *du Mont d'Or* (ou Dore), également préparé avec du lait de chèvre et dont la ville de Lyon fait une grande consommation; celui *de Gérome* ou *Gérardmer*, préparé avec du lait de vache auquel, lorsqu'il est caillé, on mêle une certaine quantité de graine de cumin, et qui se fabrique dans le département des Vosges, surtout dans l'arrondissement de Rémiremont, en une quantité qui s'élève, dit-on, à 1,200,000 kilogr.; le fromage imitant celui *de Gruyère*, qu'on fabrique en Franche-Comté et dans les Vosges, et dont on fait, dans la région de l'est, une grande consommation, mais qui n'empêche pas l'importation annuelle d'environ 30,000 quintaux de vrai Gruyère que nous envoie la Suisse.

NOTE 7,

(Se rapportant à la page 95).

Les départements du Gard, de l'Ardèche, de Vaucluse et de la Drôme sont les principaux siéges de la *magnanerie* en France. Nous ne connaissons pas le nombre, même approximatif, des vers à soie élevés dans ce pays; mais nous avons les chiffres de la récolte en cocons, au moins pour les dix années de 1826 à 1835. Quant aux habitudes de ces insectes et à leur entretien, nous renvoyons le lecteur aux savantes *Considérations sur les progrès de l'éducation des vers à soie, depuis le commencement du siècle* de M. le comte de Gasparin (Paris, 1841, in-4°) et à l'excellent article *Soie* du *Dictionnaire du Commerce et des Marchandises*, ainsi qu'à la traduction française de l'ouvrage de M. Porter, souvent cité (p. 286 et suiv.); et pour l'historique, on consultera avec fruit un article du *Mémorial portatif* de 1830, p. 606 et suiv. Disons seulement, d'après le second de ces ouvrages, que 360 vers donnent environ une livre et demie de beaux cocons, lesquels produisent à leur tour environ 2 onces d'œufs; chaque once donne environ 45 livres de cocons. Mille onces de cocons ne donnent que 153 onces de cocons purs: le reste se compose des chrysalides et de leurs dépouilles. Il faut, pour former ces 1,000 onces, 12,860 cocons.

Voici la récolte de cocons pendant les années indiquées ci-dessus qui, nous devons le dire, ont cependant été dépassées par les années subséquentes. En regard de la récolte totale nous mettons celle des principaux départements sétifères[1] (quantités de kilogrammes).

ANNÉES.	FRANCE.	GARD.	ARDÈCHE.	VAUCLUSE.	DRÔME.
1826	6,776,973	2,454,720	1,368,511	1,008,844	955,268
1827	7,904,527	2,977,160	1,368,511	1,455,574	955,268
1828	7,317,376	2,522,860	1,368,511	1,247,500	955,268
1829	8,232,948	3,181,810	1,368,511	1,468,000	955,268
1830	7,678,437	2,727,470	1,368,511	1,468,000	955,268
1831	7,911,578	2,611,560	1,437,556	1,418,700	1,230,000
1832	8,554,524	2,973,500	1,591,123	1,380,600	1,315,000
1833	8,991,837	3,327,300	1,696,960	1,120,750	1,370,000
1834	7,294,365	2,637,310	1,076,310	1,158,556	1,265,000
1835	9,007,967	2,696,231	1,765,121	1,600,885	1,479,029

Le prix moyen du kilogr. de cocons, comme on a pu le voir par le tableau de la p. 274, est de 3 fr. 30 c., et l'on assure qu'il ne revient pas à plus de 2 fr. 50 c., d'où résulte un bénéfice très considérable.

On sait que les fils qui enveloppent les cocons sont d'une longueur fort inégale: quelques-uns ont jusqu'à 1,200 aunes et plus, d'autres seulement 200 aunes; on a calculé que leur longueur moyenne était de 3 à 600 aunes. Ces fils dévidés for-

(1) *Séricole* et *sétifère* ont deux étymologies différentes: nous ne parlons pas des deux verbes *colere* et *ferre*, mais du premier élément de chacun de ces mots composés Chez les Romains, les étoffes de soie et ensuite la soie elle-même étaient appelées *serica*, — *orum*, du nom des Sères ou Parthes; de là *séricole*. Quel-

ment ce qu'on appelle la *soie grège*, dont le prix moyen, pendant les dix années, de 1826 à 1835, comprises dans le tableau de la p. 274, a été de 47 fr. 58 c. le kilogr. On peut voir par le même tableau de quelle quantité considérable le filage réduit le poids de la soie en cocons. On assure que le kilogr. de soie grège donne lieu à 35 fr. de frais : le bénéfice est donc aussi très considérable. Nous empruntons aux publications officielles[1] le relevé suivant des quantités de soie grège filée soit dans la France entière, soit dans les quatre départements qui sont en première ligne sous ce rapport, pendant les 10 années de 1826 à 1835.

ANNÉES.	FRANCE.	GARD.	ARDÈCHE.	VAUCLUSE.	DRÔME.
	kilogr.	kilogr.	kilogr.	kilogr.	kilogr.
1826	612,954	238,240	123,904	77,603	95,796
1827	657,482	234,280	123,904	121,291	95,796
1828	664,450	233,320	123,904	103,958	95,796
1829	688,491	236,150	123,904	122,333	95,796
1830	673,615	230,390	123,904	122,333	95,796
1831	767,387	243,300	143,172	118,200	153,750
1832	765,149	231,990	146,861	115,100	164,375
1833	752,025	230,000	134,606	93,391	171,250
1834	639,040	237,140	82,350	84,684	135,625
1835	876,016	236,602	174,388	133,407	211,325
Moyenne	709,661	235,141	130,100	109,230	131,530

On a vu (p. 273) qu'aujourd'hui la moyenne n'est plus égale à la moitié de la production annuelle qui est de 1,600,000 kilogr.[2] ayant une valeur de 88 millions de fr. dont l'industrie manufacturière s'empare pour la décupler.

ques agronomes écrivent *séricicole*, ce qui est peut-être plus conforme à l'étymologie : ainsi, la Société qui s'est formée à Paris pour la propagation et l'amélioration de l'industrie de la soie en France s'intitule *Société séricicole*. *Sétifère* a pour racine *seta*, soie, mais dans une toute autre acception du mot, soie de porc. Cependant ce terme, passé sous silence par l'Académie, est usité dans l'acception que nous lui avons donnée ci-dessus.

(1) *Archives*, p. 264.

(2) Nous avons indiqué, p. 273, la production en soie des autres principales contrées séricoles.

Le gouvernement fit venir de la Chine, en 1789, des cocons des plus belles variétés de la race *sina*, et les distribua aux éducateurs du Dauphiné, de la Provence et du Languedoc. Cependant cette opération fut longtemps sans produire d'effets : on la crut manquée ; mais en 1812, M. Poidebard introduisit cette même race dans le Lyonnais. Les produits sont d'une blancheur éclatante et d'une supériorité marquée sur les cocons jaunes. Cette espèce de soie sert maintenant particulièrement à la fabrication du crêpe et du tulle.

La soie se transporte en balles du poids de 60 à 75 kilogr. Nous avons expliqué plus haut (p. 276) ce qu'on appelle la *condition de la soie*.

Depuis quelques années, on a vu paraître dans le commerce la *soie végétale* et les produits très remarquables, tissus et passementerie, qu'on en obtient. Elle n'a rien de commun avec le duvet des vers à soie; mais elle provient de différentes plantes textiles exotiques, telles que le pite, le phormion, l'abaca ou chanvre de Manille, etc.

NOTE 8,

(Se rapportant à la page 96).

La chasse. Quoique ce soit plutôt comme plaisir qu'on se livre à la chasse que pour le rapport qu'on s'en promet, ce rapport néanmoins n'est pas tellement nul que nous devions le passer entièrement sous silence.

On trouve partout en abondance le *lièvre* et le *lapin*, qui alimentent, l'un la cuisine des riches, l'autre celle des pauvres, en même temps que leurs poils sont d'un grand usage dans la chapellerie. Aussi fait-on tous les ans un grand carnage parmi eux. Le *cerf* et le *chevreuil*, déjà plus rares, se trouvent cependant encore en grand nombre dans les taillis des départements boisés : ainsi que le *daim*, dont la rencontre devient de moins en moins fréquente pour le chasseur, ils fournissent à nos tables un mets recherché et livrent leur peau à la ganterie et à la culotterie. Le bois de cerf est en outre employé dans la pharmacie. Dans les montagnes, on chasse encore le *sanglier* malfaisant : sa chair est excellente à manger, surtout en jambons fumés, et l'on sait quel cas les friands font de sa hure. Les soies du sanglier entrent dans le commerce : on en fait des brosses, des cardes, des lignes à pêcher, etc. On tue ensuite une quantité d'animaux à fourrure, tels que *taupes*, *martres*, *putois*, *fouines*, *belettes*, toutes assez communes ; le *renard* ne l'est que dans certaines contrées et n'a qu'une importance secondaire dans la pelleterie. La *loutre*, qui lui paie également son tribut, ne se rencontre guère plus fréquemment, en général. L'*hermine*, qui existe dans le département du Finistère, etc., est encore plus rare.

La chasse s'exerce ensuite sur de nombreux oiseaux, tels que la *caille*, très commune ; les *grives*, qui abondent dans tous les pays vignobles, notamment dans les départements de la Loire, de la Lozère et des Basses-Pyrénées ; l'*alouette*, plus nombreuse dans les contrées riches en moissons ; le *pigeon ramier*, la *perdrix* grise et la rouge, l'*ortolan*, le *becfigue*, etc. Les marais de la Vendée et de la Charente-Inférieure fourmillent de *canards sauvages*, qui abondent aussi, pendant l'hiver, sur les étangs et les rivières de la plupart des départements, que fréquentent, en outre, les *vanneaux*, les *bécasses* et *bécassines*, etc. Enfin près de ces eaux, on tire souvent l'*oie sauvage*, et, sur les côtes de la mer, les *alouettes de mer* et divers échassiers.

Les *grenouilles*, qui remplissent les eaux stagnantes, servent également à la nourriture des hommes, et ces mêmes eaux sont habitées par les *tortues*, qu'on recherche pour le bouillon qu'elles fournissent ; elles sont assez communes dans les départements de la Haute-Garonne, de l'Aude, du Tarn, de l'Hérault, du Gard, de la Lozère, de la Haute-Loire et de l'Ardèche.

NOTE 9,

(Se rapportant à la page 96).

La pêche. On peut compter en France trois espèces de pêche, dont la première seulement se rattache, jusqu'à un certain point, à l'économie rurale, sans que nous ayons cru devoir, pour cela, l'isoler des deux autres. Ces trois espèces sont : la pêche fluviale, celle qui se fait le long de nos côtes maritimes, et la pêche lointaine, qui occupe de nombreux armateurs.

Le poisson d'eau douce abonde en France, ce pays étant sillonné par plusieurs milliers de rivières grandes et petites, et présentant, en outre, des étangs considérables, dont une partie, il est vrai, a été desséchée depuis la Révolution. On pêche la *carpe*, le *brochet*, le *barbeau*, l'*anguille*, la *brême*, la *tanche*, la *perche*, le *goujon*, l'*ablette*, et autres poissons blancs. En y comprenant les écrevisses, Chaptal, comme nous l'avons dit, évalue à 20 millions de fr. le produit annuel de cette espèce de pêche.

La seconde espèce, dont le rapport est aussi très considérable, est la pêche qui se fait sur nos quatre cents lieues de côtes le long de l'Océan et de la mer Méditerranée ; des populations entières s'y livrent en se servant soit du filet, soit de l'hameçon. Nous donnerons dans le volume suivant[1] l'état des bateaux pêcheurs employés dans nos ports, ainsi que leur tonnage et le nombre d'hommes d'équipage qui les montent[2]. Le produit de cette pêche est livré à la consommation sous une double forme : le poisson est vendu ou frais ou après avoir été salé, ce qui assure sa conservation pendant le trajet qu'il fera pour arriver sur tous les marchés du pays. Les bateaux côtiers, montés par

(1) Tableau du commerce, p. 53.

(2) Voici sur le même objet des données plus anciennes, extraites des *Documents statistiques*, p. 58 :

Sont entrés :	En 1831.	En 1832.	En 1833.
Navires.	8,283	5,490	4,442
Tonnage.	119,476	127,380	79,160
Équipages.	53,929	45,168	28,332
Sont sortis :			
Navires.	8,412	5,933	4,531
Tonnage.	117,827	127,885	97,129
Équipages.	54,640	47,614	32,830

des pêcheurs à l'hameçon, vont toute l'année à la pêche des *raies*, des *limandes*, des *merlans*. La pêche au filet, pour laquelle on se sert de bateaux un peu plus grands, capables de tenir la mer à une certaine hauteur, a lieu quatre fois l'an : la première, pour les *soles*, les raies et quelques autres poissons, commence le 4 ou 5 janvier et finit vers le 5 mai ; la seconde, qui commence en mai et se continue jusqu'au 20 juillet, est principalement pour les *maquereaux;* la troisième mérite à peine d'être comptée ; la quatrième, ou la pêche du *hareng*, sur laquelle nous reviendrons tout à l'heure, commence dans les premiers jours d'octobre et finit vers le 20 décembre. Toute cette pêche, extrêmement productive, a lieu surtout le long des côtes de la Normandie, principalement de Saint-Valery en Caux jusqu'à Dunkerque : une quantité considérable de soles, de raies, de maquereaux, de merlans, de harengs, etc., sont de là envoyés à Paris, ville dont nous avons évalué la consommation en ce genre à environ 4 millions de fr. La Bretagne prend aussi une part considérable aux profits de la pêche côtière. Les poissons dont cette province pourvoit les marchés, sont : la *sardine*, le maquereau, le *congre* et le *saumon*. La pêche des sardines y occupe près de 900 bateaux, montés par 4,425 marins ; elle est aussi fort abondante sur les côtes de la Charente-Inférieure et de la Vendée, et donne lieu à un commerce considérable, de même que la pêche des *anchois* sur les côtes de la Provence, notamment à Fréjus, à Cannes et à Saint-Tropez.

On fait dater la pêche du *hareng*, en France, de l'année 1030 ou environ : Calais et Dieppe se disputent l'honneur de s'y être d'abord livrés ; mais ce dernier port, incontestablement le premier pour la pêche en général, conserve une grande réputation pour la supériorité de ses salaisons. C'est toujours de là que partent la plupart des bâtiments français qui se livrent à cette pêche, malheureusement moins productive aujourd'hui et aussi d'un placement moins avantageux que dans un temps où les habitudes religieuses imposaient une abstinence rigide de la viande en temps de carême. De 1783 à 1792, elle produisait, année moyenne, 2 millions de fr. ; et, depuis ce temps même, son produit s'est encore élevé à 4 millions de fr.; mais il n'est plus guère maintenant que de 8 à 900,000 fr. La pêche du hareng employait 400 bâtiments, montés par 5,000 marins. Après Dieppe, ce sont les ports de Boulogne, Granville, Honfleur, qui s'en occupent le plus.

La pêche du *thon* est particulière au port de Marseille et à ceux de l'île de Corse; elle n'a lieu que dans la Méditerranée.

C'est du côté opposé qu'a lieu la pêche aux *huîtres*, mollusques dont la consommation a pris, en France, et surtout à Paris, une grande extension. Un point très borné de la côte y pourvoit presque seul; car la plus grande partie des huîtres qui se consomment en France et même dans plusieurs contrées du Nord de l'Europe, proviennent de la baie de Cancale (Côtes-du-Nord), entre Saint-Malo et le mont Saint-Michel en Bretagne. On n'estime pas à moins de plusieurs centaines de millions le nombre de ces mollusques qui y sont pêchés tous les ans. Il y en a aussi des bancs à Dieppe et sur d'autres points de la côte de la Manche et de l'Océan. Cette pêche est interdite pendant le temps où les huîtres fraient, c'est-à-dire dans les mois de mai, juin, juillet et août.

Pêchées par milliers, les huîtres, pour être de bonne qualité, ont ensuite besoin d'être parquées. On appelle *parc aux huîtres* un bassin d'eau salée qui communique avec la mer par un canal, et où elles séjournent pendant quelque temps. Les parcs les plus connus sont ceux de Marennes (Charente-Inférieure), de Saint-Waast, Saint-Cast, Réville et Barfleur (Manche), d'Étretat, Fécamp (Seine-Inférieure), de Dunkerque (Nord), d'où les huîtres sont transférées aux parcs de Courseulles (Calvados), de Dieppe et de Tréport (Seine-Inférieure), les seuls qui soient en possession de fournir directement à l'approvisionnement de Paris. On préfère les huîtres vertes, soit anglaises, soit d'Ostende; mais celles de Dunkerque ne sont guère inférieures, et passent souvent pour des huîtres d'Ostende aux yeux des consommateurs. Celles de Marennes ont la même teinte verte, mais elles sont de la grosseur des huîtres communes.

Les voitures au moyen desquelles se fait le transport des huîtres sont chargées de 68 à 70 paniers ou doubles bourriches;

ces paniers n'existent pas dans le fait : c'est une mesure fictive usitée dans le commerce. Le poids d'un panier est de 60 à 65 kilogr. En 1836, il est arrivé à Paris 1,572 voitures, portant 106,569 paniers ou 5,328,450 douzaines d'huîtres, dont la vente en gros a produit 1,219,660 fr., chiffre qui a peu varié en 1834, 1835 et 1836. On voit dès lors que le prix moyen du panier est de 11 fr. 44 c. $\frac{1}{2}$, et celui de la douzaine de 22 c. $\frac{9}{10}$. Mais à la consommation de Paris il faut ajouter encore celle des départements, et de plus la consommation des huîtres étrangères : en 1834, on a introduit en France environ 72,000 douzaines d'huîtres d'Ostende, et en 1835, 62,000 douzaines d'huîtres vertes anglaises. En revanche, la France a exporté dans la même année 119,000 douzaines des siennes en Angleterre.

Enfin on pêche encore sur la côte, mais en faibles quantités, la *morue* fraîche ou le cabillaud, qui se consomme sur le littoral et aussi en partie à Paris. Cette pêche a lieu sur les côtes de l'Artois et de la Flandre, et c'est de Dunkerque, de Berck, de Gravelines et de Boulogne que sortent les bateaux qui s'y livrent.

Mais la pêche de la morue en grand appartient à la troisième espèce de pêche dont il nous reste à nous occuper, à la pêche lointaine qui embrasse en outre celle de la baleine. Des lois ou des ordonnances royales ont pris récemment des dispositions nouvelles à l'égard de ces deux pêches : la loi du 25 juin 1841 s'occupe à la fois des pêches de la baleine, de la morue et du cachalot; l'ordonnance royale du 10 août 1841 est spéciale à la baleine.

La Statistique officielle[1] porte à plus de 7 millions de fr. la valeur de la pêche française importée, et c'est à la pêche lointaine qu'il faut rapporter cette somme. Mais les produits non importés ou réexportés, beaucoup plus considérables, n'y sont pas compris. Elle occupe plus de 6,000 navires, montés par près de 40,000 hommes et dont la contenance est d'environ 120,000 tonneaux.

(1) Commerce extérieur, p. 270.

La pêche de la *morue* a lieu dans les mers du Nord, surtout au banc de Terre-Neuve[1]; on assure qu'elle produit, tant en huiles qu'en viande, une valeur moyenne de 25 millions de fr. dont 15 à 16 millions entrent dans la consommation intérieure. Mais c'est sans doute le nombre de kilogrammes qu'on a voulu exprimer, et c'est de même à tort que pour l'année 1839 on parle d'une somme de 28,872,824 fr. Nous ne voyons rien de semblable dans les publications officielles[2], où le maximum de la valeur n'atteint pas 7 millions et demi. La viande est ou simplement salée et s'appelle alors *morue verte*, ou salée et séchée, ce qui donne la *merluche*. Outre la chair, on mange encore le foie frais ou salé et surtout la langue, qui, fraîche ou même salée, est un morceau délicat. On obtient du foie de la morue une huile très recherchée pour l'apprêt des cuirs et dans plusieurs arts : cent quintaux de morue en produisent une pipe qui à la fin du dernier siècle valait environ 124 livres. Il faut 500 foies pour faire un baril d'huile de 500 gallons. Les branchies servent d'appât pour pêcher ces mêmes poissons, et de la vessie natatoire on fait une colle qui ne le cède en rien à celle de l'esturgeon. Les gourmands font grand cas de la *rogue*, c'est-à-dire des œufs de la morue, qui, conservés et préparés avec soin, servent à la consommation de la table. On en fait une grande importation (2 à 3 millions de kilogr.) dont la moindre partie toutefois provient de la pêche française. Enfin on mange même les intestins ou issues. Tout le poisson n'a que 2 ou 3 pieds de longueur et pèse de 14 à 20 livres.

Les publications officielles nous font connaître le matériel et le personnel de la pêche de la morue depuis 1821 jusqu'en

(1) Pour l'historique de cette pêche, voir le t. IV des *Notices statistiques sur les colonies françaises*. Dans le volume suivant (p. 233), nous dirons quelques mots des îles de Saint-Pierre et Miquelon, théâtres de cette pêche ainsi que le banc de Terre-Neuve, et du commerce de poissons de mer en général (p. 113).

(2) *Statistique de la France*, Commerce extérieur, p. 276.

1836[1] : nous pouvons y ajouter une année plus récente, mais nous retranchons celles qui ont précédé 1830.

Années.	Navires.	Tonnage.	Hommes.
1830	377	45,036	8,174
1831	302	35,180	6,243
1832	335	39,954	7,315
1833	385	46,721	10,482
1834	407	50,250	10,334
1835	463	55,881	11,225
1836	428	52,611	10,140
1839	453	52,609	11,181

Pour rendre sensible l'accroissement de la pêche de la morue, on a divisé en trois périodes l'espace de 14 années, et l'on a donné la moyenne de chacune de ces périodes, ainsi qu'il suit. Les produits sont en kilogrammes.

PÉRIODES.	NAVIRES.			PRODUIT MOYEN DE LA PÊCHE.	
	Nombre.	Tonnage.	Hommes.	Morue verte.	Morue sèche.
1823 à 1827.	319	34,447	6,413	7,409,598	13,300,115
1828 à 1832.	362	43,167	7,823	11,074,860	15,722,418
1833 à 1836.	421	51,366	10,545	16,296,691	15,880,002

Les 428 navires de 1836, d'après le même tableau, sont entrés dans les ports de France dans les proportions suivantes :

Dunkerque. . . .	110	Bordeaux.	34
La Rochelle. . . .	54	Marseille.	33
Granville.	45	Fécamp.	14
Saint-Malo	37	Cette.	13 etc.

(1) Toutefois les chiffres de la *Statistique de la France*, Commerce extérieur, p. 276, ne sont pas d'accord avec ceux des *Archives statistiques*, p. 301.

L'importation de 1839 a été de 22,022,405 kilogr. de morues vertes; de 14,480,409 kilogr. de morues sèches; de 1,627,063 kilogr. d'huile de morue. On ne connaît pas le chiffre de l'exportation totale de la France dans les pays étrangers; mais seulement celui de la réexportation, qui s'élève encore à plusieurs millions. Nos colonies sont surtout un marché considérable pour ce produit : on y en réexporte de 2 à 6 millions de kilogr. par an.

La pêche de la *baleine*, plus encore que celle de la morue, est une excellente école où se forment les matelots pour la marine royale : aussi est-elle encouragée par une prime que l'ordonnance du 8 février 1816 a fixée à 50 fr. par tonneau de jauge de chacun des navires que les armateurs expédient pour la pêche de ce cétacée ou d'autres amphibies à lard ou à huile, et que celle du 25 février 1825 a porté à 70 fr.; mais à condition que le navire soit construit et équipé en France et que l'équipage soit en entier composé de marins français. Une ordonnance du 7 février 1827 rendue à cet égard dispose même qu'à partir du 1er mars 1830 la francisation des navires, à raison de cette destination, cessera d'être appliquée aux navires de construction étrangère.

Cette industrie jadis très florissante et qui enrichissait les Basques et le port de Bayonne, a beaucoup perdu depuis la Révolution; les guerres maritimes de cette époque et de l'empire l'ont même fait cesser entièrement. Elle a faiblement repris sous la Restauration, et elle ne s'est relevée un peu plus que depuis 1830, année à partir de laquelle elle a constamment été en progrès, ainsi qu'on le verra par le tableau suivant des navires rentrés que nous empruntons aux publications officielles[1].

(1) Nous parlons de la *Statistique de la France*, Commerce extérieur, p. 280, car les données des *Archives statistiques* (p. 301) sont encore différentes.

Années.	Navires.	Tonnage.	Hommes.	Graisse importée.
1827	6	2,125	149	1,220,589
1828	6	2,285	157	1,334,929
1829	9	3,389	237	1,422,124
1830	10	3,895	310	1,578,043
1831	12	5,016	389	2,010,703
1832	16	7,055	547	3,262,500
1833	12	5,149	403	2,465,017
1834	18	7,108	568	2,719,462
1835	29	11,346	914	3,136,587

Dans les équipages, le nombre des étrangers, qui, en 1820, avait été de 289, n'était plus en 1836 que de 18.

Les armements pour la pêche de la baleine se font surtout au Havre, qui en a presque le monopole; puis, mais pour de faibles quantités, à Nantes et à Dieppe; La Rochelle, Granville, Saint-Malo, Dunkerque y prennent aussi une très faible part; mais Bordeaux, Lorient, Calais, etc. paraissent y avoir renoncé. Le jaugeage le plus commode est celui de 450 tonneaux, et, quant à l'équipage, il doit être assez nombreux pour suffire à l'armement complet de quatre chaloupes baleinières ou pirogues pour chaque navire (32 à 36 hommes). La construction et l'équipement de ces navires ne coûte pas moins de 300,000 fr. et quelquefois beaucoup plus (p. ex. 875,000 fr.). Dans ces 300,000 fr. l'appareil de pêche figure pour environ 70,000 fr.

La pêche de la baleine se fait moins aujourd'hui dans les mers du Nord que dans celles du Sud, vers les îles de Tristan d'Acunha, etc. Le rapport d'une baleine est en moyenne de 80 à 90 barils d'huile, et le baril peut valoir 75 fr. En Angleterre, une tonne d'huile est estimée à 500 fr., et une tonne de fanons (baleines) à 3,125 fr. En général, une baleine longue de 50 à 80 pieds pèse 50 à 60,000 kilogrammes; mais on en a vu qui avaient jusqu'à 300 pieds de long et qui pesaient 150,000 kilogr.

On assure que, dans les circonstances les plus avantageuses, cette spéculation a donné 50 et même 60 p. % de bénéfice. S'il est vrai que la quantité obtenue par chaque baleinier français, dans les dernières années, se soit élevée à 1,400 barils (chacun de 31 ½ gallons), cela ferait 105,000 fr. en valeur, somme qui, multipliée par 35 navires, formerait un total de 3,675,000 fr. Mais le produit d'un baleinier dépasse bien souvent ce chiffre: en 1836, 17 baleiniers entrés dans le port du Havre ont rapporté ensemble 29,756 barils d'huile, ce qui en fait 1,750 pour chacun; et en 1837, 18 navires rapportèrent 36,000 barils, ou chacun 2,000. En outre de l'huile, le produit se compose du blanc de baleine ou adypocire, et des baleines ou fanons. Ces derniers figurent à l'importation spéciale pour environ 1 million de fr. en moyenne; le blanc de baleine pour 120,000 fr. en moyenne, et la graisse de poisson pour près de 3 millions [1].

RÉCAPITULATION

DES VALEURS BRUTES CRÉÉES PAR L'INDUSTRIE AGRICOLE OU ÉCONOMIE RURALE EN GÉNÉRAL.

	fr.
Céréales	2,000,000,000
Pommes de terre	300,000,000
Châtaignes	12,000,000
Tabac	80,000,000
Lin et chanvre	120,000,000
Betteraves	8,000,000
Graines oléagineuses	35,000,000
Plantes tinctoriales	10,000,000
Houblon	950,000
Prairies et pâturages	650,000,000
Vignes	550,000,000
Jardins (potagers, vergers, etc)	125,000,000
Mûriers	60,000,000
Oliviers	30,000,000
	3,980,950,000

(1) On peut comparer ces chiffres avec ceux du *Tableau décennal* p. 90, 91 et 45.

	Fr.
Animaux domestiques	700,000,000
Forêts (produit total)	300,000,000
Abeilles	6,000,000
Vers à soie	88,000,000
Chasse	1,000,000
Pêche fluviale, côtière et lointaine	30,000,000
Total	1,125,000,000
Report	3,980,950,000
Total général	5,105,950,000

Cette somme, que nous fournissent nos calculs, se rapproche assez, comme on voit, de celle qu'a trouvée M. Ch. Dupin (voir plus haut p. 23), et dépasse seulement d'environ 400 millions de fr. l'évaluation du comte Chaptal. Nous ne la donnons, au reste, que comme une approximation.

On peut ajouter à cette somme le produit brut des mines et carrières, qui, abstraction faite de toute élaboration industrielle, appartient également à l'économie rurale.

D'après ce qui a été dit, p. 103 et 104, on peut porter aujourd'hui la valeur de ce produit à 100 millions, lesquels ajoutés à la somme ci-dessus portent cette dernière en nombres ronds, au total de 5,200,000,000 de fr.

La circulation entière est de 7,700 millions : si, de cette valeur, 5,200 millions proviennent de l'économie rurale, il ne reste donc pour la création propre de l'industrie jointe à celle du commerce que 2,500 millions, au lieu des 2,911 millions que nous avons donnés, à la page 336, comme résultat de nos calculs.

Qu'on juge, d'après cela, s'il est vrai ou non de dire que la France est avant tout une puissance agricole et que pour elle la première source de richesses c'est son sol fécondé par le travail! La Providence ne lui a presque rien refusé. Il est beau, le lot qu'elle a fait à notre pays parmi tous les pays de l'Europe : aussi voudra-t-il sans doute en jouir paisiblement et borner désormais ses conquêtes, tant que rien ne menace son honneur et sa sécurité, à celles de l'intelligence et de la civilisation morale.

FIN DES NOTES ADDITIONNELLES.

première source de richesse est son sol fécondé par le travail. La Providence ne lui a presque rien refusé. Il est beau, le lot qu'elle a fait à notre pays parmi tous les pays de l'Europe ; aussi voudra-t-il sans doute en jouir paisiblement et borner désormais ses conquêtes, tout en étendant son commerce, sa prospérité, [illegible] de l'intelligence et de la civilisation morale.